# 当代世界政治基本问题

DANGDAI SHIJIE ZHENGZHI JIBEN WENTI

主　编：刘建飞
副主编：张南燕

中央党校出版集团　大有书局

**图书在版编目（CIP）数据**

当代世界政治基本问题/刘建飞主编；张南燕副主编．—北京：大有书局，2023.1

ISBN 978-7-80772-114-7

Ⅰ.①当… Ⅱ.①刘… ②张… Ⅲ.①国际政治-教材 Ⅳ.①D5

中国版本图书馆CIP数据核字（2022）第251688号

书　　名　当代世界政治基本问题
作　　者　刘建飞　主编
　　　　　张南燕　副主编

策划编辑　李瑞琪
责任编辑　吴春艳
责任校对　李盛博
责任印制　袁浩宇
出版发行　大有书局
　　　　　（北京市海淀区长春桥路6号　100089）
综 合 办　（010）68929273
发 行 部　（010）68922366
经　　销　新华书店
印　　刷　北京九州迅驰传媒文化有限公司
版　　次　2023年1月北京第1版
印　　次　2023年1月北京第1次印刷
开　　本　170毫米×240毫米　1/16
印　　张　19.75
字　　数　290千字
定　　价　58.00元

---

# 前　言

本书作为一本党校（行政学院）干部培训及国际政治专业硕士、博士研究生教材，试图对当代世界政治做一个全景式概览，帮助读者了解当代世界政治的基本状况。

认识当代世界政治，首先要明确"当代世界政治"这个概念的含义。这个组合词的三个成分，在不同层面限定了这个概念的内涵。

首先是政治。"政治"一词限定了本书内容涉及的领域。不管人们怎样定义"政治"，在本书中，政治是指能够与经济、文化、社会、生态、哲学等相区隔的事物。中国特色社会主义事业"五位一体"总体布局，政治建设只是其中之一。总体国家安全观视域下的中国特色国家安全体系包括至少11个领域的安全，政治安全也只是其中之一。

政治有广义和狭义之分。广义的政治就如亚里士多德所认为的：是人类试图改善生活并创造美好社会的活动。或如孙中山所定义的："政就是众人的事，治就是管理，管理众人的事便是政治。"[①] 狭义的政治就是指权力斗争。毛泽东有一句经典的说法："所谓政治，就是把我们的人搞得多多的，把敌人搞得少少的。"[②] 本书使用的是广义的政治概念。更明确地说，政治就是人类不同群

---

① 《孙中山选集》，人民出版社1981年版，第692页。

② 中共中央文献研究室编：《十八大以来重要文献选编》（中），中央文献出版社2016年版，第556页。

体中各种主体对关涉群体生存发展事务的治理活动及各主体之间关系的总和。之所以要加上“各主体之间关系”，就是因为在治理活动中，各种主体会形成各式各样的关系，或者合作，或者竞争，或者冲突……不同的关系对治理活动的开展及结果会产生极大的影响。所以这种“关系”一直是政治学的重要研究对象。

政治可分为国内政治和世界政治或国际政治，二者的运行原理和方式不同，但又相互联系、相互作用。国内政治最大的特征是有合法管理国家事务的政府，而世界政治或国际政治则没有，是无政府状态。

其次是世界。“世界”就是指当今世界，即由 193 个主权国家（联合国正式会员国）以及与之相关的各种非国家行为体组成的世界，而不是古代某种文明所称的世界。古希腊时期，各个城邦就相当于国家，而人们心目中的“希腊”就是“世界”。中国古代的“天下”一词也相当于“世界”，实际上就是指中国历代王朝所能管辖或触及的地方。地理大发现之后，人们才将“世界”同地球联系起来，这时的“世界”就是整个地球。但是随着航天技术的发展，情况又有了变化，不时地有宇航员在太空中停留、生活，未来人类还有可能移民到其他星球。如此，“世界”的范围就超出了地球。所以，本书中的“世界”就是指人类及其赖以生存的空间。就目前的状况看，这个空间在未来相当长一段时间内基本上还是地球。

世界政治是近些年才热起来的研究对象，它不同于国际政治之处主要有两点。一是涉及的地理范围不同。世界政治目前来讲就是全球的事务，也可以称为全球政治；而国际政治既可以指全球的事务，也可以指区域性的事务，如欧洲国际政治。当然，世界各区域是相通的、相互作用的，所以国际政治所涵盖的内容都包含在了世界政治中。因此，有时两个词语可以相互替代，但有时又有区别，比如“欧洲国际政治”就不能替换成“欧洲世界政治”。

二是主体不同。国际政治的主体就是主权国家，一些非国家行为体会影响国际政治，但那只是外部影响因素，而不是主体。而世界政治的主体除主权国家外，还包括非国家行为体，尽管主权国家是世界政治的首要和基本主体。非国家行为体包括三类：主权国家国际组织、独立的非国家行为体和非国家行为体国际组织。从1648年《威斯特伐利亚和约》签订开始直到第二次世界大战结束，世界事务主要是主权国家之间的活动，世界政治基本上就是“国际政治”，即“国家间政治”。那时虽然也有主权国家之外的世界事务，如宗教，但难以同国家之间的事务相提并论。第二次世界大战后，由于科技革命持续推进和经济全球化不断发展，世界变得越来越复杂。虽然国家仍然是世界政治的基本行为主体，但行为主体的多元化和多样性的特点越来越明显，主权国家国际组织、非国家行为体国际组织、跨国公司、种族与民族、宗教、恐怖组织、地方政府、政党乃至个人正发挥着越来越重要的作用，传统的“国际政治”日益演变为主体更加多元化的“世界政治”。所谓世界政治，就是各种主体在现有世界版图上进行博弈所形成的现实状况，是对关涉人类生存发展事务的治理活动及各主体间关系的总和。所以，世界政治既包括全球性事务，也包括国际关系和地区、国别政治。具体一点，世界政治的内容可以分成三个层次：世界作为整体的体系层次；地区和国家层次，包括地区政治、国别政治和国家间关系；非国家行为体层次。[①]

最后是当代。“当代”顾名思义就是“当前这个时代”。不过，何谓“当前”又是比较模糊的。人们通常将距现在最近的一个重大历史事件作为节点来定义“当前”。一些世界通史著作将第二次世

---

① 参见杨光斌：《世界政治的研究范式——世界政治的层次性与研究单元的多样性》，《世界政治研究》2020年第1期。

界大战结束作为节点，之后的世界历史即当代世界史；也有人将冷战结束作为节点。本书就是以冷战结束作为节点，所谓当代世界政治就是冷战结束以来的世界政治状况。

本书围绕“当代世界政治”这一主题展开，力图描绘出冷战结束以来世界政治的基本面貌。本书更为关注在冷战结束后变得越来越重要或者是展现出新特征的世界政治内容。这样的内容主要有以下六个方面。

**（一）全球化及其同国家主权的相互作用构成当代世界政治运行的基础**

当代世界政治在两个看似相互对立的因素不断互动的基础上展开：一是主权国家是基本行为主体，二是全球化以及与之密切相关的一体化。

自从1648年以来，主权国家就成了国际政治的基本行为主体，从理论上讲，国家在主权上是平等的。当然，那时的主权平等原则仅适用于欧洲。在殖民主义时代，广大的殖民地、半殖民地国家没有主权，或者是没有完整的主权。之后，美国、日本等国加入了主权国家行列。《联合国宪章》将主权平等原则扩大到全球，适用于所有联合国会员国。现在联合国有193个会员国，无论大小、强弱、贫富，在法理上一律平等。几乎每个国家都将主权视为最根本的国家利益。

自西方大航海开启全球化进程以来，全球化虽然遭遇过不少挫折，比如两次世界大战、1929—1933年大危机、长达近半个世纪的冷战对抗，而且全球化也存在一些问题，比如造成经济发展不平衡、文明的碰撞、一些安全问题全球化等，但全球化特别是经济全球化已经成为不可逆转的时代潮流，是历史大趋势。经济全球化使国家主权受到侵蚀。随着全球化发展，国家间共同利益增多，相互依赖增强；与此同时，跨国公司等超国家力量出现，影响世界政治。在全球化的影响下，区域一体化和全球一体化对国家主权造成了严重冲击。像欧洲联盟这样的国际组织中的成员国，就不得不让渡出一些主权，如货币、关税。此外，联合国等国际组织的存在，在一定程度上使主权国家的行为受到约束。近年来，英国脱欧、一些欧盟国家内部民粹主义膨胀等新情况的发生，给人们以区域一体化退潮的感觉。但是在全球范围内，一体化仍然在推进。比如非洲联盟推出了“非洲统一护照”计划；非洲已经建成涵盖10亿人口的自由贸易区。

上述两大因素相互作用，使得当今这个世界不同于现实主义理论中的完全无政府状态，当然与理想主义的世界政府治理下的状态也相去甚远。

### （二）全球化正在塑造一个全新的世界政治体系——地球村体系

全球化在不断侵蚀国家主权的同时，使得国家之间的相互信赖度越来越高，越来越你中有我、我中有你，利益与共、价值与共、命运与共。当今世界，除了极少数国家，各国之间的关系都是和平共处、竞争中合作，而不是互不相容的敌手。正是国际关系的这种新变化使得正在形成的多极世界格局大不同于以往的多极格局，正在演进中的世界秩序也大不同于过去几个体系中的秩序。

如果说冷战结束标志着雅尔塔体系终结，那么它也是新体系形成的开端。可以用“地球村体系”来命名这个新体系。除国际关系出现的新特征外，“地球村体系”还有如下几个显著特征。

第一，新一轮经济全球化高潮使得世界各国之间的联系越来越紧密，相互依赖度越来越高，已经形成一个“地球村”。在这个地球村里，所有村民都面临着关乎共同命运、需要共同应对的挑战。

第二，经济全球化还伴随着另一个大趋势，即社会信息化。社会信息化以及与之相伴随的信息网络化，使得经济全球化如虎添翼。在全球化和信息化的交互作用下，“地球村村民”之间的关系更加紧密，“地球村”显得更小了。在互联网时代，地球人在信息交流上就如同在同一个房间里一样，即使远隔太平洋，也能瞬间收到对方发来的信息，实际上已经形成“地球屋”。

第三，在全球化推动下，世界格局多极化和非极化已不可逆转。全球化为广大发展中国家实现快速发展提供了机遇，世界经济格局呈现出“南起北落”的态势。与经济格局相关联，国际力量正由超级大国向若干崛起大国转移，同时还由大国向中小国家及非国家行为体扩散，世界政治格局呈现出多极化和非极化的态势。

第四，世界文明格局趋于多元化。在经济格局和政治格局的共同作用下，同时也受全球化和信息化的直接影响，文化多样化成为大趋势，许多非西方文明正在复兴，世界文明格局呈现出“非西方化”的态势。在这个过程中，不仅像中国和印度这样的大国在加快本民族文明复兴的步伐，众多的非西方中小国家也越来越重视本民族文化的建设。

第五，行为主体趋于多元，但主权国家依然是基本行为主体。在全球化、信息化以及区域一体化等因素的作用下，各种非国家行为主体越来越活跃，对世界政治的影响越来越大，国家主权不断受到侵蚀。但主权国家是基本行为主体这个由威斯特伐利亚体系奠定的近现代国际体系基石并未被撼动，现存的所有国家，无论大小、穷富、强弱，也无论秉持何种信仰、实行何种制度、归属何种文明，都极其珍视国家主权，将之视为最为核心的国家利益。

第六，和平与发展时代主题不断深化。形成于冷战时期的和平与发展时代主题，在冷战结束后不仅未被颠覆，而且还在不断深化。求和平、谋发展、促合作，成为世界人民的普遍愿望，也是绝大多数国家政府的施政目标。虽然和平与发展面临着诸多挑战，局部战争始终存在，发展也面临诸多困境，但是从总体上看，世界和平与发展的状况在不断改善。

第七，以联合国为核心的世界秩序依然有效。虽然联合国的地位与作用在冷战后受到霸权主义、强权政治、单边主义、冷战思维以及极端国家主义等因素的挑战，但是以联合国为主要载体的现行世界政治秩序依然有效，193 个会员国都愿意继续在联合国这个“大家庭”内共处。以中国为代表的广大发展中国家和新兴国家以及部分发达国家都致力于维护联合国的地位。当然，在这个大前提下，世界秩序需要变革，联合国自身也需要改革。

总的来看，“地球村体系”同以往的几个国际（世界）体系有着明显的区别，而导致这些区别的根源就是全球化。

### （三）和平与发展作为当代世界政治主题将长期存在并不断深化

在经济全球化大背景下，和平与发展是时代主题。求和平、谋发展、促合作是世界潮流，当今世界，绝大多数国家都将发展作为主要任务，为此都寻求世界和平，国家间关系的主流是合作。特别是大国之间，在冷战后普遍建立了伙伴关系，没有完全敌对的双边或多边关系。世界大战在可预见的未来可以避免。2022 年爆发的俄乌冲突，虽然实质上是俄美冲突，但俄美双方都保持克制，避免演变成两国的直接冲突。此前美国在打了 20 年阿富汗战争后从阿富汗撤军，将政权还给塔利班，由此表明，在当今世界，战争的作用非常有限。

当然，当今世界还存在着许多不利于世界和平与发展的因素，主要是：局部战争并未消除；一些地区热点问题久拖不决；许多国家间还存在着领土权益的争端；民族、宗教矛盾时常引发国家间或一国内部冲突；国际恐怖主义、宗教极端主义和民族分离主义这三股恶势力冲击国际安全环境并干扰国家间关系；军备控制与防扩散形势依然严峻；国家间、地区间发展严重不平衡，促使滋生许多不利于和平的因素；像新冠肺炎这样的大规模传染病仍然制约着世界发展，甚至还激化大国竞争，干扰世界和平。特别是一些国家仍然奉行霸权主义、强权政治以及冷战思维，寻求大国竞争，构成威胁世界和平的最主要因素。不过，这些不利因素都不是全局性、长期性、趋势性的因素，只是在某些局部地区或范围内发挥作用，不能颠覆和平与发展时代主题。

### （四）非西方化与多极化并行是当代世界格局演进的基本趋势

世界格局在两个层面演进并相互作用。一个层面是非西方化。如果将世界政治力量分为西方世界和非西方世界，那么世界政治力量由西方向非西方转移的过程就是非西方化。自以欧美为代表的西方崛起后，西方世界在经济社会发展上一直居领先地位，西方国家与发达国家几乎是同义词。后来日本跻身发达国家行列，其治国理念和行为方式也几乎完全西方化，成为西方列强的一个成员。广大的亚非拉国家长期处于弱势地位，而且绝大多数都沦为西方列强的殖民地和半殖民地。随着殖民体系的瓦解，原殖民地国家实现了民族独立和政治崛起，之后，一大批国家奋发图强，改革开放，探索适合本国国情的发展道路，最终实现了经济快速发展。不结盟运动的兴起、“第三世界”概念的出现，就反映了这些发展中国家作为一支独立的世界政治力量已经形成。非西方国家的总人口占世界总人口的85%，而且拥有丰富的资源，发展潜力巨大，非西方国家在经济上崛起是个大趋势。实际上，发展中国家的经济发展速度长期高于发达国家，量变将会引起质变。

另一个层面的世界格局是微观层面的大国政治格局，表现为多极化。苏联解体后，两极格局解体，形成“一超多强”格局，“一超”与“多强”进行着激烈的博弈，一方要打造单极世界，另一方要推进多极化。30多年过去了，多极化不断推进，单极梦想已经越来越遥远，中国、俄罗斯、欧盟、印度、日本等已经成为重要的多极力量。

非西方化使得非西方大国的实力和地位不断提升，从而潜移默化地改变着“大国”即未来多极世界“极”的成员结构，从而使得多极化更加趋于均衡，即东西方力量之间的均衡。反过来，非西方大国在“多极”中地位的提升，又会促进非西方化的发展。

### （五）当代世界政治中的国际关系趋于复杂化

在主权国家和全球化双重因素的作用下，国际关系呈现出十分复杂的景象，国家之间的利益关系及矛盾错综复杂。冷战结束以来，世界各国针对不同的议题和利益关系或合作或竞争，形成不同的组合，而不是像冷战时期那样围绕某一两个议题形成对抗的两大阵营。

国际矛盾错综复杂使得世界主要矛盾并不突出。当今的中美关系与冷战时期的美苏关系大不相同，中美之间有竞争但也有合作。在军事安全上，美国仍然将俄罗斯视为主要威胁，美国明确指定的敌人不是中国和俄罗斯，而是伊朗、恐怖组织等。

### （六）当代世界政治秩序正加速变革

世界秩序虽然可以分为经济秩序和政治秩序两个方面，但核心是政治秩序，因为政治秩序涉及的问题更为根本，更具统领性。

当今世界并不存在所有国家都认可的世界秩序，西方国家和非西方国家心目中的世界秩序是大不相同的，尽管有交集，有共同认可的机构。现行世界秩序是双重秩序：一个是基于联合国体系的秩序，或称联合国秩序；一个是所谓的自由主义秩序，或者说是美国霸权秩序。联合国秩序本应是一个适用于全世界的“大秩序”，从理论上讲，193 个会员国及若干观察员国都承认《联合国宪章》并按宪章提出的行为准则行事。这个秩序最根本的一条准则就是主权平等，即国家无论大小、贫富、强弱，无论实行什么样的社会制度，归属于什么文明，在主权上都是平等的。也就是说，一国内政是主权内的事务，除了联合国可以在宪章规定的范围内开展行动，其他国家都无权干涉。西方国家在美国的带领下建成了它们自己认可的所谓自由主义世界（国际）秩序。这个秩序成形于“二战”结束时，到冷战结束后达到鼎盛阶段。它以自由主义价值观为精神内核，以美国为领导，以美西方国家的综合实力为物质基础，以美国同盟体系为主要支柱，以联合国以及若干全球性经济机构（主要是国际货币基金组织、世界银行、世界贸易组织）为主要组织支撑。该秩序实际上就是美国制度霸权的载体，所以也可以称作霸权秩序。在这个秩序中，不同的国家是不平等的。美西方国家处于核心位置，非西方国家则处在边缘。美西方一直在利用这个秩序来维持所谓“美国治下的和平”，并在总体和平的基础上谋求自身的繁荣，同时从其自身对市场、原材料、劳动力等要素的需求出发，也给予发展中国家一定的发展机会。不过，美西方国家从自己的利益出发，经常以各种理由干涉非西方国家（尤其是发展中国家）的内政，有时甚至不惜诉诸武力。美西方国家是联合国的会员国，理应遵守《联合国宪章》和以之为基础的国际法，但是它们却以实用主义态度对待联合国，如果联合国的行为符合它们的心愿，就同其保持一致，反之，则撇开联合国另搞一套，全然不顾联合国的权威和内部团结。

两个秩序一直在博弈。起初，联合国基本上是在西方的操控下，联合国秩序的作用非常有限，联合国甚至一度成为美苏冷战对抗的外交舞台。随着民族解放运动的不断胜利和第三世界的兴起，联合国的成员结构在逐渐变化，西方也在分化，联合国开始摆脱西方的操控。中国于 1971 年重返联合国是联合国走向独立自主的重大标志性事件。此后，两个秩序在斗争与合作的交织中共存。冷战结束后，美国试图打造“新秩序”，即将所谓自由主义世界（国际）秩序推广到全球，并对联合国进行改造，使之更符合这个秩序的要求。然而，中国、俄罗斯及广大发展中国家并不认同美国的“新秩序”，它们要维护、强化联合国秩序。

进入21世纪后，随着世界百年未有之大变局的演进，东西方之间的力量对比发生了深刻的变化，“东升西降”已呈不可逆转之势。世界格局是世界秩序的基础，世界秩序到了必须转型的关头，即由因双重秩序的存在而不够公正合理向着更加公正合理的单一联合国秩序转型。随着非西方国家的不断成长，它们越来越质疑所谓自由主义世界（国际）秩序的公正性合理性，希望增加它们在世界秩序中的话语权和规则制定权。而以美国为首的一些西方国家却不愿意放弃它们享受了数十年的在世界秩序中的优越地位，试图使世界秩序朝着相反的方向转型，重构一个排他性的、仅适用于所谓“自由民主”国家的“新秩序”。如此，所谓自由主义世界（国际）秩序就会跟联合国秩序渐行渐远，甚至完全脱离，世界将出现截然对立的两个秩序；世界也将因此而分化成两个壁垒分明的阵营。可想而知，这样的世界秩序状况肯定不利于和平与发展，不利于人类文明的进步。中国提出推动构建人类命运共同体理念，为世界秩序变革、重构指明了大方向。

随着世界格局的演进，非西方国家特别是发展中大国在变革世界秩序上越来越积极进取，并取得较明显的成效，虽然西方国家特别是西方大国极力阻挠这种变革，但是很难改变总体态势。

除了上述六个方面，当代世界政治在国家利益、国家权力、主要影响因素、全球治理、国际法治、政治思潮等诸多方面也都展现出了新特征。所有这些新特征都是世界政治研究者面对的重要课题，本书只是初步地探索，以期起到抛砖引玉的作用。

# 目　录

CONTENTS

**第一章　当代世界政治主体　/ 1**

一、主权国家　/ 2

二、非国家行为体　/ 8

三、国际组织　/ 17

**第二章　当代世界政治的主要基础——全球化　/ 28**

一、全球化概念及发展历程　/ 28

二、全球化的动力和特征　/ 31

三、全球化面临的问题及发展趋势　/ 34

四、全球化对世界政治的影响　/ 39

**第三章　当代世界政治的主题——和平与发展　/ 49**

一、时代主题的内涵与中国的贡献　/ 49

二、和平与发展时代主题面临的主要挑战　/ 57

三、和平与发展时代主题的演变趋势　/ 62

**第四章　当代世界政治格局　/ 70**

一、世界政治格局的内涵和发展历程　/ 70

二、当代世界政治格局的主要特征　/ 75

三、世界政治格局的发展趋势　/ 81

**第五章　当代世界政治秩序　/ 87**

一、世界秩序的内涵　/ 87

二、世界秩序的演进历程　/ 91

三、当代世界政治秩序的主要特征与发展趋势　/ 101

**第六章　当代世界政治中的国际关系　/ 110**

一、国际关系的进化历程　/ 110

二、当代国际关系的基本特征　/ 120

三、国际关系的发展趋势——新型国际关系　/ 129

**第七章　当代世界政治中的国家利益　/ 135**

一、国家利益核心内涵及基本特征　/ 135

二、国家利益在世界政治中的地位和作用　/ 143

三、世界政治对国家利益的塑造　/ 149

**第八章　当代世界政治中的国家权力　/ 161**

一、世界政治中国家权力的内涵　/ 161

二、国家权力的构成要素　/ 167

三、国家权力在世界政治中的作用　/ 174

四、世界政治中国家权力变化的新动向　/ 177

**第九章　当代世界政治中的全球治理　/ 180**

一、全球治理概念及发展历程　/ 180

二、全球治理的成就与困境　/ 185

三、全球治理发展的主要趋势　/ 196

**第十章　当代世界政治中的国际法治　/ 203**

一、国际法治的概念与基本特征　/ 203

二、国际法治的演进与现实方位及地位 / 210
三、国际法治的挑战与未来 / 217

**第十一章 当代世界政治的主要影响因素 / 224**

一、安全 / 224
二、经济 / 228
三、科学技术 / 232
四、文明与文化 / 238
五、意识形态 / 242
六、国内政治 / 246

**第十二章 当代世界政治思潮 / 251**

一、当代世界政治思潮概述 / 251
二、自由主义的演变及其对世界政治的影响 / 261
三、应运而生的人类命运共同体思想 / 279

**后 记 / 293**

# 第一章

# 当代世界政治主体

认识当代世界政治，首先要了解其主体，要明确在世界政治舞台上都有哪些角色，谁是基本角色。从一定意义上说，所谓世界政治就是各种主体的状况、行为与结果的总和。世界政治主体也称世界政治行为体，是指世界政治中具有自身特殊利益、能够独立参与世界事务并在其中发挥作用与影响的实体，主要包括主权国家和非国家行为体两大类，后者又可分为主权国家国际组织、独立的非国家行为体和非国家行为体国际组织。主权国家是世界政治首要行为主体。从近代开始直到第二次世界大战，世界事务主要在主权国家之间进行，世界政治基本上就是“国际政治”，即“国家间政治”。“二战”后，随着科技革命的持续推进和全球化的不断发展，世界政治变得越来越复杂。虽然国家仍然是世界政治的基本行为主体，但行为主体的多元化和多样性的特点越来越明显，主权国家国际组织、非国家行为体国际组织、跨国公司、种族与民族、宗教、恐怖组织、地方政府、政党乃至个人正发挥着越来越重要的作用，传统的“国际政治”日益演变为主体更加多元化的“世界政治”。

## 一、主权国家

在当代世界政治中，主权国家[1]依然是基本行为主体。没有主权国家，现实的世界政治就不复存在。没有主权国家的世界政治何时能到来仍是无法预见的。

### （一）主权国家的概念与本质

主权国家作为一个产生于近代西方的概念，一般是指具有固定领土、一定数量的居民、一定政权组织形式和主权的政治单位。主权国家是国际社会的最基本成员，是世界政治事务的主要参与者。第二次世界大战结束时，全球主权国家仅有 50 多个。发展到现在，世界上已有 193 个主权国家，即联合国会员国。此外还有巴勒斯坦、梵蒂冈这两个主权还不够完整的联合国观察员国。虽然有些政治行为体以“国家”来命名，比如“伊斯兰国”，但其主权并未得到以联合国为代表的国际社会的承认，因此不是主权国家。

作为世界政治舞台上的主要行为体，主权国家具有三大基本要素。其一，自然要素。主权国家必须具有固定的领土和一定数量的居民，这是主权国家作为政治实体的首要条件，也是国家赖以生存和发展的客观前提和物质基础。其二，组织要素。主权国家必须具有一定的政府机构，包括中央政府和地方政府，以及与之密切联系的法律、制度、程序等。其三，主权要素。主权国家拥有至高无上的主权，包括对内最高管辖权、对外独立权、平等权和自卫权。这是国家最根本的属性，也是国家作为世界政治主

① “主权国家”同“民族国家”有联系但含义明显不同。二者产生于同一个过程，在欧洲进入现代民族国家时代之后，所谓“主权”就是“民族国家”的主权。但是随着国际（世界）政治的演进，出现了众多的多民族国家，纯粹的单一民族国家并不多。在现实条件下，大量的民族几乎不可能建立起自己的“民族国家”。在民族分离主义越来越不受欢迎的当代世界，有些从多民族国家分离出来的所谓单一民族国家，很难得到国际社会的一致承认而升华为“主权国家”，比如科索沃。所以，“民族国家”一词远不如“主权国家”一词更能体现当代世界政治中国家的本质。

体最重要的前提。

主权国家是历史发展的产物。恩格斯在其名著《家庭、私有制和国家的起源》中，曾就国家的产生和本质作出了深刻的论述。他指出，“国家是社会在一定发展阶段上的产物”；在“经济发展到一定阶段而必然使社会分裂为阶级”时，“社会陷入了不可解决的自我矛盾，分裂为不可调和的对立面而又无力摆脱这些对立面。而为了使这些对立面，这些经济利益互相冲突的阶级，不致在无谓的斗争中把自己和社会消灭，就需要有一种表面上凌驾于社会之上的力量，这种力量应当缓和冲突，把冲突保持在‘秩序’的范围之内；这种从社会中产生但又自居于社会之上并且日益同社会相异化的力量，就是国家”。①

按照恩格斯的定义，国家的本质是阶级统治的工具，国家主权被统治阶级所垄断。国家的职能是国家本质的表现，体现了统治阶级的利益、意志和要求。国家职能有对内和对外两个方面，对内职能包括政治统治职能和社会管理职能，对外职能包括安全保卫职能和对外交往职能。

### （二）主权国家的形成与发展

虽然国家在人类进入奴隶社会后就产生了，但“主权国家”却是一个近代才出现的概念。在主权国家形成以前，国家的形态可以称为“前现代国家”，包括西欧的城邦国家（如雅典、斯巴达等）、帝国（如罗马帝国）和封建君主国（如中世纪的英国、法国等），以及东方的邦国（如春秋五霸、战国七雄等）和帝国（秦、汉、唐、明、清等）等国家形态。前现代国家基本上没有以条约形式明确划定的固定领土，领土边界普遍处于模糊和可变状态。欧洲封建王室之间把领土作为嫁妆赠送的情况相当普遍，东亚朝贡体制下的中华帝国则有边疆无边界，将影响所及的周边藩属国作为边疆。民众普遍缺乏明确的国家概念，没有形成一致的国家认同，贵族阶层和知识精英（如中国的“士”）跨国任职的情况普遍，“良臣择主而事”不存在被视为叛国的风险。没有“主权”概念，最高权力

---

① 《马克思恩格斯选集》第4卷，人民出版社1995年版，第174、170页。

和权力合法性来源一般被认为是“神”或“上天”，统治阶级普遍利用“君权神授”和“天命所归”等学说来论证自己统治权的合法性。

现代国家是随着主权观念的出现逐步演化而来的。所谓“主权”（sovereignty），一般是指一国固有的处理其国内和国际事务而不受他国干预或限制的最高权力，是现代民族国家形成的主要标志。近代主权学说的主要代表人物是法国的让·布丹和荷兰的格劳秀斯。16 世纪的法国思想家让·布丹在《论共和国》一书中，把主权定义为“国内绝对的和永久的权力”，认为主权是一个国家不可分割的、统一的、持久的和不受法律限制的统治公民和臣民的最高权力。对让·布丹来说，主权是“属于共和国的绝对的，永久的权力”。主权不在个人，而在国家，因此主权是永久性的。主权是“主权者的独特特征”，主权者不能以任何方式屈服于他人的命令，因为只有主权者才能为隶属者制定法律，废除已经制定的法律，以及修改过时的法律。①

如果说让·布丹是从对内最高权力的角度界定主权的话，那么被称为国际法奠基者的 17 世纪荷兰法学家格劳秀斯则从对外独立权的角度发展了主权思想。他从国家间关系和国际法的意义上强调了主权的独立、平等和不受限制的基本属性。在他看来，所谓主权，就是说它的行为不受另外一个权力限制，所以它的行为不是任何其他人类意志可以任意视为无效的。②

综合二者，再加上后世思想家的发展完善，当代意义的主权观念一般包括以下三个方面：一是对内的最高统治权，即主权国家对其领土内的一切人和事物以及领土以外的本国人行使最高统治权。这是现代国际法已经确认的属地优越权和属人优越权的具体体现。二是对外的独立平等权，即在国际关系和世界政治中，国家行使权力时排除任何干涉和限制的完全自主性。各国可以根据自己的意愿采取自主的对外行为，各国在国际法意义上的权力地位一律平等。三是反侵略的自卫权，即国家为了维护政治独立和领土完整而对外来侵略或威胁进行防卫的权力。自卫权是国家的固有属

---

① 参见徐大同：《西方政治思想史》，天津教育出版社 2002 年版。

② 同①。

性之一，也是国家维护正常国际秩序和保障国际法的重要手段。

随着主权观念逐步确立，现代主权国家开始走上世界政治舞台。其标志性事件是 1648 年《威斯特伐利亚和约》的签署。发生于 1618 年至 1648 年的三十年战争具有浓厚的宗教色彩，给欧洲带来了毁灭性的破坏。各国为寻求和平共处之道，签订了《威斯特伐利亚和约》，接受了主权的概念。几乎所有的大小当事国都在条约上签字，正式成为主权国家。国家拥有领土主权的观念被接受，教会力量遭到削弱，国家可以自己确定各国的宗教和国内政治，领土和领土之上的人民属于统治者，而统治者不必听命于一个外部权威，不受外部压力的限制。和约还引入了不干涉其他国家内部事务的条例，在各主权国家之间确立起平等原则，建立起领事制度等国际交往规范。和约把主权原则由一种思想观念落实到国际（世界）政治实践之中，意味着一国范围内的世俗权威全面压倒教皇神权。一块领土上的居民不再有多种最高权威，而只对国王的君主权威效忠。在《威斯特伐利亚和约》之后，各国建立起自己的武装部队，国家主权得到确认和巩固，主权国家作为基本单位和首要角色走向了世界政治舞台。

随着资本主义的发展，议会制度、政党制度、财政预算制度等逐步建立，资产阶级民主和法制建设不断发展完善，国家主权的实际掌控者逐步由封建君主过渡到资产阶级，现代意义上的主权国家进一步发展。伴随着近代资本主义、殖民主义在全球的扩张，主权国家也逐步由欧洲走向全世界。1917 年苏维埃俄国的诞生和“二战”后中国等一系列社会主义国家的建立，创立了真正的人民当家做主的新型主权形式，宣告了一种新型社会主义主权国家的诞生。“二战”后世界范围内兴起波澜壮阔的民族解放运动（非殖民化运动），上百个亚非殖民地摆脱西方殖民统治获得独立，建立起现代意义上的主权国家，世界政治中的主权国家体系进一步扩大。20 世纪 80 年代末 90 年代初，苏联、南斯拉夫和捷克斯洛伐克等多民族联邦制国家相继瓦解，分解出 20 多个新国家，使主权国家数量达到历史最大规模。

### （三）主权国家的主要类型

按照不同的标准，主权国家可分为不同类型。按照经济社会发展程度的差异，可以分为发达国家和发展中国家；按照社会制度和意识形态的不同，可以分为社会主义国家和资本主义国家；按照在国际生产和交换体系中分工和地位的不同，可以分为中心国家和外围国家等。然而，作为世界政治的基本行为主体，主权国家最经常采用的分类方式是根据一个国家的国际地位，即以国家实力的大小和在世界事务中的行为能力强弱为依据划分国家类型。根据这一标准，世界各国通常被划分为超级大国、普通大国、中等强国、中小国家、弱小国家等几种类型。

超级大国是指拥有最强国力和最大的国际行为能力的极少数国家。它们不仅是地理和人口上的超级大国，更重要的是在综合国力上领先于世界其他国家，广泛参与全球性的国际事务，并对其他国家乃至整个世界政治都产生决定性的影响。超级大国是世界力量的中心，处于世界的首要地位。由于其综合国力和对国际事务的影响都是全球性的，通常也被称为“全球性大国”，如两极格局时期的美国和苏联，冷战结束后的美国。

普通大国是指在综合国力上居世界前列，但世界影响力远不及超级大国的国家。普通大国既是地区大国，同时又在某些重要领域具有世界性的影响力。普通大国为数不多，当今世界能被称为普通大国的只有中国、俄罗斯、印度、日本、法国、德国、英国。

中等强国是指在综合国力上处于世界的中等水平，对世界事务的影响力仅限于本地区或世界范围某个次要领域的国家。大多数中等强国主要关注自己国家周边的事态和安全环境，或者同本国利益攸关的某些领域。巴西、意大利、加拿大、澳大利亚、韩国、南非、以色列、埃及、土耳其、沙特阿拉伯、伊朗、印度尼西亚、阿根廷、墨西哥等国家就属于这一类型。

中小国家是指综合国力处于一般水平，对世界和地区事务有一定影响力但比较有限的国家。普通大国和中等强国之外人口较多、发展潜力较大的发展中国家，超级大国、普通大国和中等强国之外的多数发达国家都属于此类。

弱小国家则是指那些综合国力弱小、国际影响轻微的国家。发达国家中的摩纳哥、安道尔等袖珍国家，发展中国家里人口少、经济发展水平低的国家都归属此类。

### （四）主权国家的地位与前景

“二战”后，全球化深入发展，国内政治国际化的现象日益突出，主权过时论、主权弱化论、主权多元论和新干涉主义论等思潮甚嚣尘上，传统主权理论和国家主权观受到强烈冲击。与此相对应，主权国家在世界政治中的地位和作用也受到了一定影响。

首先，主权国家的最高权威受到西方大国新干涉主义的威胁。西方大国打着“人权高于主权”的旗号，刻意贬损和矮化主权原则，在全球化进程中进行经济扩张和金融垄断的同时，想方设法将其政治制度、文化价值观和意识形态推广到广大发展中国家。如“9·11”事件后，美国提出“大中东民主改造计划”，挑起和支持了一系列颜色革命，发动或参与多场地区战争，对主权原则和主权国家的权威构成巨大挑战。

其次，随着一些国际组织的深入发展，主权国家的部分功能、权威和认同出现了向更高的超国家机构转移的现象。这方面最典型的例子是欧盟。随着欧洲一体化进程的发展，欧盟二十多个国家的经济、社会、边界管理和对外交往等领域的功能和权力已经在很大程度上转移到统一的欧盟机构，主权国家的权威和职能受到相当程度的侵蚀和削弱。这些情况的出现，对主权国家在世界政治中的首要地位形成了一定的挑战。

另外，随着全球化的发展，恐怖主义、网络安全、重大传染性疾病、气候变化等全球性问题日益突出，世界各国团结起来开展全球治理的必要性越来越凸显，这就要求各国在部分涉及传统主权的领域相互妥协，相互合作。这就必然要求约束主权的绝对性，开展超越主权之上的国际合作。比如，贸易自由化要求降低和消除关税和非关税贸易壁垒，联合国气候公约要求限制各国的二氧化碳排放，这都是对主权国家在经济和社会方面主权的限制。

但就另一方面而言，尽管全球化的发展对主权国家构成了一定的冲击，主权仍然是国家的基本属性，主权国家仍是当今世界政治中的基本行为体。当前国内事务受到国际社会关注和制约的现象十分普遍，但这种约束的依据仍然是现有国际法体系，各国主要是在相互尊重主权的基础上进行平等的协商和交涉。尽管主权让渡现象在世界政治中日益频繁，但主权的让渡具备自愿性、平等性和共享性等基本属性，让渡不是主权的丧失，而是在一个更高的层面上共享更大的主权。虽然冷战后部分西方国家的新干涉主义行为对主权原则形成了一定挑战，但同时也遭到广大发展中国家的反对和抵制。近年来，随着欧美政治保守化和反全球化思潮泛起，欧洲一体化势头受阻并出现“再国家化”现象，主权国家作为世界政治首要角色的地位在某种程度上得到强化。在可以预见的未来，不会有任何力量能够挑战和替代主权国家的这种地位。

## 二、非国家行为体

如果说国际政治的主体就是国家，非国家行为体只是影响因素，那么世界政治的主体就不仅仅是国家，非国家行为体也不再仅仅是影响因素。将非国家行为体作为主体，是世界政治同国际政治的一个重要区别。

### （一）非国家行为体概述

除主权国家外，世界政治中的其他行为主体统称为非国家行为体。非国家行为体是指那些主权国家之外的、能够独立参与国际事务并发挥职能作用的政治、经济等实体。在当代世界政治中，非国家行为体的数量惊人，种类繁多，主要包括国际组织、跨国公司、民族、宗教、恐怖组织、重要人物等。

非国家行为体是在 19 世纪中叶以后陆续出现的，是世界（国际）政治不断发展的产物。随着资本主义的发展进步，交通和通信工具的不断改进，国家间的交往日益密切，国际关系内容不断丰富、领域不断扩大，地区性、全球性的共同问题越来越多，简单的国家间双边关系已无法适应国际交往的需要，非国家行为体应运而生。20 世纪以来，非国家行为体开始在国际舞台上确立了自己的地位。第一次世界大战后，主权国家国际组织获得了国际法的主体地位。第二次世界大战后，各种形式的国际组织层出不穷，大型跨国公司在国际舞台上日益扮演着重要的角色。冷战结束后，非国家行为体的数量不仅愈来愈多，而且其发展也呈现出日益多元化的趋势。同时，随着全球化进程的日益加快，非国家行为体的活动范围已涉及国际社会的各个领域，在世界政治中的地位和作用不断增强，已成为世界政治中不可或缺的重要主体，日益发挥着不可忽视的作用。

非国家行为体与主权国家既有联系，又有区别。从联系上看，首先，大多数非国家行为体是在主权国家之间相互联系的基础上形成和发展起来的，是国家间相互关系的延伸和补充。即便是反政府武装派别、民族分离势力和恐怖主义组织等，也同主权国家有着千丝万缕的联系。其次，多数非国家行为体和主权国家一样，具备构成国际行为主体的基本要素，即行为能力、职能作用、组织形态、独立自主性和独立决策权等。最后，非国家行为体尽管具有不同于主权国家的职能和特点，但它不可避免地受到主权国家的制约：一个国家的多数政党或其他政治组织、社会团体在国际组织、世界政党中的活动，都要服从或服务于其国内政治的利益和要求；跨国公司、宗教势力、民族分离势力和恐怖组织等，也不可能完全摆脱母国的控制或约束。

同时，非国家行为体具有与主权国家不同的鲜明特征。首先，非国家行为体没有特定的居民，其成员可以来自五洲四海，可能在种族、信仰、文化、语言等问题上存在着认同，只是为了特定的利益或共同的目标组合起来，而在主权国家的构成中，居民是个不可缺少的要素。其次，国家行为体一般都具有特定的地域即领土，而非国家行为体则不同，它一般没有特定的领土，常常依附在一定国家的领土内存在。它们的行为常常跨越人为的边界限制，以全球或地区为活动领域。再次，从国际法来看，主权国家必然是国际法的主体，而非国家行为体很多都不具备国际法主体的资格，如跨国公司、国际恐怖组织、民族分离势力等。即使是具有国际法主体资格的一些非国家行为体，与主权国家相比，其拥有或被赋予的权力，也是派生的、有限制的。这使得非国家行为体作为世界政治主体发挥作用时与国家行为体存在明显区别。最后，非国家行为体虽然都不同程度地拥有政治或经济实力，拥有在国际舞台上活动的物质手段，但一般都不具有强制机关或暴力工具，因而不具备以武力强行实施其对外行为的手段。即使是联合国维持和平部队，其职能也与一国政府统率下的武装部队的职能有着本质区别。

大量非国家行为体介入国际社会，不仅大大拓展了国际社会的空间，而且对长期以来主导世界政治的主权国家行为体提出了挑战，从而加速了国际社会的分化。大量出现的非国家行为体通过硬侵犯或软侵蚀的手段，使得作为世界政治基本行为体的主权国家开始把一部分职能让渡或分享给非国家行为体，并与之共同参与国际的事务。当前，非国家行为体已经在许多方面改变了世界事务中以主权国家为中心、以大国关系为中心的状态，使世界政治体系处于一种多元复合结构状态。国家虽然仍是基本的行为主体，但它已经不能像以往那样发挥绝对至上的作用。特别是在处理各种全球性问题时，国家已经不可能脱离区域组织、政府间组织、非政府组织、社会运动、个人等行为主体而发挥绝对的主导作用。非国家行为体已经成为世界政治的重要行为体。

### （二）若干重要独立非国家行为体

非国家行为体可以分成国际组织和独立的非国家行为体两大类。在独立的非国家行为体中，如下五种的地位和作用十分突出。

1. 跨国公司

跨国公司是指通过对外直接投资、在其他国家和地区建立分支机构或控制子公司，从事国际化生产和经营活动的国际垄断企业。很长一段时期，跨国公司一直被视为一种单纯的经济实体，没有被纳入世界政治的视野范围。但随着“二战”后世界经济一体化的迅速发展，国际政治和世界经济的相互作用不断加强，跨国公司在世界政治中的作用日益受到人们的重视。

跨国公司在19世纪后期产生于西方资本主义国家，曾在帝国主义对外掠夺和殖民扩张中扮演过重要角色。“二战”后，随着其经济实力的急剧膨胀、数量的迅速增多，它的政治影响也越来越大，特别是在国家间政治经济关系中的作用越来越明显，从而成为世界政治中一个不可忽视的重要角色。

跨国公司是一种独特的国际行为主体。首先，它是一个拥有强大经济实力的国际组织。跨国公司虽然不拥有固定的领土和人口，但能够对一定的领土和人口实现有效控制，其经济实力甚至超过许多主权国家。其次，虽然它是一种私人性的垄断组织，但是由于它在两个以上的国家活动，容易逃避相关国家的法律限制，因而具有一定的独立性。再次，由于它拥有强大的经济实力，并且在两个以上的国家活动，因而其自身的利益与相关国家的政策密切联系，可以凭借其实力影响不同国家的经济和政治生活，从而对国家间的相互关系产生一定的影响。

冷战结束后，跨国公司的影响力日益扩大，已经成为经济全球化的主要动力。随着越来越多的跨国公司把其在多国的发展战略升级为全球发展战略，全球经营已经成为企业经营的常态。当跨国公司全球化程度达到一定高度，如海外资产、海外收入和海外雇员均超过总资产、总收入和总雇员的50%时，这些公司就具有了全球属性。这些公司通过全球发展战略、管理架构和理念文化的调整，吸纳整合了全球资源，成为全球化的积极推动者。当前，全球有超过10万家跨国公司，约为30年前的3倍。根据经济合作与发展组织（OECD）2018年的研究报告，在全球范围内，跨国公司及其国外分支机构贡献了全球产出的33%、全球GDP的28%、全球就业的23%以及超过50%的全球出口贸易。一系列著名的跨国公司，如苹果、大众、三星、东芝、华为、海尔、中石油、中石化、三一重工、阿里巴巴等，在国际舞台上日益活跃，在全球经济和世界政治领域发挥着越来越重要的作用。①

2. 宗教及宗教极端势力

宗教是人类社会发展到一定历史阶段出现的一种文化现象，属于社会意识形态范畴。宗教的主要特点是，使人相信现实世界之外存在着超自然的神秘力量或实体，该力量统摄万物而拥有绝对权威、主宰自然进化、决定人世命运，从而使人对该神秘力量产生敬畏及崇拜，并进而引申出信仰

① 参见史丹、余菁：《全球价值链重构与跨国公司战略分化——基于全球化转向的探讨》，《经济管理》2021年第2期。

认知及仪式活动。在世界范围内，基督教、伊斯兰教与佛教并称为世界三大宗教，其中以基督教信众最多。此外，印度教、犹太教、日本神道教、中国道教等宗教也拥有数量众多的信众，发挥着较大影响。

宗教在不同的社会历史条件下扮演着不同的角色。中世纪欧洲的一系列宗教战争以及跨欧亚非地区的伊斯兰教的“圣战”，曾经在历史上造成极大的人员伤亡和经济社会破坏。但是，宗教在统一社会意志、增强社会凝聚力、协调社会关系、降低社会内耗、稳定社会秩序等方面，也能起到其他政治力量难以替代的作用。总之，作为一种重要势力，宗教在世界政治舞台上扮演着重要角色。

宗教极端势力是一股在宗教名义掩盖下的、传播极端主义思想主张、从事恐怖活动或分裂活动的社会政治势力。这股极端势力与宗教的关系就在于它利用宗教从事罪恶活动。他们利用自身宗教背景和教徒身份，活跃在信仰同一宗教的民众中，在宗教信仰的掩护下，从事种种有组织的违法犯罪活动。

宗教极端势力在当今世界不同地区已形成各种组织，有明确的政治主张，严密的组织结构，对其成员或追随者进行人身和精神控制。宗教极端势力利用宗教所具有的影响力和感召力，把所从事的罪恶活动宣称为忠诚于信仰、履行神圣的宗教职责。而受其迷惑的人往往接受其说教，死心塌地听命和效忠于它，成为它的社会基础，乃至心甘情愿地为之舍身卖命。根据宗教极端势力在不同国家和地区的活动特点，它分别以恐怖主义团伙、分裂主义团伙和极端主义团伙等形式活动，或是以三者形成三位一体团伙的形式活动。宗教极端势力并非真正的宗教组织，只是借助宗教的名义从事罪恶活动的政治集团，同其所利用的宗教有着本质区别。

当今世界政治中的主要宗教极端势力包括伊斯兰教极端势力、基督教极端势力、犹太教极端势力和印度教极端势力等，其中伊斯兰教极端势力影响最大。冷战结束后，中东、中亚的宗教极端势力有泛滥之势，成为世界政治动乱之源。2014 年，“伊斯兰国”（ISIS）在中东崛起，并一度占领伊拉克和叙利亚大片领土，对中东地区乃至整个国际社会构成严重威胁，成为宗教极端势力的典型代表。

宗教极端势力的泛滥有着深刻的政治经济和社会根源。首先，世界经济发展不平衡，部分国家和地区经济恶化，贫困、失业严重和社会分化加剧，导致民族、宗教和阶级矛盾加深，成为宗教极端势力滋生和蔓延的最主要的经济根源。其次，各种国内政治矛盾的畸形化和极端化，成为当代宗教极端势力产生的直接原因，政府腐败和政治权威的丧失为其产生和发展提供了依据和借口。最后，当代世界政治格局发生剧变所产生的巨大震荡作用，是引发当代宗教极端势力泛起的又一重要根源。随着冷战结束和世界政治格局的重构，原有的被意识形态对抗压抑着的矛盾和利益冲突逐渐凸显，社会的剧烈变迁也使人们的心理承受了空前的重压。这些都为宗教极端势力的滋生和发展提供了土壤。

各种宗教极端势力虽然遭到国际社会的普遍反对和联合打击，但由于其在当今世界政治舞台上正在发挥着越来越大的影响，已经在事实上成为国际社会重要的非国家行为体之一。

3. 恐怖组织

恐怖主义是指通过暴力、破坏、恐吓等手段，制造社会恐慌、危害公共安全、侵犯人身财产，或者胁迫国家机关、国际组织以实现其政治、意识形态等目的的主张和行为。有组织地实施恐怖主义活动的行为体即是恐怖组织，也称恐怖主义组织。

作为人类冲突的一种表现形式，恐怖主义活动有着悠久的历史。但一般而言，具有国际性影响的恐怖主义产生于第二次世界大战之后。冷战期间的恐怖主义与西方国家的殖民统治和非殖民化运动密切相关，恐怖活动集中在殖民地、附属国或刚独立的民族国家。冷战结束后，随着两极格局的消失，原先被压制的民族、宗教矛盾和领土、资源争端凸显，恐怖组织和恐怖主义活动在冷战后的中东、中亚日益泛滥，并对国际社会产生重大冲击。其中尤为引人注目的是，“基地”组织在20世纪90年代之后发展壮大，并在世界范围内形成一个全球化的国际网络，对国际社会构成了严重威胁。

近几十年来，世界上有案可查的恐怖组织多达1000多个，比较活跃且影响较大的不下几十个。其中，人们比较熟悉的有英国的北爱尔兰共和军、西班牙的“埃塔”、黎巴嫩的真主党、伊朗的“人民圣战者组织”、斯里兰卡的泰米尔猛虎组织等。而对当前世界政治影响最大的还是“基地”组织和“伊斯兰国”。2003 年 12 月，中国政府把“东突厥斯坦”伊斯兰运动、“东突厥斯坦”解放组织、“世界维吾尔青年代表大会”、“东突厥斯坦”新闻信息中心这 4 个与“东突”相关的组织认定为恐怖组织。

现代恐怖主义的根源非常复杂，经济上的贫困和两极分化，政治的腐败与失能，民族和宗教纷争的重新抬头等，都是现代恐怖组织产生和发展的重要原因。特别是宗教极端主义，更是恐怖主义的重要思想基础。但就冷战后“基地”组织和“伊斯兰国”等恐怖组织的肆虐而言，美国的单边主义和美欧等西方国家所推行的干涉主义无疑难辞其咎。这些政策破坏了中东地区的政治生态，打破了原有的政治平衡，给该地区带来了无休止的动荡、冲突和贫困，成为恐怖主义的重要根源。

恐怖组织以政治目标为主，从根本上说是政治组织。为了达到其政治目标，他们不择手段，不惜滥杀无辜，充满了极端与疯狂。恐怖组织通常同民族分离组织和宗教极端组织等交织在一起，成为世界政治中的毒瘤。他们不但危害人类的安全，而且严重破坏了各国的民族和睦，引发社会动荡，极大地阻碍了各国的经济发展和社会进步，对世界的和平与发展造成极大破坏，是非国家行为体中最恶劣的一类。

中国是恐怖主义的受害国。中国政府坚决反对一切形式的恐怖主义，主张加强国际合作，努力消除恐怖主义的根源。

4. 极端民族主义势力

极端民族主义是在民族主义基础之上产生的。民族主义内涵丰富复杂，定义繁多。一般而言，民族主义在心理上是对于民族利益、民族独立、民族统一的信仰或主张，在政治上是一个民族追求建立自己的国家的政治运动。政治上的民族主义是一种极具内在张力的政治哲学，也是当代世界上一个强有力的政治力量。民族主义是一把双刃剑。一方面，它曾唤醒被压迫民族求解放、求独立的意识，成为近代以来反对帝国主义、殖民主义的重要进步力量。另一方面，趋于极端化的民族主义也引起过军国主义、帝国主义、种族优越主义、沙文主义以及战争等罪恶。

极端民族主义是对民族主义偏激情绪和极端表现的一种约定俗成的概括。它往往以强烈的民族优越感和排他意识为特征，鼓吹民族歧视，煽动民族仇恨，其实质是把本民族的利益置于其他民族的利益之上，以各种方式侵犯其他民族的利益。极端民族主义的主要表现有：以独裁和武断的姿态减少和反对外来移民，驱逐国内或区域内的非世居人口；情绪化地夸大来自现实或潜在敌人的危险，煽动自己的追随者歧视、敌视乃至攻击“他者”。发展到极致，极端民族主义还倾向于向其所认定的民族和国家的敌人宣战，实现民族分离，甚至制造民族屠杀。极端民族主义通常会引发国内和国家之间的冲突。

在实践中，极端民族主义势力往往与民族分离主义密切相关。在国家观上，极端民族主义势力将公民或国民集合体意义上的民族狭隘地理解为文化共同体意义上的民族，认为任何一个族类群体都可以或者应当拥有自己的国家。这就意味着有多少个“民族”就有多少个国家，任何一个“民族”都应该与主权相结合，进而成为政治意义上的国家。这种主张“一个民族成分，一个国家”的狭隘国家观无疑会造成无休止的国家解构和政治裂变。当前困扰着很多主权国家的一系列热点问题，如科索沃、南奥塞梯、阿布哈兹、北爱尔兰等，以及西亚地区的库尔德武装等民族分离势力，在很大程度上都是极端民族主义势力推波助澜的结果。

同时，极端民族主义势力还经常同恐怖主义结合在一起。恐怖主义和极端、狂热、仇外的极端民族主义具有内在相通性，往往成为极端民族主义势力的行动策略和手段选择。在许多国家，极端民族主义与恐怖主义犹如一对孪生子如影随形，民族冲突成为恐怖主义泛滥的主要原因。例如，爱尔兰民族主义者曾经使用恐怖主义手段对英国的统治进行反抗。当然，在一些多民族国家，主体民族奉行大民族主义，对少数民族进行排挤、压制，也是刺激民族分离主义的重要因素。

此外，由于极端民族主义势力先天具有排他性和极端性，因而往往会和同样极端的种族主义、社会达尔文主义、法西斯主义、宗教极端主义等意识形态勾连在一起，或表现为极权主义、沙文主义、军国主义、扩张主义和种族主义等政治取向，对当今世界政治产生了很大负面影响。

5. 特殊人物

长期以来，世界政治理论传统上一般不将个人视为世界政治的行为主体，这主要是因为个人在世界政治舞台上是国家利益的代理人和代表者，而不具备自身的特殊利益。然而，随着个人在当今国际社会中的活动和作用日益突出，越来越多的学者认为，个人是国际舞台上不可忽视的特殊角色，应当引起足够的重视。

首先，杰出人物能够加速或减缓历史发展进程。历史唯物主义认为，人民群众是历史的创造者，但并不因此否定个人特别是杰出人物在历史发展过程中的作用。世界政治舞台上的杰出人物，其个人的影响能够加速或延缓历史的发展进程，对重大历史事件甚至起着决定性的作用。如“二战”时期的罗斯福、丘吉尔、斯大林，以及中国革命和改革开放时期的毛泽东、邓小平等均是典型例证。当然，这种作用总是要受到一定的社会条件的制约，在特定的历史条件下发挥作用。

其次，国家或重要国际组织领导人的个人因素会对世界政治产生较大影响。主权国家特别是大国的国家元首、政府首脑和其他最高决策的直接参与者，以及重要国际组织和跨国机构的首脑和主要决策者，在当政期间甚至下野以后，都会对世界政治产生影响，在特定的历史转折时期尤为明显。此外，领袖人物的个人素质是国家实力的重要组成部分。他们能够运用自己的领导艺术、组织能力、个人威信以及在人民群众中的地位，担当起社会运动的组织者和指挥者的责任，对社会结合程度、政治稳定、民族的凝聚力与国民士气等因素起到相当大的作用，从而对国家在世界政治中的地位产生重大影响。

再次，在特定情况下，一些普通人也会对世界政治产生影响。如某些突发性的国际事件的参与者，某个重大军事战役的指挥者，某些重大国际争端的当事人，以及国际恐怖主义分子、战争罪犯等。1989 年，英国人萨尔曼·拉什迪出版了小说《撒旦诗篇》，激怒了整个伊斯兰世界，遭到了激进伊斯兰教徒在全世界范围内的追杀。2013 年，美国一名普通情报机构技术人员爱德华·斯诺登，揭秘了美国国家安全局实施的绝密电子监听计划，引起舆论大哗，在世界政治中产生了深远影响。当然，由于这些国际事件本身的突发性与偶然性，决定了这部分历史人物的范围及其构成的复杂性、偶然性和不可确定性。

最后，一些学者主张，国际舞台上的特定个人在一定情况下也能成为国际法的主体之一，因而也是世界政治的重要行为体。纽伦堡审判表明，个人在发动侵略战争、危害人类的罪行及战争罪行方面也负有责任，而不能将其全部归罪于国家。此外，联合国大会通过的《世界人权宣言》和《公民权利和政治权利国际公约》，以及关于非法劫持航空器的《东京公约》《海牙公约》和《蒙特利尔公约》等都规定，个人在国际法的特殊领域里享有一定的权利和义务，同时也为个人行为的后果承担法律责任。在这一意义上，可以将某些特定的个人视为世界政治的特殊行为体。

## 三、国际组织

在当代世界政治中，国际组织已经成为仅次于主权国家的主体。有些国际组织的地位与作用已经超过许多主权国家。

### （一）国际组织的产生与发展

国际组织是两个以上的国家或其政府、政党、民众和团体，基于特定目的，以一定的协议或法律形式设立的组织机构。国际组织同主权国家一样，也是一个历史范畴，是世界政治经济发展到一定阶段的产物，是随着国际社会的发展而逐步发展起来的。

1645 年至 1648 年召开的威斯特伐利亚和会是世界近代史上一次重要会议。它塑造了以近（现）代民族国家制度为基础的国际关系，开创了以大规模国际会议的形式解决重大国际问题的先例，并形成了一个“国际共同利益”的观念，成为近代国际社会形成的重要标志。在此基础上，作为一系列国际会议不断制度化、规范化的结果，世界上第一个国际组织——莱茵河航运中央委员会于 1815 年成立。此后，国际组织迅速发展，到第一次世界大战之前已经成立 300 多个各类国际组织，其中以 1865 年成立的国际电信联盟和 1874 年成立的万国邮政联盟最为著名。

第一次世界大战后成立的国际联盟是第一个重要的世界性主权国家国际组织。它在“一战”后广泛流行的理想主义政治思潮和国际和平运动的推动下，于1920年正式成立。国际联盟的宗旨和首要目的是限制引发战争的因素，和平解决国际争端，实现世界和平。它的主要政治机构包括大会、行政院和常设秘书处。大会和行政院都实行“一国一票”制度，行政院里的国家包括常任理事国和非常任理事国。常任理事国最少时只有英、法两国，最多时有英、法、意、日、苏、德、美七国（其中美国因国会否决《国际联盟盟约》而未能正式加入该组织，其常任理事国席位空缺）。国际联盟的成员数目也一直处于变动之中，成立之初有42个成员国，1934年最多时曾达到63国。国际联盟还按照盟约第十四条设立常设国际法院，成为“二战”后联合国六大组织机构之一的国际法院的前身。在其存在的20多年中，国际联盟处理了60多起国际政治争端，为维护世界和平和促进国际社会进步作出了较大贡献，是人类社会以主权国家国际组织的形式开展国际合作和国际治理的伟大尝试。

然而，由于在章程和权力分配等方面的缺陷，国际联盟在日本占领中国东北、意大利占领埃塞俄比亚和西班牙内战等重大问题上严重缺乏执行力，无法采取有效行动，导致其威信扫地。最终，国际联盟随着第二次世界大战的爆发而名存实亡。

“二战”后，国际组织进入快速发展时期，数量不断增长，职能持续扩大，地位和作用日益提升。其中影响最为深远的事件是，一个全球性的和平与安全组织——联合国于1945年10月成立。同时，以联合国为中心，各类国际组织相互影响、相互作用，形成了多元化的国际组织网络。具体而言，“二战”后的国际组织发展具有如下特点。

第一，国际组织的数量爆炸性增长，种类呈现出多元性且日益多元化。“二战”后，由于科学技术以及交通工具和通信设备的巨大进步，地球上的空间距离相对缩小，各国之间的相互影响进一步加深，从而使各种组织不断增长。据《国际组织年鉴》统计，20世纪初，世界有200余个国际组织，到50年代发展到1000余个，70年代末增至8200余个，1990年约为2.7万个，1998年为4.8万余个，21世纪初超过5.8万个。截至

2020 年，世界上有 7.3 万余个国际组织，其中超过 80% 属于国际非政府组织。同时，国际组织的种类也呈现多元化的特征，主权国家国际组织、国际非政府组织；全球性国际组织、区域性国际组织；一般性国际组织、专门性国际组织等，都在各自领域发挥着重要作用。

第二，国际组织的职能日益丰富和多样化。第二次世界大战后，国际组织不断向经济、社会各领域渗透，职能日益丰富多样化，活动范围包罗万象。其范围涉及政治、经济、社会、文化、教育、卫生等许多领域。上至外层空间，下至海洋底土，各领域各方面均有相关国际组织存在。从邮电、气象到贸易、金融等，无不与国际组织发生关系。

第三，国际组织的地位、作用有所增强，独立性不断加大。冷战结束后，包括联合国在内的各种国际组织的地位日益提高，作用不断增强。各国政府愈来愈倚重各种国际组织来解决安全问题，来为各自的社会与经济问题寻求答案，来帮助解决人道主义和生态方面的新挑战。国际组织不仅促进国家之间合作、提供国际治理，而且从各国手里接过许多社会、经济和政治问题的调控任务。联合国已成为各国协调相互关系的国际中心。

国际组织的性质、宗旨和组织形式差别很大，按照不同标准可以进行多种分类。根据宗旨和职权范围的不同，可分为综合性国际组织与专门性国际组织；根据成员构成的地域范围的不同，可分为全球性国际组织与地区性国际组织；根据活动性质的不同，可分为政治性国际组织、经济性国际组织和军事性国际组织等。然而，国际组织最重要也是最常用的分类，是根据其主体的构成情况分为两大类，即主权国家国际组织和非国家行为体国际组织（国际非政府组织）。二者在其组成成员、法律地位、运作方式等各个方面，都存在着重大差异。

### （二）主权国家国际组织概述

由主权国家组成的国际组织即政府间国际组织在利益诉求和行为方式等方面同组成该组织的主权国家有很大区别，已经成为不同于主权国家的一种世界政治行为主体。

主权国家国际组织是由若干主权国家的政府为达到一定的目的而组成的国际组织。如联合国就是当今世界规模最大的主权国家国际组织。按照成员构成和目的的差异，可将主权国家国际组织划分为四类。第一类是成员遍及全球、为综合目的而设的全球性国际组织，主要包括“一战”后成立的国际联盟和“二战”后成立的联合国。第二类是成员遍及全球但为特定目的而设的国际组织，也称职能性国际组织，典型的有世界银行、国际货币基金组织、世界卫生组织等。第三类是成员限于地区性但为综合性目的而设的组织，如欧洲联盟、美洲国家组织、非洲联盟、东南亚国家联盟等。第四类是成员范围具有地区性且为特定目的而设的组织，如北大西洋公约组织、华沙条约组织等。

主权国家国际组织一般需要满足四个要件。一是国际协定。一个主权国家国际组织的建立需要以一项国际协定为基础，且必须是一项国家间的协定，大多体现为多边条约的形式。二是组织机构。应至少有一个由两个或两个以上国家代表组成的机构，且该国际组织不应依赖于任何特定的国家。三是依国际法而建立。一个国际组织应依国际法而建立，国际协定应该是依国际法而缔结的。四是拥有国际法律人格。具有国际法律人格才能成为国际法的主体，才能具有独立参加国际事务，享有国际权利，承担国际义务。当然，未满足这四个要件的国际组织也有不少，典型的是像北大西洋公约组织这样的军事政治同盟。

有一些国家领导人或部门领导人定期举行会议，商议世界和地区事务，已经形成某种定型的机制，但却没有国际协定和组织机构。这种国际机制已经具有一定国际组织的功能，可视为准国际组织，比如二十国集团、七国集团、金砖国家。

主权国家国际组织虽然只占国际组织的一小部分（大约 20%），但在国际组织中具有至关重要的地位，在世界政治中发挥着十分重要的作用。除了那些带有军事政治同盟性质的国际组织，主权国家国际组织的作用主要表现为以下四个方面。

第一，在维护世界和平，促进人类社会发展与进步，维护现有的世界秩序方面发挥着不可替代的作用。这种作用主要由联合国这类综合性国际组织来体现。联合国是目前世界上代表性最广泛、规模最大、活动内容涉及人类生活各个领域的国际组织。联合国最突出的作用是维护世界和平。联合国为防止国际冲突和推动陷入冲突的各方和平解决问题，做了大量积极的工作，发挥了不可替代的作用。联合国安理会是为防止破坏和平而设置的联合国专门机构，对于和平解决国际争端负有重大的责任。当出现威胁和平、破坏和平或侵略行为时，安理会有权要求成员国采取集体强制行动，实行集体制裁。冷战结束后，民族、宗教矛盾和领土争端等问题凸显，许多地区形势动荡。联合国积极作为，在朝核、伊核、巴以、乌克兰、利比亚、叙利亚等地区热点问题和反恐、防扩散等问题上，实施了斡旋、维和、监督停火、开展人道主义援助等一系列措施，为消除地区热点或使冲突降温做了大量积极有益的工作，作出了巨大贡献。

第二，已经建立发展起一整套有利于国际社会良性运转的国际合作机制。比如，“二战”后建立的国际货币基金组织，在汇率及世界货币流通相关事务中发挥了重要作用。再如，为了防止核扩散而建立的国际原子能机构，制定了一系列防扩散反扩散的安全措施，使核不扩散从一项原则共识落实到世界政治的日常实践。又如，在环境保护问题上，过去几十年中，联合国环境规划署组织谈判，建立了一系列环境保护原则，如保护地中海海盆的原则、防止因释放含氯氟烃破坏平流层臭氧的原则、控制对环境有害物质越境传播的原则等。这些国际合作机制的成功实践表明，国际组织不再是国际社会的被动的参与者，而是国际社会中各种制度性安排的积极创建者。

第三，为各国开展多边外交提供场所，为多边谈判提供体制框架。当前，以联合国系统为平台举行的会议每年多达一万多次。联合国这一职能如此显著，以至于有学者专门创造“会议外交”一词描述这一现象。会议中各国代表无须采取主动行为就能经常地、自由地同其他国家代表接触。这些会议都遵循严格的程序规则，而如何利用和操作这些规则，就成了世界政治中合作与竞争的重要内容之一。这种“会议外交”为解决特定问题而达成各方均可接受的协议提供了便利。而且从工作效率上看，它为处理大规模的多边关系创造了条件。因此，主权国家国际组织在多边外交领域发挥着重要作用。

第四，有助于国际法进一步发展完善。主要表现为：一是一些重要的国际组织已成为国际法的重要制定者。二是建立国际组织尤其是全球性国际组织的基本文件，往往规定国际社会所必须遵守的一般性规则。久而久之，这些规则可能逐渐产生一般国际法的效力，甚至起到强制法的作用。三是国际组织在职权范围内的各种活动，往往有助于一些法律概念的澄清，并有助于建立起新的习惯法规则。四是国际组织的急剧增长，给国际法带来许多崭新课题，在客观上促进了国际法的发展。

除了上述四个方面作用，某些“超国家”性质的国际组织还发挥着更多的作用，甚至正取代主权国家的某些功能。最为典型的是欧洲联盟（前身为欧洲共同体）。“二战”后，以欧洲联盟为主体的欧洲一体化深入发展，把贸易、货币、海关、边境管理等传统上属于成员国主权范围内的部分职权集中到欧洲联盟这个一体化机构手中，从而使欧洲联盟发展成为一种具有某种“超国家”性质的国际组织，在世界政治中产生了重要影响。当然，像欧洲联盟这样成功的“超国家”国际组织直到目前仍为数有限，而且欧洲联盟也遭遇了英国“脱欧”等挑战。

总的来看，在当今世界政治舞台上，尽管主权国家国际组织正在发挥着越来越重要的作用，但它在很大程度上还只是世界政治的协调者，在决定战争与和平等重大事务和开展全球治理中，仍居于主权国家之下起辅助性作用。在满足国际社会的需要和期望方面，国际组织还有很长的路要走。

### （三）联合国

在当今数量众多的主权国家国际组织中，成立于 1945 年 10 月 25 日的联合国是影响最大、地位最重要的一个。

第二次世界大战的空前灾难再次震惊了人类，促使人们深入思考从制度上防止战争、促进世界和平问题。于是，在战争期间与战后初期，重建一个有效的全球性和平与安全组织——联合国就提上了议事日程。1941 年 8 月 14 日，英美联合发表《大西洋宪章》，呼吁建立一个“永久性普遍安全制度”。1942 年 1 月 1 日，26 个国家发表宣言，支持《大西洋宪章》，首次提出“联合国”一词。1944 年的敦巴顿橡树园会议勾画了新组织的基本轮廓，讨论了有关安全问题的条款。1945 年 2 月的雅尔塔会议进一步解决了安理会内部表决方式等问题。

1945 年 4 月至 6 月，联合国制宪会议在旧金山召开，这是有史以来规模最大的国际会议之一。来自 50 个国家的代表经过两个多月的艰难谈判，终于制定了《联合国宪章》和《国际法院规约》的最后文本。宪章于 1945 年 10 月 25 日（北京时间）生效，宣告一项划时代的创举：联合国成立了。

当时，联合国创始会员国有 51 个国家。[①] 随着战后非殖民化进程的推进，许多过去是殖民地而又赢得独立的国家纷纷加入。至今，联合国已有 193 个会员国和 2 个观察员国，成为一个名副其实的普遍性国际组织。联合国共有英语、法语、俄语、汉语、阿拉伯语和西班牙语六种工作语言，总部设在美国纽约。

联合国成立时有六个主要机构，即大会、安全理事会、经济及社会理事会、托管理事会、国际法院和秘书处。大会是联合国最重要的机构，所有联合国会员国都有表决权，实行“一国一票”制，就全球共同关心的各种问题和联合国自身重大事项进行讨论并通过决议。在全球事务上，大会的决议案虽无法律的约束力，但道义上的约束力颇大。大会位居联合国的中心，它通过经济社会理事会等机构，对各专门机构进行直接或间接的领导。这些专门机构的经费需要大会支持，它们的预算要由大会审核批准。

安全理事会（简称安理会）由 5 个常任理事国（中、美、俄、英、法）和 10 个非常任理事国组成。[②] 非常任理事国两年改选一次，每次改选一半。在重大问题上采取行动，必须得到 5 个常任理事国的一致同意，

---

① 51 个会员国中包括作为苏联加盟共和国的乌克兰和白俄罗斯，即苏联有三个会员国。此外，当时的波兰临时政府因美国等国反对而未参加联合国制宪会议，但因其是《联合国宪章》的最初签署国，故也被列为联合国创始会员国。

② 联合国成立之初，安理会非常任理事国数目为 6 个。从 1965 年开始增加到 10 个。

并且至少得到10个非常任理事国中4个的支持。这实际上使常任理事国拥有了否决权，即只要任何一个常任理事国投反对票，决议就不可能通过。安理会在维护世界和平与安全方面负有重要责任。

经济及社会理事会（简称经社理事会）目前由54个会员国组成，由大会选举产生，任期3年，每年改选18个会员国。经社理事会就人权、世界贸易、妇女地位和其他经济社会领域的问题，以简单多数原则作出决议。尤为重要的是，经济社会理事会和大会共同监督联合国所属专门机构的工作。

托管理事会的主要职能是监督那些尚未建立起自己的政府，或尚未获得独立的地区的政治发展，在战后广大亚非拉殖民地争取独立的非殖民化过程中曾经发挥过较大作用。目前，其工作对象已经大部分消亡，业务范围已经极小。

国际法院由15名法官组成，法官由大会和安理会的绝对多数票选出，任期9年，每3年改选5名。联合国会员国可以亲自向法院提交案件，法院也可应大会或安理会的请求提供咨询意见。法院开庭的法定人数为9名法官，其决定须过半数以上的同意才能通过。

秘书处是联合国的行政机关，秘书长是秘书处的首长和首席发言人。秘书长由安理会推荐，由大会任命。他主持联合国行政工作，可指派人员开展以和平调解为目的的外交活动。

除了这些主要机构，还有十多个被称为“专门机构”的独立组织，按照合作协定与联合国保持联系。包括国际货币基金组织、世界银行、世界卫生组织和国际民用航空组织等。这些机构是根据政府间协定设立的自治机构，在经济、社会、文化、教育、卫生和有关领域负有广泛的国际责任。这些独立机构和专门机构同联合国主要机构一起，构成联合国系统。

目前，联合国系统所属机构发展迅速。原有的机构不断扩大，新设的机构陆续增加。在维护世界和平、缓和国际紧张局势、解决地区冲突、协调国际经济关系，以及促进世界各国经济、科学、文化的合作与交流方面，都发挥着相当积极的作用。

### （四）非国家行为体国际组织概述

当今世界，非国家行为体国际组织往往在某个领域发挥着重要作用，已经成为世界政治的重要角色。

非国家行为体国际组织也称国际非政府组织，是由不同国家的独立机构、民间组织等团体和个人组成的国际组织，如国际劳工组织、国际宗教组织、国际青年组织等。它涉及政治、经济、文化、科技、民族、宗教、体育、卫生等各个领域，影响力较大的有国际奥林匹克委员会（国际奥委会）、国际红十字会、大赦国际、核裁军国际委员会、绿色和平组织等。非国家行为体国际组织约占国际组织总数的80%，是国际组织的重要组成部分。它们虽然不能直接承担国际法规定的权利和义务，但由于其主要目的是在特定的功能性问题领域共同追求跨国利益和促进跨国合作，因而已成为国际社会的一种压力集团，对跨国事务正在发挥日益增长的影响。

非国家行为体国际组织是19世纪初随着国际社会的发展而逐步发展起来的。到20世纪末，各种非国家行为体国际组织的数量呈指数增长之势。这些数目众多的组织在和平运动、学生运动、反核抗议运动、少数民族的民族主义运动、同性恋权利、妇女权利、动物权利、生态环保、卫生、体育等各个领域发挥着重要作用。

这些非国家行为体国际组织虽然在数量、成分、财政来源、组织程度、意识形态、关注范围、目标策略以及地理分布上各有不同，但却具有一些共同特征。一是国际性。组织目标、资金来源、活动范围等涵盖不同国家和地区，影响力不局限于一个国家。二是非营利性。组织的宗旨和目标主要是促进人类合作和社会公益的发展，其收费和募款不是为了获取利润，而是为了维持组织机构运转和从事公益性事业。三是非政府性。组织的成员主要由各国团体或个人构成，即使主权国家参与，一般也不采用政府或国家的名义（国际奥委会等组织例外），而是从民间角度开展活动。这也是非国家行为体国际组织独立性的体现。

由于非国家行为体国际组织一般不具备国际法的主体资格，因此通常通过影响主权国家或主权国家国际组织来实现自己的职能。这种影响一般通过开展两类活动来实现。

第一类活动是通过形成“压力集团和舆论”的方式，对政府间的活动施加影响。具体方法是通过合乎国际法准则的手段对主权国家、政府间国际组织制造舆论、施加压力，以期政策向利己的方向转换。其施压和影响对象主要是联合国和重要国际会议。具体方式一般有三种。一是提供信息与咨询。部分具有联合国“顾问”身份的非国家行为体国际组织，通过经社理事会直接提供咨询与建议，从而介入联合国事务，在联合国决策过程中发挥作用和影响。二是举办非政府论坛。冷战结束以来，联合国举行重要国际大会之际，同时举行非国家行为体国际组织论坛已成为惯例。这种会议给非国家行为体国际组织一个申辩自己主张的场所，有助于它们与主权国家国际组织之间的交流。三是游说各国政府。利用自身在全球广泛的联系网络，采取会晤和游说政府官员等方式对政府施加影响。

第二类活动是非国家行为体国际组织作为自主活动者开展的独立的活动。冷战结束后，国际交往创造的网络越来越密，非国家行为体国际组织之间也通过相互作用而形成了网络。如妇女组织与和平组织联盟、生态保护与发展援助团体联盟、保卫土著人权利运动与生态保护合作组织联盟等。这些团体不依靠政府提供的渠道，而是在个人与组织、组织与组织之间进行信息交流和政治活动，创造了直接的、独立的非政府的外交方式。广泛的网络为这些国际组织带来了丰富的信息资源和组织资源。在国际事务中，政府越来越难以驾驭来自各方面的信息，非国家行为体国际组织正是在分享信息这一关键方面发挥了作用，并对政府产生了越来越大的影响。

此外，还有一类较为特殊的非政府行为体国际组织，这就是包括国际奥委会、国际足球联合会等从事竞技体育的组织。此类组织不必向前述组织一样积极地游说和影响各国政府，而是通过同各国对应的功能性组织（各国奥委会、足联等）合作开展活动来实现自己的目标和宗旨。同时，各国奥委会、足联等又同本国（地区）政府关系密切，并在体育赛事中代表本国参加比赛。

目前，主权国家、主权国家国际组织和非国家行为体国际组织的联系日趋紧密。联合国及其专门机构如世界银行、联合国开发计划署，以及诸如欧洲联盟等一些区域性主权国家国际组织都建立了专门委员会，以便与非国家行为体国际组织开展联系。一些非国家行为体国际组织专门成立若干国际计划的执行机构，诸如牛津饥荒救济委员会等常在联合国开发署下承担各种项目，它们在经济发展、难民救济、流离失所者和天灾受难者救助等方面发挥了独特而重要的作用。

在发展教育、保护自然与人文环境、促进人权与维护和平等领域，非国家行为体国际组织做了大量工作，作出了独特贡献。但与主权国家国际组织相比，非国家行为体国际组织总体上处于一种弱势状态。因为无论如何，它们发挥作用的途径都是间接的，政策的决定权始终掌握在主权国家手中。尽管如此，非国家行为体国际组织仍然在国际社会发挥着重要作用，不失为世界政治舞台上的重要行为体之一。

# 第二章

# 当代世界政治的主要基础——全球化

全球化是当今世界发展的潮流，也是当代世界政治的主要基础。在全球化背景下，参与和融入全球生产和流通体系的国家越来越多。世界各国的经济联系和相互依存度不仅通过商品贸易，还通过资本流动、技术扩散和人文交流日益增强。全球化不仅对世界经济结构和增长方式产生了深刻影响，还直接推动全球政治格局的变迁。在全球化时代，各国发展环环相扣，面对风险和挑战，没有哪个国家可以独善其身，协调合作是必然选择。全球化是历史大势，当前世界上出现的一些逆全球化动向改变不了全球化的发展方向，阻挡不住全球化大潮。

## 一、全球化概念及发展历程

所谓“全球化”，既是一种现象、一种趋势，也是一个过程、一种力量。全球化是一个内涵宽泛的概念，它没有一个公认的定义，对它何时兴起及发展阶段划分当然也存在着争议。这里仅对全球化在经济、政治和社会等领域的代表性观点及对全球化发展阶段的划分进行概述。

### （一）“全球化”含义的界定

从经济角度来看，全球化是人类通过促进要素流动来最大限度地实现贸易收益的过程。国际货币基金组织（IMF）较早地提出了衡量全球化程度的指标体系，包括国际贸易、国际投资与资本流动、移民与人员交流、知识交流与扩散以及社会和规则变迁等方面内容。在IMF的定义里，经济全球化是全球化的核心内容。[①] 甚至有观点认为，目前真正能开展的只是经济领域的全球化，所谓的政治全球化和文化全球化尚未真正开始，而金融和科技全球化只是经济全球化的组成部分。[②] 在很大程度上，全球化被当作“经济全球化”的同义词来使用，全球化始于并主要发生在经济领域。亚当·斯密（Adam Smith）《国富论》的基本分析逻辑是经济增长来自劳动生产率的提高，而劳动生产率的提高则依赖于分工和专业化，而分工和专业化的产生则肇始于市场规模的扩大。从经济学的角度来看，经济增长依靠市场的扩大，而全球化就是市场跨国扩张的过程，全球化的推进契合了经济发展的基本逻辑。

从政治角度看，全球化还包含着深刻的政治内涵和政治要求，它实质上是一个全球政治协作、趋同的过程。具体来讲，一是各国政府所面临和关注的共同问题日益增加，需要各国政府协商对话、共同合作才能完成的项目急剧增加；二是全球贸易活动日益密切，各国在法律上需要接轨，在经济政策上需要符合国际条约、协定和规范；三是人们在政治观念和政治态度上相互认识、理解和兼容的程度逐步加深；四是为了迎接全球化的挑战及适应全球化要求，各国都需要改革自己的政治体制和政治结构，调整自己的管理方式，内政和外交政策。[③] 政治层面的全球化就是规则和理念跨越国家的政治疆界，对越来越多的国家构成了影响力和约束力，对违背这些规则和理念的国家造成了国际压力。

从社会角度看，全球化是世界各个国家在政治、经济、文化上相互依存程度逐步提升进而不断融合的历史过程，同时也体现了社会关系的变革过程。全球化使社会关系空间在全球规模扩大。[④] 安东尼·吉登斯（Anthony Giddens）把全球化描述为一种“时空解离”（distanciation of

---

① 参见吴念鲁、杨海平：《全球化与反全球化思辨》，《中国金融》2018年第10期。

② 参见张宇燕等：《全球化与中国发展》，社会科学文献出版社2007年版。

③ 参见王忠武：《试论全球化的基本内涵及其表现》，《东方论坛》2001年第1期。

④ 参见〔日〕星野昭吉：《全球化时代的世界政治——世界政治的行为主体与结构》，刘小林、梁云祥译，社会科学文献出版社2004年版。

space and time)，如今发生在遥远地区的种种事件，都比过去任何时候更直接、更为迅速地对我们产生影响。反过来，我们作为个人所做出的种种决定，其后果又往往是全球性的；由于科技进步带来的巨大推动力，不同地区、不同国家和不同文化传统的人们的日常生活方式越来越多地走向趋同。大卫·哈维（David Harvey）视全球化为“时空压缩”（compression of space and time）现象。

### （二）全球化的发展历程

全球化发端于地理大发现。不过，全球化的发展并非一帆风顺。全球化作为一个历史进程，不同阶段会呈现出不同特点。研究者们基于不同的视角和标准，对全球化的发展历程有不同的认识。但是不管怎样，两次世界大战和冷战结束被大多数学者视为全球化发展阶段划分的标志。

世界银行出版的《全球化、增长和贫困》研究报告从世界贸易量占GDP比重、外资占GDP比重及流入美国的人口数量三个角度总结出全球化的三次浪潮：1870—1914年为全球化第一次浪潮；1945—1980年为第二次浪潮；1980年至今为第三次浪潮。其余时间或为全球化缓慢发展时期，或为全球化的低潮时期。这是完全基于世界经济的划分方法。

基于世界经济和世界政治相结合的划分方法时间跨度更长。1914年之前的100年为第一波全球化。17—18世纪，国际贸易以每年1%的速度增长，从19世纪初开始，世界贸易以每年4%的速度增长并且持续了整整一个世纪。运输、通信、政府限制及生命财产风险交易成本大幅下降，资本流动激增，世界上大多数国家经历了前所未有的经济融合，特别是欧洲人大批迁往美洲和其他殖民地。金本位是第一波全球化的标志性制度安排，这相当于世界主要经济体之间实行统一的固定汇率，黄金在事实上成为各国的“共同货币”。第一波全球化的结果是西方世界的崛起和东方世界的衰落，一个以西欧为中心的世界经济体系建立。

第一次世界大战将第一波全球化进程打断。此后的“大萧条”期间，美国设置了高额关税，英国及欧洲大陆国家也求助于贸易壁垒以摆脱经济困境。1929—1937年，世界贸易量减少了一半，贸易保护主义导致统一的全球市场被分割。第二次世界大战使得世界在更大范围内被撕裂为两半。全球化经历了30多年的低潮。

"二战"后，特别是布雷顿森林体系的建立标志着第二波全球化的到来。虽然布雷顿森林体系加强了美国的经济霸权，但国际货币基金组织、世界银行和关贸总协定（GATT）的相关国际规则和贸易开放保证了商品、资本、服务和人员的跨境流动便利化，推动了战后的经济繁荣。但在冷战背景下，此次全球化并非"全球"同步的，东西两大阵营的对抗使得此波全球化被划分为事实上泾渭分明的"两个市场""两个体系"。

第三波全球化是在第二波的基础上进化而来的。冷战的结束拉开了第三次全球化的序幕，原社会主义阵营的国家重新融入统一的世界市场中，成为全球经济增长的重要推动力。经过多年谈判，在1995年乌拉圭回合后世界贸易组织（WTO）成立，全球分工不断加深，全球生产链、供应链的各个环节在不同国家内完成，并销往全球市场，生产成本大大降低。参与国际贸易的经济体数量随着全球化推进不断增加。全球化大大削弱了国家边界对跨境经济活动的制约，促进了人员在全球的流动和移民规模空前扩大。

## 二、全球化的动力和特征

跨国公司、科技进步和国际规则是推动全球化的三大动力。

全球化时代，民族国家和跨国公司一同主宰着全球。[1] 跨国公司是经济发展的引擎，是经济全球化的重要载体，当前国际分工主要是跨国公司主导的。发达国家的经济发展无一例外得益于国际分工和国际贸易发展，而跨国公司使各国产业结构的关联性和依存度大大提高，极大地促进了国际分工和国际贸易。跨国公司构成全球化的重要经济支柱。根据世界银行数据库的统计，从1960—2021年，全球商品贸易占世界GDP的百分比从16.7%上升到了46.3%，这一比例几乎提高了3倍。从20世纪90年代到

① 参见 Bruce Mazlish, *The New Global History*, Routledge, 2006, p. 34。

金融危机爆发前的2007年，世界跨国公司迅猛发展，母公司数量从3.5万家发展到了8.1万家，母公司所控制的外国子公司也从15万家激增到81万家，这些跨国公司及其外国子公司占有世界总产出的1/3、全球工业生产的4/5、国际直接投资的90%。[①]

科技进步推动了国际分工的细化和全球范围内劳动生产率的提高。技术的发展为信息、人、资金和货物的流通提供便利，世界正在以前所未有的方式深度互联。人口流动既体现了国际分工的细化，也反映了交通工具的进步。2017年，全球居住在非出生国家的人口数量已达到2.58亿，较2000年上升了49%，而在同期，世界人口只增长了23%。[②]

国际规则的覆盖范围在扩展，普遍适用性在增强，这是全球化发展的重要标志，同时也是全球化的重要推动力。截至2016年底，《国际组织年鉴》在录的国际组织数量已达75000个，由它们倡议和制定的国际规则涉及经济、政治和地理边界等人类活动的每一个领域，国际组织以每年1200个左右的速度在增加。相关的国际规则不仅局限在经贸、安全、社会等领域，还涉及航空运输、臭氧层耗损、濒危物种贸易、电信、南极保护等专业化领域，所涵盖的范围越来越广，约束程度越来越高。

当前的全球化呈现出三大特点：范围广、速度快和影响深。[③] 与以往相比，无论在全球网络的广度、全球流动的速度还是相互联系的深度上都显著进步。

第一，范围广。第二次世界大战后，世界市场的地理广度覆盖全球，国际经济联系从各方面都大为加强：商品流通、资本输出、劳务交换、技术转让、经济合作的广度与深度皆史无前例。世界商品贸易额，1950年603亿美元，1982年跃为18483亿美元，猛增30多倍，年平均增长

---

① 参见关雪凌、张猛：《发达国家跨国公司是如何为国家利益服务的——跨国公司的政治经济学分析》，《政治经济学评论》2014年第3期。

② 参见〔美〕巴里·艾森格林、赵廷辰：《“全球化”的现状与未来》，《国际金融》2018年第12期。

③ 参见〔美〕让·马克·夸克、冷志武：《拒绝全球化抑或重新思考全球化》，《探索与争鸣》2018年第1期。

11.3%，其中20世纪70年代年均增长20.2%，速度惊人。[①] 从规范维度看，国际规则覆盖的国家及其涉及的内容日见其多。世界贸易组织和《联合国海洋法公约》的缔约国占世界国家总数的比例均达到了77%左右，而《核不扩散条约》的缔约国已经高达98%。而世界贸易组织的前身——关贸总协定的创始缔约国仅有23个，《联合国海洋法公约》生效的前一年，仅60个国家批准或加入。1975年的《巴塞尔协议》（*Basel Accord*）非常简单，只是规定了跨国银行不得逃避监管、东道国监管外国分行的流动性和子行的偿还能力等事项，经几次修订后，新协议覆盖面大大拓展，对信用风险、市场风险及操作风险等几大金融市场的支柱提出了详尽的监管规则和行为指南。

第二，速度快。纺锤是第一次工业革命的标志，它走出欧洲、走向世界花了120年的时间，相比之下，互联网仅用了不到10年的时间，便传到了世界各个角落。从20世纪开始，科学技术变化开始加速，每一代新发明都是建立在此前发明的基础上，重大科技进步出现的周期缩短到了20~30年，到了2016年，已经缩短到了5~7年的水平。1965年，摩尔定律被提出，即芯片的计算和处理能力每2年翻一番，此后的50多年，技术发展大体上沿着摩尔定律的路径前进。[②] 摩尔定律已经扩大了机器的力量、个人的力量和流动的力量。由于人们读写能力的提升和知识传播的加速，1000年前，可能需要两代人到三代人的时间才能适应的新事物，到了20世纪初，适应的时间缩短到了一代人。高速全球化的明显标志是高资金流动速度，全球每日通过电子银行转账的数额比很多国家的预算还要多。国际货币基金组织主办的《金融与发展》杂志2016年12月发表的《重置全球化》一文指出，自1989年柏林墙倒塌至2008年国际金融危机爆发前，国际资本流动占GDP比重从5%猛增至21%，国际贸易从39%上升到59%，生活在非出生国的人口增长了25%以上，全球化行进在史无前例的快速发展轨道上。世界上绝大部分地区创办企业平均耗时大

① 参见李吟枫：《世界市场的形成及历史作用》，《世界历史》1986年第2期。

② 参见〔美〕托马斯·弗里德曼：《谢谢你迟到——以慢制胜，破题未来格局》，符荆捷等译，湖南科学技术出版社2018年版。

幅降低了，新企业获得市场支配地位、收入达到较高水平所需的时间越来越短。Facebook 花了 6 年时间使其营业收入达到 10 亿美元，而 Google 只花了 5 年就达到了这个目标。[①] 标准普尔 500 指数覆盖的企业平均寿命也越来越短，从 60 年减少到 18 年。

第三，影响深。全球化发端于经济领域，但是却渐渐地深入人们生活的方方面面。原本分散的国家实体之间的联系和交流越来越紧密，世界正在以前所未有的方式深度互联，它正在变成一个“地球村”，几乎世界任何一个地区发生的事都可以在短时间内传播到世界各地。据新冠肺炎疫情暴发前联合国的数据，2019 年 6 月，全球国际移民人数约 2.72 亿，比 2010 年增加 5100 万，国际移民占全球总人口的 3.5%。相比之下，2000 年和 1980 年分别占全球人口的 2.8% 和 2.3%。[②] 同时，人类全球化的活动也对人类的生存环境发生了深刻的影响，尽管这些问题不能完全归咎于全球化。全球化创造了太多社会经济和人类深度互联的指标记录，全球化让我们身处在一个前所未有的世界。

## 三、全球化面临的问题及发展趋势

全球化为世界经济增长提供了强劲动力，促进了商品和资本流动、科技和文明交流、各国人民交往。不过，全球化也带来了一系列衍生问题，对人类社会及人类生存环境造成负面影响，进而导致一些政治力量对全球化的质疑，甚至否定。当然，全球化的负面影响并非全球化的本质和主流。世界各国需要共同努力，推动全球化健康发展。

### （一）全球化面临的主要问题

直至目前，全球化是资本主导的，不可避免地存在严重弊端。从世界政治的角度看，全球化造成的最为突出的问题是全球发展失衡和生态环境

---

① 参见〔德〕克劳斯·施瓦布：《第四次工业革命》，李菁译，中信出版社 2016 年版。

② 参见 United Nations，*Global Issues*：*Migration*，https：//www.un.org/en/global－issues/migration。

恶化。全球化的弊端使得人们对全球化难以形成共识。

第一，全球发展失衡。据世界银行2017年报告的统计，当前，全球极端贫困人口的80%左右生活在农村，主要以农耕为生，促进农业发展是消除贫困最有力的手段之一。此外，全球仍有13亿人，即17%的人口无法获得电力供应；全球一半以上的人口，也就是40亿人仍然无法接入互联网，其中的大部分都生活在发展中国家。① 全球化不必然让每个人都有机会进入国际市场、享受技术带来的便利。即使进入国际市场，参与全球竞争，市场并不必然保证效率增加的收益为全体参与者共享。不同国家和不同群体在全球化进程中得失及承担风险能力是不同的，必然产生一些不平衡问题，造成利益分配矛盾和冲突。如全球化在国内以及国家之间造成“赢者通吃”的局面，矛盾积累到一定程度，会对全球化进程形成阻力和冲击。人们对全球化带来的发展不均衡给出了两个截然相反的答案：有人说“还不够全球化”，有人说“全球化太快了”。

全球化背景下的当今世界经济存在着一个根本问题：各国之间的收入，包括健康和其他福利指数的差别要比国内差别大得多。② 2017年，45个发展中国家约有8300万人需要紧急粮食援助，比2015年增加了60%。据世界银行公开数据库的统计，预计今后15年全球粮食需求将至少增长20%。贫穷、饥饿、气候恶劣、教育和技术落后等弊病，拉丁美洲和中东地区存在，但在撒哈拉以南非洲都是成倍地严重。③

国家之间的竞争使得商品必须按照由全球必要劳动时间决定国际价格，劳动生产率高的国家，商品的国别价值就会低于国际价值。由于国际价值总量等于各个国家国别价值总量之和，整个世界依然遵从劳动价值守恒。这就意味着从全球的角度来看，部分价值从劳动生产率低的国家转移到劳动生产率高的国家。换言之，如果没有劳动生产率低的国家存在，劳动生产率高的国家不可能获取超额剩余价值。有人对全球化持消极态度，

① 参见〔德〕克劳斯·施瓦布：《第四次工业革命》，李菁译，中信出版社2016年版。

② 参见〔美〕丹尼·罗德里克：《全球化的悖论》，廖丽华译，中国人民大学出版社2011年版。

③ 参见〔美〕戴维·S. 兰德斯：《国富国穷》，门洪华等译，新华出版社2010年版。

认为全球化是达尔文主义的，其达尔文主义取向比国内生活有过之而无不及。社会分配不公平是市场经济调节固有的一个短板，经济全球化将这个问题进一步放大。另外，不平等不仅仅是财富分配不均，还包括发展机会不平等。

发展是当代世界政治的主题之一，发展问题解决不好不仅影响全球公平、正义，而且还严重制约世界和平。

第二，全球生态环境恶化。全球化让生态环境付出了代价。大自然的资源并非取之不尽，已有太多的评价指标都能说明，全球生态盈余已经处于入不敷出的境地。1960 年至 2014 年，全球二氧化碳排放量（人均公吨数）从 3. 10 升高到 4. 97，增长了 60%。2013 年，二氧化碳排放量创历史纪录，低收入国家人均排放量（公吨数）为 0. 3，高收入国家为 10. 7，中高等收入国家为 6. 4，中等收入国家为 3. 7。[①] 由此可见，二氧化碳人均排放量基本和国家收入水平成正比，除了低收入国家，其他几类国家的二氧化碳人均排放量曲线基本呈上升趋势，高收入国家在 2007 年达到 11. 8 的高位后开始呈下降趋势。1962 年至 2018 年，人均可再生内陆淡水资源从 13402 立方米下降至 5658 立方米，下降了 58%；1971 年至 2014 年，全球人均能源使用量从 1338 千克升至 1920 千克，上升了 43%。[②] 此外，生态恶化还体现在生物物种减少等方面。

环境是最具“全球性”的问题。不适当的生产和生活方式会对环境产生消极影响，经济全球化的负外部性会造成环境问题在全球范围内扩大。在全球化初期，由于生产方式、生产力和国际交流的限制，对环境的破坏局限于一定范围和程度内。20 世纪 80 年代后，全球变暖、臭氧层消耗等问题的加剧引起了人们关注。经济全球化使经济运转超越了国家地理界限，资源在全球范围内配置，局部性的环境恶化同样会导致全球性的后

① 世界银行数据库，二氧化碳排放量（人均公吨数）（美国田纳西州橡树岭国家实验室环境科学部二氧化碳信息分析中心），https：//data. worldbank. org. cn/indicator/EN. ATM. CO2E. PC? end = 2019&name_ desc = false&start = 1990&view = char。

② 世界银行数据库，人均可再生内陆淡水资源，https：//data. worldbank. org. cn/indicator/ER. H2O. INTR. PC? view = chart；人均能源使用量，https：//data. worldbank. org. cn/indicator/EG. USE. PCAP. KG. OE? view = chart。

果，一国生产和消费国际化的过程，也是一国经济发展所产生的环境问题全球化的过程。一定程度上，经济全球化过程就是环境问题在全球扩散的过程。经济全球化的负外部性在环境问题上体现为空间和时间两个维度的转移：在空间上，跨国投资可使污染生产方式从环境标准高的国家转移到标准低的国家，发达国家一些企业由于不愿承担高成本的处理污染的费用，便利用发展中国家急切发展经济的心理，把能耗高、污染重的企业转移出去；在时间上，就是“寅吃卯粮”，代际转移。①

生态环境关涉全人类的生存和命运，是一个重大世界政治问题。如果因为全球化而导致人类赖以生存的地球家园遭受不可逆转的破坏，那么全球化的正当性就会彻底丧失。

第三，全球化共识缺失。对多边机制与全球化不断发展的怀疑是当今世界所面临的重大挑战，而重建全球合作共识则是一场“艰难的战斗”。英国“脱欧”和特朗普当选美国总统不仅给这两个国家本身，而且给整个世界带来了一种“新政治”，这对“二战”后建立、冷战结束后得到强化的世界秩序带来了严峻挑战。特朗普认为，在当前的全球经济秩序里，美国吃亏了。这反映出当前世界各国缺少全球化共识。全球化共识是世界经济繁荣的前提。第一次世界大战后，英、法、美等主要经济体对世界金融贸易体系安排缺乏共识，导致各国漠视他国利益，实行保护主义经济政策，这是引发1929—1933年经济危机和第二次世界大战的重要原因。

在经历了“二战”的残酷厮杀之后，发达国家吸取教训达成了“战后共识”：汇率要稳定，贸易要自由，政策要协调。目的是避免各国贸易保护，封闭市场。正是这一“战后共识”确保了发达国家普遍经历了战后高速经济增长。但是如今，面对世界经济政治格局的变化，一些欧美主要国家不仅试图放弃这些战后形成的“全球共识”，而且面对新经济力量的崛起，经济政策也变得自私，不能包容他国利益。比如，无论是美国还是欧洲，近年来都密集地出台了一系列投资审查措施，特别是对有政府资

① 参见王威、贾明德：《经济负外部性的全球治理》，《生产力研究》2004年第1期。

金支持的外来投资实行严格的审查。仅仅以企业的所有制形式来判断投资合理与否显然是不明智的。类似的这种偏见与分歧正撕裂着全球合作的共识。

当前西方主要大国几乎都被民粹主义困扰，奥地利自由党、法国勒庞领导的国民阵线、荷兰的富图恩名单党、英国独立党等都一定程度上操控了民众对全球化的不满情绪。当人们感到他们的身份、国家遭到威胁，资源被抢占时，便质疑全球化的正当性，甚至产生反全球化的理论和实践。具有反全球化倾向的特朗普能够当选美国总统、英国“脱欧”能够成功，表明反全球化的力量在发达国家已经不可小视，逆全球化已经不再是个别国家的偶发现象。美、英等国以“国家安全”为名，进一步加强贸易和投资保护主义措施，彰显“本国高于一切”“本国利益优先”的理念。同时，法国、意大利、德国等国极右民粹主义势力抬头，不断制造事端，从而影响着这些国家的政府参与国际合作的意愿。在英美逆全球化的带动或鼓动下，英美之外的一些西方发达国家和个别发展中国家也加入此列，在外交上对一些国家采取强硬与冒险政策，中止经贸往来与技术交流。突如其来的新冠肺炎疫情更是对全球化和全球治理带来了前所未有的冲击和影响，使逆全球化呈现出与地缘政治和国家治理错综交织的态势。逆全球化是西方发达国家追逐经济利益、实施政治掌控、转嫁社会矛盾的工具，严重侵蚀着全球合作的共识，使得全球化共识渐行渐远。

### （二）全球化的发展趋势

从人类社会发展的角度看，全球化的动力源于进步与开放。自人类文明出现以来，凡有生命力的文明都是追求进步的，为此就要开放。如果将欧亚大陆及北非的诸文明同美洲的文明相对比，可以发现，地理大发现之前，欧亚非的文明一直存在着相互交流、融合的进程，与之相应，这些地区的生产力水平、文化水平及国家治理水平要高许多。对照之下，南美洲的印加帝国虽然幅员辽阔、存续数百年，但是由于缺少同其他文明的交流，连文字都没有产生，人们交流信息除了口传，还有就是通过系绳结。历史学家认为，美洲大陆到1500年时才进入埃及和美索不达米亚早在约公元前2500年就已达到的文明阶段。[①] 历史表明，只有开放，人类文明才会进步。全球化的本质属性是开放，所以全球化为人类文明进步带来巨大契机。全球化进程开启500多年来，其间虽遭遇不少挫折，比如两次世界大战、1929—1933年大危机、长达近半个世纪的冷战对抗，但大趋势是明显的。尤其是经济全球化，是社会生产力发展的客观要求和科技进步的必然结果。可以说，经济全球化进程已经同现代化、工业化、信息化等进程交织在一起，相互促进。对任何民族和国家来说，要想使自己不被开除球籍，就必须跟上现代化、工业化、信息化的步伐，而这也就意味着必须顺应全球化大潮。从这个意义说，全球化是不可逆转的大趋势。当前出现的反全球化或逆全球化只是一时的现象或逆流，算不上是大趋势或潮流，并不意味着全球化将走向终结，至多是使全球化进程受阻、放缓。全球化与反全球化的动力与本质是大不相同的。全球化虽然存在着问题，但却符合人类进步的方向，有利于增进人类的福祉，尤其是它有现代化、工业化、信息化这些同盟军，因而生命力更强。而反全球化虽然貌似公正，但却与人类进步方向相背，特别是没有现代化等力量的支持。实际上，就是在反全球化思潮甚嚣尘上的近些年，信息化、网络化仍在突飞猛进，移动互联网使地球每个角落发生的事情分秒间就传到世界各地，世界已经成了“地球屋”。与信息化、网络化相伴随，各国、各地区间的信息、资金、货物、人员等要素的流动更加便捷、通畅，国家之间的相互依赖度明显提升。

## 四、全球化对世界政治的影响

作为当代世界政治的基础，全球化对世界政治的影响是广泛而又深刻的，世界政治其他各方面都不同程度地在全球化冲击下发生变化。全球化几乎把所有国家都纳入世界经济运行体系中来，在对全球经济结构、运

---

① 参见〔美〕斯塔夫理阿诺斯：《全球通史：从史前到21世纪》（上册），吴象婴等译，北京大学出版社2019年版。

行方式和各国发展战略都产生深刻影响的同时，正在重塑着主权国家的行为方式。除此之外，全球化对世界政治的影响更突出地体现在国际权力、国家间的竞争方式以及全球公共产品供给的变化上。

### （一）国际权力转移和扩散并行

决定世界政治格局变动的主要因素是国家实力地位的变化。国家在新一轮经济全球化中的参与程度和受益程度的差别，在相当大程度上决定了它们当前的实力地位和在世界格局中的位置。

苏联解体后出现了“一超多强”格局，30 年之后，这个格局并未发生本质的变化，美国依然是“一超”，“多强”基本上还是原有的欧盟、俄罗斯、日本、中国，至多再算上印度。其中“多强”成员的实力对比发生了显著变化，中国的实力明显提升，超越了其他成员并不断缩小同美国的差距，而欧盟、俄罗斯和日本却拉大了同美国的差距。哈佛大学教授、美国国家经济委员会前主席萨默斯描述了中国崛起背后的重大意义。他认为，在过去三百年的世界历史中，社会主义与资本主义以及美国与苏联之间的冷战终结是影响力居第三的大事件；伊斯兰世界与世界其他国家的争论及产生的挑战是影响力居第二的大事件；而以中国为核心的亚洲崛起及其影响力位居第一。工业革命之所以被称为“革命”，是因为在 19 世纪之前的 2000 多年里人们的生活水平只提高了 50%，而工业革命第一次让人们的生活水平在几十年的时间内出现了重大变化。中国经济的高速增长持续了 40 多年，中国人民的生活水平在不到十年的时间翻了一番，这种变化发生在占世界人口五分之一的土地上，涉及数以亿计的民众，它对全球经济体系的影响不亚于工业革命和文艺复兴甚至可能超过后两者。[①] 除了中国崛起之外，许多发展中大国也在崛起，成为新兴大国。“东升西降”成为国际力量对比和世界格局变化的一个主要趋势，新兴大国崛起改变了西方发达国家在国际力量对比中明显占优势的状况。在原来

① 参见〔美〕劳伦斯·萨默斯：《中国崛起及中美两国的金融监管》，《研究参考》第 21 号（总 106 号），2011 年 7 月 8 日。

的“多强”之外又新出现了印度、巴西等几个崭露头角的国家，在规模、速度、发展潜力等方面的优势使它们越来越成为审视当今世界格局的重要变量。印度在某种程度上已经跻身“多强”行列。

国际权力变动不仅是权力由传统大国转移到了这些新兴大国，与此同时，国际权力还扩散到中小国家和非国家行为体。约瑟夫·奈（Joseph S. Nye）把当今世界比喻成复杂的三维国际象棋比赛。在顶层的棋盘上，军事实力很大程度上是单极的，美国这一地位还将持续一段时间。在中间的棋盘上，经济实力在十几年前就出现了多极化，美国、欧洲、日本和中国是主要竞争者，也是紧密合作伙伴。最底层棋盘是政治上，除了上述的大国之外还有众多的中小国家，特别是政府控制范围之外的跨国关系领域，广泛的非国家行为体参与其中。全球化不仅使众多中小国家获得了发展机遇和条件，而且还促进了非国家行为体蓬勃发展。全球化导致了国际权力向不同层次的权力主体扩散。谈论单极、多极或霸权已经不能说明这个世界的复杂性了。①

### （二）“大西方”对国际规则主导权竞争加剧

面对全球化推动下的世界格局深刻变革，发达国家试图保持自己的优势地位。为此，它们正在加速形成一个对内开放、对外封闭的“大西方”，制定和推广新的国际规则，以期最大限度地利用对自身更为有利的、非中性的国际规则来约束或限制竞争对手。这一情形被称为“再全球化浪潮正在涌来”。②

发达国家之间虽然存在着诸多利益矛盾，但在应对全球化以及世界格局变化上正在进行更紧密的合作。特别是它们认识到，必须巩固和加强跨大西洋关系，通过权利、责任和利益的重新调整，以欧美为核心打造出一个制度化、机制化的发达国家间政治、经济和金融集团，同时联合一些价值观相似的发展中国家，重建对西方有利的国际经济政治新规则、新机

---

① 参见〔美〕约瑟夫·奈：《论权力》，王吉美译，中信出版社2015年版。

② 参见张宇燕：《再全球化浪潮正在涌来》，《世界经济与政治》2012年第1期。

制。美国前国家安全事务助理布热津斯基曾对此有一个深刻的分析，他认为西方的衰落并非就意味着中国可以主导世界，如果美国和欧洲加强团结，就可以塑造出一个更广大和更具活力的西方。他认为这个“大西方”的地盘将从北美一直延伸到欧洲，然后再进入欧亚大陆拥抱俄罗斯和土耳其，接着跨越地理距离达到亚洲第一个成功实现民主制度的国家日本，然后是韩国。①

在全球化的冲击下，美国同其盟友的关系正在调整磨合过程中。美国虽然在处理其与盟友关系时保持“施压”与“敲打”的姿态，但这只是对它们长期以来在同盟关系中“搭便车”的不满，是以施压的方式要求其盟友更多地履行作为盟友的责任，投入更多的资源来巩固与美国的同盟关系。美国盟国的精英阶层对维护与美国的同盟关系具有高度的共识，分歧在“以何种方式”和“多大程度”上。西方国家近些年在贸易、金融、防务等领域的合作实际上是在不断加强。

国际规则主导权竞争的首要领域是贸易。当前美国贸易政策的核心是所谓“公平贸易”，其宗旨就是要为美国企业打开海外市场。在“公平贸易”的旗号下，美国要通过谈判或者施压的方式要求贸易伙伴更多地向美国开放市场，遵守对美国有利的国际经济规则，甚至要重新设定能够确保美国得到“足够收益份额”的国际规则。具体而言，就是要改变之前具有“照顾”性质的对贸易伙伴单向市场开放的做法，代之以要求贸易伙伴按照对等原则双向开放，确保美国企业能够自由进入任何国家的市场。

美国的“公平贸易”政策并不新鲜，欧洲人在这方面至少领先了十年，并且对“公平贸易”内涵的阐释更加明确、系统化，在政策工具的使用上也更加细致和成熟。2006 年 10 月 4 日，欧盟委员会公布了题为《全球的欧洲：参与世界竞争对欧盟增长和就业战略的贡献》的新贸易政策文件，确立了为欧洲企业打开海外新市场和确保公平竞争的贸易战略。从 2007 年开始，欧盟官员在各种场合不断强调“我们必须时刻坚持公平

---

① 参见〔美〕兹比格涅夫·布热津斯基：《战略远见：美国与全球权力危机》，洪漫等译，新华出版社 2012 年版。

贸易”，包括结束出口产业的不公平的国家干预、坚持世界贸易组织关于市场准入的承诺和尊重知识产权等诉求，认为“通过反对其他国家不公平的出口补贴来保护欧洲产品是市场开放的题中之义”。欧盟当时的做法与美国一样，没有仅仅局限在主流的多边贸易谈判中，而是“使用双边和多边的讨论和协议来达到此目的。当需要之时，求助于贸易保护措施”。①

通过对比可以看出，美国版的“公平贸易”政策实际上就是欧盟“公平贸易”政策更具进攻性的新版本，两者的政策理念和目标指向是一致的，即打开广大发展中国家，特别是新兴经济体的市场，用国际规则来约束其竞争力，从而确保自身的竞争优势。欧洲和美国本身就互为重要的贸易伙伴以及投资来源地和目的国，彼此间的贸易壁垒和投资障碍要少很多，要扩大本国企业的海外市场份额，短期内潜力有限，因此，扩大在发展中国家特别是新兴经济体的市场份额，才是其真正的目标。所以，在贸易政策上，美欧是真正的利益共同体。

国际规划主导权竞争的另一个重要领域是金融。相较于全球贸易规则在各国政策界和学术界所引起的巨大反响和激烈讨论，全球虚拟经济层面规则的变化则显得异常低调和悄无声息，但实际上正在根本性地改变着国际货币体系的运行机制和治理平台。2013 年 10 月 31 日，美联储、欧洲央行、瑞士央行、英国央行、加拿大央行和日本央行等全球六大央行同时宣布，它们将把现有的临时性双边流动性互换协议转换成长期协议。② 而且，任何当事央行都可在自己司法辖区内以另外五种货币中的任何一种提供流动性。这意味着，在主要发达经济体之间，一个长期、多边、多币、无限的超级储备货币网络已编织成型。发达经济体央行之间在货币互换平台上的协同一致，很有可能替代以国际货币基金组织为代表的原有治理机制。欧元的诞生具有强烈的政治目的，本质上是欧洲“去美元化”的过

① Commission of the European Communities, *Global Europe: Competing in the world – A Contribution to the EU's Growth and Jobs Strategy*, Brussels, 4. 10. 2006, COM (2006) 567 final, pp. 1 – 5。

② 参见《全球六家主要央行达成长期货币互换协议》，人民网 2013 年 11 月 2 日，http: //www. people. com. cn/24hour/n/2013/1102/c25408 – 23408067. html。

程，是要分享美元在全球货币体系中的霸权地位所带来的收益，要与美元一争高下。但这个超级储备货币网络的形成，意味着美欧在货币问题上也达成了谅解，各自保持自己在国际货币体系中的现有地位，不再谋求向对方的货币空间进行拓展。西方国家正试图维持国际货币体系的“寡头化”，避免自己货币的国际地位被后来者所挑战。

总的来看，全球化在某种程度上促进了西方国家之间的协调、合作，从而推动“大西方”的形成。而“大西方”对主要体现在贸易和金融方面的规则主导权竞争将对世界政治产生深刻的影响。这种竞争在使得西方国家在共同利益面前更加协调一致的同时对发展中国家特别是新兴经济体产生了巨大压力。更为重要的是，这种竞争体现了国际竞争方式的趋势性变化：规则主导权的竞争越来越重要，而传统竞争内容诸如资源、军事、经济、科技等的地位将逐渐下降，尽管依然存在。

### （三）全球公共产品供给主体趋于多元化

在全球化时代，大国崛起的主要途径不再是战争，而是综合实力的发展。国家综合实力的一个重要标志就是提供全球公共产品的能力。只有通过不断供给全球公共产品并获得认可，大国的国际地位才能逐渐确立。

全球公共产品名目繁多，最为重要的是关涉世界发展与和平的公共产品。《执行联合国千年宣言的路线图》报告指出，在全球公共领域，需要集中供给 10 类公共产品：基本人权、对国家主权的尊重、全球公共卫生、全球安全、全球和平、跨越国界的通信与运输体系、协调跨国界的制度基础设施、知识集中管理、全球公地的集中管理、多边谈判和国际论坛的有效性。只有这些问题解决了才能解决发展不均衡、发展不充分的难题。约瑟夫 · E. 施蒂格利茨（Joseph E. Stigliz）从宏观层面划分了全球公共产品 5 个种类：国际经济稳定、国际安全、国际环境、国际人道主义援助和知识。[①] 综合来看，当代世界比较重要的全球公共产品主要包括稳定的国际

---

① 参见 Joseph E. Stigliz，“Knowledge as a Global Public Goods”，in Inge Kaul，Isabelle Grunberg and Mark Stern，*Global Public Goods：International Cooperation in the 21st Century*，Oxford University Press，1999.

金融和货币体系、开放的国际自由贸易、国际宏观经济政策的协调、国际安全保障体系与公海航行自由等。公共产品的一个重要特征就是：其提供者不一定是所有人，但其消费对所有人都是非排他的、非竞争的。这难免会产生“搭便车”现象。

从历史经验看，霸权国往往要承担国际公共产品提供者的角色，如19世纪后期和20世纪初的英国以及20世纪中后期的美国，它们在某些方面发挥了世界政府的作用。但是，霸权国并不能总是保持地位不变，其实力衰落时会出现公共产品短缺，从而导致秩序混乱。查尔斯·金德尔伯格（Charles Kindleberger）最早提出了一个论断，认为正是20世纪30年代衰落的英国不愿承担更多全球责任，而新崛起的美国也对全球治理袖手旁观，以致全球公共产品的供给真空没有被及时填补，最终引发全球混乱与第二次世界大战。①

2008年国际金融危机以来，西方孤立主义情绪高涨，西方大国的全球治理能力与意愿下降，全球治理体系和国际秩序面临变革和转型。一些观察人士担心，随着中国实力的增长，它越来越“搭便车”，而不是为一个并非它创建的国际秩序作贡献。但事实并非如此，中国已经成为联合国维和部队的第二大资助国，参与了联合国抗击埃博拉病毒和与气候变化有关的项目，中国倡导的“一带一路”国际合作已成为最受欢迎的全球公共产品之一，中国还倡导并筹建了亚洲基础设施投资银行，有助于推动全球化朝着更加普惠的、包容的方向实现再平衡。

### （四）一个全新的世界政治体系正在形成

从世界政治角度讲，世界政治体系就是世界政治各种主体在一定秩序下的运行状况。世界政治体系的显性构成要素主要是主体、格局和秩序，其中秩序是核心，格局是支柱，主体是基础。人们经常提及的几个近现代国际（世界）体系——威斯特伐利亚体系、维也纳体系、凡尔赛—华盛

① Joseph S. Nye, “The Kindleberger Trap”, Jan 9, 2017, *Project Syndicate*, https://www.project-syndicate.org/commentary/trump-china-kindleberger-trap-by-joseph-s-nye-2017-01。

顿体系、雅尔塔体系——只有后两者才涉及世界主要区域，有世界体系的意味，而前两者都是只限于欧洲的区域国际体系。凡尔赛—华盛顿体系和雅尔塔体系在建立时都专注于战争与和平问题，主要是处理大国之间的关系，各种非国家行为体的地位与作用均未体现出来，所以也不是严格意义上的世界政治体系。四个体系都是以主权国家为基础，除雅尔塔体系是两极格局外，其他都是多极格局。同其他三个体系不同，雅尔塔体系除缔造了美苏霸权秩序，还缔造了联合国秩序。联合国秩序并没有随着雅尔塔体系解体而消亡，而且极有可能成为一个新体系的重要组成部分。其他三个体系中的秩序都随着支撑它的格局瓦解而解体。

继雅尔塔体系之后的体系正在构建中，已经现出轮廓，而且是真正意义上的世界体系。这个体系之所以是全新的，除了有大量非国家行为体作为主体参与其中，最主要的原因在于作为基本主体的主权国家之间的关系（国际关系）已经并继续发生着深刻的变化。而国际关系是世界体系极为重要的隐性构成要素。导致这种变化的最重要因素是全球化。全球化在不断侵蚀国家主权的同时，使得国家之间的相互信赖度越来越高，越来越你中有我、我中有你，利益与共、价值与共、命运与共。当今世界，除了极少数国家，各国之间的关系都是和平共处、竞争中合作，而不是互不相容的敌手。正是国际关系的这种新变化使得正在形成的多极世界格局大不同于以往的多极格局，正在演进中的世界秩序也大不同于过去几个体系中的秩序。

如果说冷战结束标志着雅尔塔体系终结，那么它也是新体系形成的开端。冷战结束后，世界发生了巨大变化，最为显著的变化就是全球化成为不可逆转的时代潮流，而且还加速演进。如何把握这个体系的本质并加以命名？有学者用“全球化时代”[①] 命名，有一定道理，但是也不够确切，因为全球化早就存在了，只是冷战结束后，全球化出现了一个新的高潮；而且全球化一直存在着问题，目前也面临着新挑战。用“地球村体系”来表达现行世界政治体系更为恰当，因为它基本上能够反映当今世界的状

① 刘德斌主编：《国际关系史》，高等教育出版社 2016 年版，第 3 页。

况和世界体系的基本特征。除了国际关系出现的新特征，当今世界体系还有如下几个显著特征。

第一，新一轮经济全球化高潮使得世界各国之间的联系越来越紧密，相互依赖度越来越高，已经形成一个“地球村”。在这个“地球村”里，所有“村民”都面临着关乎共同命运、需要共同应对的挑战。

第二，经济全球化还伴随着另外一个大趋势，即社会信息化。社会信息化以及与之相伴随的信息网络化，使得经济全球化如虎添翼。在全球化和信息化的交互作用下，“地球村村民”之间的关系更加紧密，“地球村”显得更小了。在互联网时代，地球人在信息交流上就如同在同一个房间里一样，即使远隔太平洋，也能瞬间收到对方发来的信息，实际上已经形成“地球屋”。

第三，在全球化推动下，世界格局多极化和非极化都已不可逆转。全球化为广大发展中国家实现快速发展提供了机遇，世界经济格局呈现出“南起北落”的态势。与经济格局相关联，国际力量正由超级大国向若干崛起大国转移，同时还由大国向中小国家及非国家行为体扩散，世界政治格局呈现出多极化和非极化的态势。

第四，世界文明趋于多样化。在经济格局和政治格局的共同作用下，同时也直接受全球化和信息化的影响，文化和文明多样化成为大趋势，许多非西方文明正在复兴，世界文明格局呈现出“非西方化”的态势。在这个过程中，不仅像中国和印度这样的大国在加快本民族文明复兴的步伐，众多的非西方中小国家也越来越重视本民族文化的建设。

第五，行为主体趋于多元，但是主权国家依然是基本行为主体。在全球化、信息化以及区域一体化等因素的作用下，各种非国家行为主体越来越活跃，对世界政治的影响越来越大，国家主权不断受到侵蚀。但是主权国家是基本国际行为主体这个由威斯特伐利亚体系奠定的近现代国际体系基石并未被撼动，现存的所有国家，无论大小、穷富、强弱，也无论秉持何种信仰、实行何种制度、归属何种文明，都极其珍视国家主权，将之视为最为核心的国家利益。

第六，和平与发展时代主题不断深化。形成于冷战时期的和平与发展时代主题，在冷战结束后不仅未被颠覆，而且还在不断深化。求发展、谋和平、促合作，成为世界人民的普遍愿望，也是绝大多数国家政府的施政目标。虽然和平与发展面临着诸多挑战，发展也面临诸多困境，但是从总体上看，世界和平与发展的状况在不断改善。

最后，以联合国为核心的国际秩序依然有效。虽然联合国的地位与作用在冷战后受到霸权主义、强权政治、单边主义、冷战思维以及极端国家主义等因素的挑战，但是以联合国为主要载体的现行世界政治秩序依然有效，193 个成员都愿意继续在联合国这个“大家庭”内共处。以中国为代表的广大发展中国家和新兴国家以及部分发达国家都致力于维护联合国的地位。当然，在这个大前提下，世界秩序需要变革，联合国自身也需要改革。

总的来看，“地球村体系”同以往的几个国际（世界）体系有着明显的区别，而导致这些区别的总根源就是全球化。

# 第三章

# 当代世界政治的主题——和平与发展

当代世界政治的主题就是时代主题，是世界绝大多数国家和有影响力的国际组织最为关注的问题。和平与发展是当代世界政治最为根本性的问题。求和平、谋发展，既是世界人民的普遍愿望，也是多数国家政府和联合国等重要国际组织的施政目标。对时代主题的认知直接影响对当代世界政治其他诸多问题的认知。中国十分重视对时代主题的研判，将之作为分析世界政治走势的重要基础。中国进入改革开放新时期后，确认时代主题是“和平与发展”，而不再是“战争与革命”，这对中国推进改革开放、处理同外部世界的关系具有极为重要的意义。

## 一、时代主题的内涵与中国的贡献

“时代”这个词语在不同的语境下有不同的含义。论社会形态，有奴隶时代、封建时代和资本主义时代等；论生产力发展水平，有石器时代、蒸汽机时代、信息化时代等。这里所谈的时代，属于世界政治的范畴。所谓时代主题是指在世界政治发展过程中，对某个历史阶段内涵和特征的宏观概括。[①] 时代主题反映着一定历史时期内国际社会所面临和解决的主要矛盾和主要问题，代表着世界政治发展的主流意识和发展趋势。对时代主题的研判，体现了我们对世界政治发展规律的认识。

---

① 参见胡德坤：《20世纪以来时代主题的演进与习近平的新时代观》，《武汉大学学报》(哲学社会科学版) 2019年第1期。

### （一）和平与发展时代主题提出的历史背景与内涵

人类一直在追求和平，也一直在谋求发展，但是为何在以前的时代，和平与发展没有成为时代主题呢？在农耕时代，生产力低下，财富积累有限，对劳动力、领土和财产的暴力争夺遂成为那一时代的政治主题。近代以前，各国经济发展不仅十分缓慢，而且还经常因战乱、天灾、瘟疫等出现倒退，持久和平也只能是梦想。工业革命之后，生产力迅速发展，但发展成果只为少数人享受，多数人依然难以摆脱贫困。尤其是这个发展过程伴随着战争。西方国家凭借工业文明成果，特别是坚船利炮，开拓了资本主义全球化进程，这一过程充满了暴力。一方面是西方列强殖民扩张中的侵略战争，另一方面是西方列强之间的战争。20 世纪上半叶的两次世界大战把世界带进了以“战争与革命”为主题的时代。[①] 在这个时代，世界经历了世界大战及各种局部战争，也经历了一系列革命浪潮。“战争”与“革命”都离不开暴力，人们容易察觉，“战争与革命”作为时代主题也比较容易为人们接受。而“和平与发展”则不同，它们何时成为时代主题，有无重要的客观标志，分歧较大。一些学者认为，和平与发展时代在 20 世纪 50 年代中期已初见端倪，20 世纪 60 年代已经定型。[②] 反对者认为，战后初期人们还未从战争的废墟和惶恐中走出来，两大阵营尖锐对立导致国际关系紧张，仍有大规模战争的风险，雅尔塔体系的建立并不能说明世界大战可以避免。[③] 冷战期间虽然没有爆发世界大战，但地区冲突不断，在 1945—1990 年的 2340 个星期中，全球只有 3 个星期是无战火的日子。[④]

但是不管怎样，到了 20 世纪 70 年代初，国际形势发生了重大变化，最为显著的是大国关系开始走向缓和，世界大战爆发的可能性日益减小。

---

① 参见王缉思：《身处百年未有之大变局的世界》，《环球时报》2019 年 3 月 17 日。

② 参见何方：《争议下的国际问题观察》，中国社会科学出版社 2013 年版。

③ 参见李淑珍：《正确认识和把握邓小平关于和平与发展问题的论述》，《北京大学学报》（哲学社会科学版），2002 年第 5 期。

④ 参见刘成：《和平学》，南京出版社 2006 年版。

与此同时，原殖民地、半殖民地和附属国取得政治独立后，主要任务转向发展民族经济并实现经济独立。它们都渴望有一个和平的国际环境。此外，世界出现了五大力量中心，多极化初现端倪。多极化使世界各个力量中心都发挥作用并相互制约，这有利于世界和平。这种变化受到世界进步力量的关注。

社会党国际较早认识到世界局势发生的深刻变化并且将全人类的和平与发展纳入自己的视野。1971 年在赫尔辛基举行的社会党国际理事会会议的决议强调："目前存在着比第二次世界大战后任何时期都好的向缓和与合作迈出坚定步伐的条件，世界绝不允许不利用这些条件。"① 社会党国际指出，20 世纪 70 年代应该成为团结的时代，共同目的是结束东西方之间的冷战。② 作为主席的维利·勃兰特（Willy Brandt）在报告中强调了这次会议对欧洲和世界和平事业的重要性。此后，社会党国际开始重视第三世界国家的民族解放运动，不同意将世界分裂为相互对立的集团，倡导和平与经济合作。1972 年 6 月在维也纳举行的社会党国际"十二大"会议上，勃兰特指出，冲突转向合作是当代国际发展的主要倾向，战争再也不可能成为政治的手段，和平是我们这个时代真正的现实政策。③ 1976 年 11 月，社会党国际"十三大"举行，国际安全与和平问题是本次大会讨论的中心议题，自此以后，社会党国际特别注意裁军问题。1987 年 11 月，社会党国际"十四大"举行，和平与发展问题仍是大会讨论的主要问题，决议指出，缓和趋势是向前发展的，加强不同国家之间的合作应当成为缓和的目的。正是从 20 世纪 70 年代开始，社会党国际反对美苏军备竞赛，要求改变不合理的世界经济秩序，促进南北对话，后来又反对美国建立单极世界的企图，主张增强联合国等国际机构管理全球政治的权力。这些主张反映了时代和世界形势发展的客观要求。④

---

① 参见〔苏〕Н·Г. 西比列夫：《社会党国际对外政策观点的积极转变》，中国社会科学出版社 1983 年版。

② 同①。

③ 同①。

④ 参见王子昌、李明祥：《社会党国际重建以来的发展历程及政策调整》，《当代世界与社会主义》2005 年第 1 期。

20 世纪 80 年代，世界迎来了进一步缓和的大势，美苏争霸使双方都背上沉重的包袱，不得不通过谈判来削减军费开支，缩减军备竞赛规模。随着苏联内外政策的重大调整，世界局势的积极因素增多，大国关系更加缓和，地区热点特别是以大国竞争为背景的热点普遍降温。大国竞争的重点开始转向经济。这些为和平与发展时代的到来提供了历史的可能性和必然性，也对中国集中发展经济和实行改革开放，提供了良好契机。时代主题的转换，意味着各国发展和竞争的重点开始从军事转向经济。

世界进入和平与发展时代是指没有再打世界大战，并出现了人类有史以来最全面最迅速的发展。这一结果的出现，根本上取决于人民的觉醒。人民是历史的创造者。经过两次世界大战的洗礼，世界人民普遍认识到，和平与发展才是他们的根本利益所在；对世界人民求和平、谋发展的强烈愿望，各国的当政者无论是从本国长远利益出发，还是从当政者自身的利益出发，都不敢随意悖逆。当然，联合国秩序的存在、核毁灭的威胁等因素也对抑制世界大战起到了不可忽视的作用。如今，和平与发展已经成了世界潮流，顺之者昌，逆之者亡。

和平与发展时代主题具有全面性、国际性和相对稳定性等特征。它在相当长的时期里起主导作用，不会轻易逆转或消失，世界秩序和各国的发展战略都受到它的制约。认定和平与发展是时代主题，并不意味着这两大问题已经很好地解决了，而是指这两大问题在世界政治中是带根本性、全局性的问题，需要世界各国为推动它们的解决作出贡献。如果这两大问题都解决得很好了，已经不再受世界人民普遍关注了，那么时代主题就应当改变。此外，和平与发展时代主题并不是指向某一个地区或某个国家的局部发展，并不因为局部地区的动荡和紧张态势而改变。

具体分析，和平与发展时代主题的内涵包括以下几个方面。

第一，大国间战争风险下降，总体安全形势趋于缓和。20 世纪被认为是“战争世纪”，相继出现两场世界大战及冷战。但“二战”后，大规模战争数量逐渐减少。虽然军事力量仍然重要，但其有效性大不如从前。对军事手段的使用，内外部舆论和道德约束力更强了。和平运动和大规模的反战示威游行比以往更常见，且获得了国际社会更多的支持。据世界银行数据库的统计，武装部队人员占劳动力总数的百分比从1990年的1.108%下降到2017年的0.798%，军费支出占GDP的百分比从1960年的6.17%下降到2018年的2.14%，占政府支出的百分比从1972年的23.64%下降到2018年的6.08%。国家之间相互依存度加深，利益重叠交错，世界大战的代价太大，整体和平的局面能够进一步持续下去。虽然一些大国之间存在利益冲突和战略不信任，但是，没有哪个大国或大国集团想通过全面战争方式来解决矛盾。大国之间虽然仍存在着激烈竞争，也有一些对抗思维，主流却是合作、对话，谋求管控分歧和竞争。2022年1月，中、美、俄、英、法这5个法定核国家的领导人共同发表《关于防止核战争与避免军备竞赛的联合声明》，认为避免有核武器国家间爆发战争和减少战略风险是他们的首要责任。在大国战略竞争趋于激烈的背景下，这个行动意义重大。

第二，发展成为各国首要议题。世界经济的快速发展成了战后世界历史整体发展的一个鲜明特点。一个国家要繁荣，必须把握和顺应世界发展大势。国家发展的紧迫性比过去增强了，发展的内容也日渐丰富，发展不但追求速度，更注重质量。以经济、科技和人才为核心的综合国力的竞争日趋重要。从20世纪90年代起，一大批新兴市场国家和发展中国家走上发展的快车道，加速向现代化发展，世界出现多个发展中心。据世界银行数据库的统计，世界经济总量从70年代初接近3万亿美元，提升到2018年的85.9万亿美元，人均GDP从70年代初的805美元提升到2018年的11312美元。经济增长是消除贫困的基础，按每天1.90美元的衡量标准计算，1984年贫困人口的比例为14.7%，2013年为3.3%。营养不良发生率和婴儿死亡率均下降，教育开支占GDP的比例明显上升，军事支出的比例大幅下降。2015年，全世界极端贫困人口减少到7.02亿人，占全球总人口的比例降低到9.6%，这是全球贫困人口首次降低至10%以下。①

在快速发展的同时，人们衡量发展的眼光在变化。多年来，世界各国

① 参见王缉思：《世界政治的五大目标》，《国际政治研究》2016年第5期。

衡量发展水平的核心指标一般是人均 GDP，但它不能全面反映发展的资源环境与生态代价，无法估计经济发展潜力及可持续等问题。学界仍在不断探索和完善衡量发展的指标，相继推出了绿色 GDP、人类发展指数、真实储蓄等指标。2012 年，联合国环境规划署（UNEP）联合其他机构提出“包容性财富指数”，该指数包括人力资本、生产资本和自然资本，人力资本比重增加并逐渐成为主要资本形式，它的增长弥补了自然资本的减少，反映了人们对发展的多层次需求。我们从中看到的变化是，当衡量一个社会发展时，人的因素更重要了，资源和环境代价被更多地考虑，发展的可持续性日益重要。

第三，和平与发展的互动性前所未有。和平是发展的前提和基础，发展是维护世界和平的有力保障。一方面，只有在和平的国际环境中，各国才能保持正常的经济交往，保证实现本国的发展计划。“二战”后世界经济的发展就是得益于相对和平的国际环境。战乱和冲突则是经济发展的重大障碍，不仅使参战国消耗大量的人力、物力和财力，而且导致交通瘫痪，国际贸易中断，给世界经济发展造成严重伤害。另一方面，和平事业需要一定的物质基础。世界经济的发展促进了国际分工，增进了各国间的交流和合作，有助于消除世界不稳定的因素，减少误解，降低发生军事冲突的可能性。世界经济特别是发展中国家经济的发展有利于世界和平力量的壮大。发展不充分，对和平会起到抑制作用，在一些地区，贫穷往往与暴力相关联。亨廷顿研究发现，政治稳定的国家，多数是相对富裕的国家。20 世纪，政治动乱在相对贫困的亚洲、非洲和拉丁美洲蔓延。1990—2000 年的 10 年间，冲突大多分布在贫困地区。人均 GDP 为 1500 美元的国家，5 年内爆发国内武装冲突的可能性为 3%；人均 GDP 为 750 美元的国家，5 年内爆发内战的可能性为 6%；人均 GDP 为 500 美元的国家，内战的可能性为 8%；人均 GDP 为 250 美元的国家，可能性为 15%。[①] 和平与发展的关系日益密切，二者互为因果。

---

① 参见〔美〕塞缪尔·亨廷顿：《变化社会中的政治秩序》，王冠华等译，生活·读书·新知三联书店 1989 年版。

### （二）中国坚持并践行和平与发展时代主题的世界意义

中国作为世界最大发展中国家和世界重要战略力量之一，在和平与发展时代主题问题上的认识和实践深刻地影响了世界政治的发展。从20世纪80年代中期直至今天，中国始终坚持“和平与发展是时代主题”这一判断并用之指导对外工作。

中国进入改革开放新时期后，迫切需要有一个和平稳定的外部环境。为此就需要对世界局势作出科学研判，其中最为重要的问题就是对时代主题的认识。1984年10月，邓小平在会见缅甸总统吴山友时指出：“国际上有两大问题非常突出，一个是和平问题，一个是南北问题。还有其他许多问题，但都不像这两个问题关系全局，带有全球性、战略性的意义。”①1985年3月，邓小平会见日本商工会议所访华团时提出：“现在世界上真正大的问题，带全球性的战略问题，一个是和平问题，一个是经济问题或者说发展问题。和平问题是东西问题，发展问题是南北问题。概括起来，就是东西南北四个字。南北问题是核心问题。”② 邓小平的判断符合20世纪七八十年代的现实情况并成为中国共产党认识世界大势的重要基础。从党的十三大开始，中国共产党的历次代表大会都明确和平与发展是时代主题。这一判断经受了时间的考验，也逐渐获得国际社会的广泛认同。

在认定和平与发展时代主题的基础上，中国致力于推进世界和平与发展事业，将之同中国自身的发展紧密结合在一起。进入新千年以来，中国的发展越来越受到世界的关注。这些关注集中起来就是，中国选择了一条什么样的发展道路，中国的发展对世界意味着什么？在不断总结汲取本国及他国发展经验教训、不断深化对人类社会发展规律认识的基础上，中国共产党和中国政府明确了和平发展道路，向世界宣示中国要实现和平崛起。中国政府于2005年和2011年分别发表了《中国的和平发展道

① 《邓小平文选》第3卷，人民出版社1993年版，第96页。

② 同①，第105页。

路》和《中国的和平发展》两份白皮书，系统阐述了和平发展道路的基本问题。白皮书中把和平发展道路归结为：既通过维护世界和平发展自己，又通过自身发展维护世界和平。[①] 这条道路最鲜明的特征是科学发展、自主发展、开放发展、和平发展、合作发展、共同发展。和平发展道路是中国践行和平与发展时代主题观的集中体现，是中国顺应时代潮流的结果。随着中国国际地位的提升，中国走和平发展道路的世界意义将越来越明显。

中国的和平发展之路打破了“国强必霸”的大国崛起传统模式。建立殖民体系、争夺势力范围、对外武力扩张，是近代历史上一些大国崛起的老路。特别是在20世纪，追逐霸权、武力对抗，使人类惨遭两次世界大战的浩劫。中国是基于近代以来的历史和自身的传统文化，提出并执行和平发展道路的。[②] 在对经济全球化本质的认识、对21世纪国际关系和国际安全格局变化的认识、对人类共同利益和共同价值认识的基础上，中国郑重选择和平发展、合作共赢作为实现国家现代化、参与国际事务和处理国际关系的基本途径。几十年来的实践证明，中国走和平发展道路是正确的选择。

中国的和平发展离不开世界的和平稳定与共同发展。从中国与世界的互动关系看，没有和平稳定与平等互利的国际环境，中国发展难以全面协调可持续。同样，世界持久和平与共同繁荣也离不开中国的和平发展。中国坚持走和平发展道路，也希望其他国家都走和平发展道路，只有各国都走和平发展道路，才能共同发展，国与国之间才能和平相处。

总之，和平与发展是当今世界的时代主题，是中国对世界政治发展潮流和演变趋势的科学研判。在对时代主题的科研认识基础上，中国始终不渝走和平发展道路，在坚持自己和平发展的同时，致力于维护世界和平，积极促进各国共同发展繁荣。在和平与发展的时代主题下，中国走和平发展之路是为实现中华民族伟大复兴中国梦、为世界文明进步作出更大贡献

---

① 参见曹胜：《中国特色社会主义道路的时代特征研究》，中国社会科学出版社2015年版。

② 参见吴晓明：《论中国的和平主义发展道路及其世界历史意义》，《中国社会科学》2009年第5期。

的战略抉择，体现了中国是世界和平与发展的重要力量。

## 二、和平与发展时代主题面临的主要挑战

在和平与发展时代，求和平、谋发展是世界人民的普遍愿望，和平的力量总体上压倒了战争的力量，世界大战可以避免，但这并不等于人类生活已经摆脱了战争和贫困的苦难。解决和平与发展这两大问题仍然任重道远，和平赤字和发展赤字还相当严重，世界和平与发展时常遭受局部战争、恐怖主义、核扩散、生态危机、霸权主义、强权政治、冷战思维、各种极端主义等因素的挑战。就目前情势来看，如下四个问题对和平与发展时代主题构成的挑战最为直接和突出。

### （一）局部战争

在和平与发展时代，虽然世界大战没有发生，但是局部战争却始终不断。

局部战争对地区和平与发展造成持久的伤害。虽然冷战结束后的局部战争普遍规模较小，烈度也较低，造成的死亡人数相对较少，但是依然对世界和平与发展带来严重威胁。冷战结束后的局部战争，许多发生在大国与小国之间，交战双方的实力对比悬殊，大规模军事行动的时间较短，比如阿富汗战争、伊拉克战争。大国在战争中往往采用陆、海、空一体化协同作战，很快实现作战目标。然而，无论在阿富汗还是在伊拉克，大规模军事行动之后，反抗的力量仍继续行动，武装冲突并未消失，维护地区和平局势成了艰巨任务，发展更无从谈起。至于像叙利亚战争这样军事行动持续 10 多年的局部战争，对地区和平与发展造成的损失更大。

局部战争对和平与发展的制约还体现在对大国关系的影响上。局部战争通常会引发大国间地缘政治对抗、不信任程度加深、紧张关系加剧，从而直接或间接地威胁到世界的和平与稳定。2022 年 2 月 24 日开始的俄乌战争，表面是俄乌之间的冲突，战场主要在乌克兰境内，但实际上是俄罗斯同美国和北约的较量。俄方一度表示，如果北约直接参战，不排除动用

核武器。这是冷战结束以来首次出现核战争的威胁。

当代局部战争的根源趋于复杂化，对世界和平与发展的影响难以消除。许多局部战争除了资源争夺、宗教和文化群体的对立、地区大国争夺主导权以外，还有域外大国之间的地缘政治对抗的影响。中东地区阿以冲突、非洲地区涉及多国的地区冲突，都既有宗教和文化群体对立的原因，也有资源争夺的原因；俄罗斯同格鲁吉亚和乌克兰的战争就以俄罗斯同美欧地缘政治对抗为背景；叙利亚战争背后既有美俄竞争的因素，也有土耳其、伊朗等地区大国的作用。

### （二）恐怖主义

在和平与发展时代，特别是冷战结束后，恐怖袭击事件频发，且变动趋势没有明显规律。世界上尚没有哪个国家能够从根本上遏制恐怖主义活动的蔓延，恐怖主义已经成为地区性乃至全球性威胁。①

恐怖主义活动一般都具有暴力行为或威胁使用暴力，越来越呈现出隐蔽性、突发性、高技术化、不可预测性以及跨国性等特点。由于科技变革和信息的传播速度加快，恐怖分子也将目光瞄准到这一领域，利用互联网结成跨地区、跨国界的大型组织，利用网络便利条件获取和发送各种信息。恐怖分子已具备快速动员和组织能力，一些恐怖组织还具备了对网络空间和网络基础设施开展攻击的能力，从而干扰工业和公共事业使用的计算机系统正常运作。2000 年，全球有 20 个宣扬“圣战”的网站，仅 5 年时间，这一数字上升至 4800 个。② 更值得关注的是核恐怖主义。如果恐怖分子能够进行核武袭击，将是整个世界的灾难。

恐怖主义产生的根源十分复杂。恐怖主义不是 21 世纪才有的，2001 年，美国国务院划定的 28 个外国恐怖组织大部分已经有十余年的运作历史。全球恐怖主义数据库（Global Terrorism Database）统计，27% 的恐怖

---

① 参见沈晓晨：《当代西方恐怖主义威胁认知与治理目标和路径》，《国际安全研究》2021 年第 3 期。

② 参见杨溪、李伟：《主要恐怖组织网络能力分析与打击策略》，《中国信息安全》2021 年第 4 期。

主义活动来自中东和北非、24%来自南亚、11%来自南美、10%来自西欧，28%来自世界其他地区。美国本土自1814年以来一直没有受到外国军队的入侵，它拥有无可比拟的向远离本土的地方投放兵力的能力，然而美国却没能防止恐怖分子利用民航飞机对美国本土发动攻击。美国在"9·11"事件中丧生的人数比1941年日本偷袭珍珠港丧生的人数还要多。小布什总统在恐怖袭击后发表声明说，美国已经进入战争状态。[①] 恐怖效应造成的精神恐慌难以计量，"9·11"事件后的几年里，一些美国人避开飞行，选择驾车出行，他们恐惧的不是飞机故障而是遭遇劫机。

恐怖主义挑战国际社会公认的道德和法律原则，否定现有的世界秩序，威胁人类的生命和财产安全。与此同时，恐怖主义还激化了各国矛盾，诱发国际争端，甚至引发局部战争。为了打击"伊斯兰国"，美国及一些逊尼派伊斯兰国家组建了联盟，而俄罗斯与伊朗、伊拉克、叙利亚等组成了另一个联盟。二者虽然都打击"伊斯兰国"，但在反恐上缺乏实质性合作，使这些国家之间的关系变得复杂化。[②]

总之，恐怖主义对世界各国的社会稳定、人民生命财产安全以及经济发展造成了严重的冲击，严重制约了世界发展。恐怖主义激化了宗教、族群之间的矛盾，给世界许多地区造成混乱，甚至诱发局部战争，激化大国矛盾，构成威胁世界和平的重要因素。

### （三）核武器及其技术扩散

核武器的出现，推动着人类战争规模和毁灭程度的升级，使战争对人类毁灭能力呈现出几何级增长，改变着战争的形态。核技术扩散是和平与发展时代的一大隐患。核武器抑制了有核国家之间的战争，但增加了全球安全风险。

在和平与发展的时代，致力于消除核武器的努力不曾间断。冷战结束后，全球核弹头总数持续减少，一定程度上是因为美俄履行了《美俄关

---

① 参见〔美〕亨德森：《全球恐怖主义：完全参考指南》，贾伟、李连荣等译，中国社会科学出版社2003年版。

② 参见陈国平、赵远良：《全球治理与中国方略》，中国社会科学出版社2018年版。

于进一步削减和限制进攻性战略武器措施的条约》。然而，核威胁远未消除。正如联合国秘书长古特雷斯在2022年8月1日举行的《不扩散核武器条约》审议大会上所警告的："现在世界各地的武器库存放着近1.3万件核武器。所有这一切发生在核扩散风险与日俱增、防止局势升级的防护措施日趋弱化之际。"今天，人类距核毁灭只差一个误解、一个误判。

核武器的危害是常规武器无法比拟的。核武器的使用使士兵和平民之间的界限模糊不清。随着核武器及其运载工具的迅速发展，核武器爆炸的影响不受国界限制，可能产生地区性甚至全球性的后果。核爆炸会使经济和社会发展成果毁于一旦，造成大规模破坏、人员死亡和流离失所，还会对环境、气候、人类健康和福祉、社会经济发展、社会秩序产生深远和长期损害。

正是因为核武器威胁着人类的生存，所以国际社会一直努力防止核扩散，也取得了一定成效。但是核扩散并未被有效遏止。有些国家从本国和地区的战略需求出发，不惜花费巨资寻求发展核武器，甚至违反《不扩散核武器条约》，给国际防核扩散事业带来负面影响。印度、巴基斯坦、朝鲜多次进行核试验；以色列被公认为拥有核武器。对寻求拥核的中小国家来说，核武器是维护国家安全的利器，然而，这种行为在当今时代却违反国际法。特别是，寻求拥核会引起一系列国际矛盾。朝鲜、伊朗和伊拉克都在核问题上一度导致国际关系紧张。

核扩散带来的更大负面影响是某些非国家行为体获得核武器。像恐怖组织这样的非国家行为体，没有明确的有形的地理疆域范围，没有稳定的政权形态，甚至难以找到具体的制裁和打击目标。① 如果核武器落入它们手中，故意或意外引爆核武器的风险就会增加。

### (四) 生态危机

诸多原因导致了一些地区的生态环境恶化甚至生态危机。1992年，联合国秘书长加利在《和平议程》讲话中指出，生态破坏对世界构成了

① 参见徐光裕：《核扩散的历史定位及未来走向》，《世界经济与政治》2008年第1期。

新的威胁。生态危机对许多国家的发展构成严重制约，同时还会诱发国际冲突，影响世界和平。

生态危机是许多国家贫困的重要原因。生态危机严重的国家，无一例外地贫困。气候变化是生态危机最为突出的表现，其直接后果就是全球冰雪覆盖面积减少，海平面上升，灾难性气候事件增多。2020 年，北极异常温暖，气温比平均水平高 3 摄氏度以上，西伯利亚北部高出 5 摄氏度以上。同时，空气和水污染每年造成 900 万人死亡。① 目前，超过 23 亿人面临水资源压力。干旱地区土地不断退化，自 1970 年以来，干旱已经夺走了 65 万人的生命，到 2050 年，世界上超过 3/4 的人口将受到干旱的影响。②

生态危机是许多国内冲突及国际冲突的诱因。叙利亚陆地被旱灾严重破坏，地下水位降低，河流无水用来灌溉，剥夺了许多农民的生计。虽然干旱不是叙利亚内战的直接原因，但是政府无力解决这个问题却是引发暴动的一个关键因素。在撒哈拉南部中心地带，气候变化促进了荒漠化，这些因素带来了政治挑战：经济移民、种族冲突和极端分子。世界环境与发展委员会指出："国家间经常为争夺和控制原料物质、能源、河谷以及其他关键性资源发生冲突，随着资源越来越稀缺，竞争越来越激烈，造成冲突的可能性也就越来越大。"③ 据统计："在几十次的战争和突发的暴力事件中，有 30 多万人直接或间接丧生，这些冲突许多是由环境资源问题引发的。因为太多的人口对过少的可耕地、水资源和其他日常生活必需品提出了过多的要求，他们不断地依赖武力去确保他们的资源。"④ 早在 20 世纪 70—80 年代，美国和加拿大之间，瑞典、挪威等北欧国家与德法之间

---

① António Guterres, Secretary - General's address at Columbia University: "The State of the Planet", 2 December 2020, https://www.un.org/sg/en/content/sg/speeches/2020-12-02/address-columbia-university-the-state-of-the-planet.

② 参见联合国环境规划署，"Around the globe, as the climate crisis worsens, droughts set in", 15 Jun 2022, https://www.unep.org/news-and-stories/story/around-globe-climate-crisis-worsens-droughts-set。

③ 世界环境与发展委员会：《我们共同的未来》，世界知识出版社 1989 年版，第 290 页。

④ 联合国经济与社会事务部：*World Social Report* 2020: *Inequality in a Rapidly Changing World*, January 2020, pp. 81-105。

曾就酸雨问题长期争吵不休，日本和韩国也抱怨中国生成的酸雨飘落到它们国家。[①] 此外，生态危机中出现的“生态难民”分割他国或地区的自然资源与生态空间，会对邻近国家的正常秩序造成严重困扰。

总之，生态危机已经严重威胁到人类的生存和发展。人与自然不和谐的关系以极端的形式表现出来，造成人与人之间的不和谐。环境恶化与人的冲突交织在一起，因环境而起的暴力冲突风险增加，进而对这些地区正常的社会秩序造成严重干扰。

## 三、和平与发展时代主题的演变趋势

和平与发展是全球性的战略问题，它既是对客观现实的认知，又是对发展趋势的判定。当前国际力量对比继续朝着有利于世界和平与发展的方向发展，各国人民求和平、谋发展、促合作的意愿比以往任何时代都更加强烈，特别是随着经济全球化、世界多极化、文化多样化、社会信息化这四个大趋势深入发展，各国之间经贸联系、人文合作、安全对话与科技交流比以往任何时候都更加活跃。尽管仍然存在着诸多制约和平与发展的因素，会不时发生干扰世界和平与发展的事件，但都不可能逆转和平与发展的大方向，和平与发展已经成为不可阻挡的历史潮流。2019 年底开始的新冠肺炎疫情迅速演变为一场全球公共卫生危机，这场疫情再次证明，人类生活在同一个地球村，各国休戚相关、命运与共，只有在全球层面结成理念共同体、制度共同体、政策共同体、行动共同体和责任共同体，才能应对人类共同面临的公共卫生挑战，确保人类的生命安全和共同发展繁荣。2020 年 9 月 22 日，习近平主席在第七十五届联合国大会一般性辩论上的讲话中指出：“新冠肺炎疫情全球大流行和世界百年未有之大变局相互影响，但和平与发展的时代主题没有变，各国人民和平发展合作共赢的期待更加强烈。”[②] 习近平十分明确地把“百年未有之大变局”与“没有变”

---

① 参见刘东国：《国际安全的新领域：环境安全》，《教学与研究》2002 年第 10 期。

② 习近平：《在第七十五届联合国大会一般性辩论上的讲话》，《人民日报》2020 年 9 月 23 日。

的“和平与发展的时代主题”联系在一起，为考察当今时代世界政治演变规律指明了方向。

### （一）经济全球化增进各国相互依赖

经济全球化作为当今世界经济的一大发展趋势正在不断深化，并进一步推动世界经济的发展，它是时代的特征，也是未来的发展方向。[①] 在经济全球化这一世界性趋势下，各国通过密切的交往和协调，在经济上相互依存、相互渗透和融合、相互竞争和合作已经发展到十分密切的程度，形成了一个“你中有我，我中有你”、不可分割的有机整体。

近年来，随着美国推行大国竞争战略，中美关系持续恶化。然而，有识之士却坚信中美关系不会滑向新冷战的陷阱，其中的重要原因之一就是全球化的作用。在全球化的作用下，中美之间以及中美各自同世界其他各国之间的相互依赖度越来越高，中美以及世界绝大多数国家都在同一个国际经济体系内发展，并相互作用，已经是利益与共。美国鹰派的对华经济“脱钩”政策，既难达到目的，又不符合中美双方的根本利益，更不利于世界经济的稳定发展。此外，在全球化时代，各国之间在物质世界上深度交流、相互作用、相互依赖的同时，在精神世界上也有深度交流，并产生相互作用，形成相互依赖。马克思恩格斯早在 170 年前就洞察到这种趋势：“各民族的精神产品成了公共的财产。民族的片面性和局限性日益成为不可能，于是由许多种民族的和地方的文学形成了一种世界的文学。”[②] 随着全球化的演进，这种趋势更加明显，正如习近平所揭示的：“和平、发展、公平、正义、民主、自由，是全人类的共同价值。”[③] 随着人类共同价值被越来越多的人接受，美国鹰派所鼓动的意识形态冷战对抗就越来越没有市场。

---

① 参见经济合作与发展组织：《衡量全球化——OECD 经济全球化指标体系》，蔡春林、杜耀武等译，中国财政经济出版社 2005 年版。

② 马克思、恩格斯：《共产党宣言》，人民出版社 2018 年版，第 31 页。

③ 习近平：《论坚持推动构建人类命运共同体》，中央文献出版社 2018 年版，第 253 页。

### （二）世界多极化有利于大国竞争中合作

世界多极化是世界政治格局演变的客观趋势，它的本质是追求国际关系民主化，包括各国发展道路的多元化。① 世界走向多极化，是时代进步的要求，符合各国人民的利益。在多种力量相互依存又相互制约基础上的世界多极化，有利于抑制霸权主义和强权政治，促进世界和平与发展。

在世界多极化的背景下，美国很难成功挑起两极对抗式的新冷战。就目前美国的对外战略来看，美国仍然视俄罗斯为重要战略竞争对手和现实的军事威胁，美俄关系很难走出困境。只要美俄关系不逆转，美国就不可能将全部精力用到遏制中国上。此外，印度和欧洲联盟中的法国和德国也是美国战略思想家布热津斯基眼中的“主要和积极的地缘战略棋手”②，不会充当别国的战略棋子而追随美国去同中国搞冷战对抗。特别值得注意的是，多极化有利于抑制意识形态对抗。美国著名学者理查德·哈斯和查尔斯·库普乾认为：随着世界格局多极化的演进，有可能形成“一个全球范围的大国协调机制”，它“将包括 6 个成员：中国、欧洲联盟、印度、日本、俄罗斯和美国”。在这个协调机制中，“民主国家和非民主国家将拥有平等的地位，最终是实力和影响，而不是价值观和政权形式在发挥作用”。③

### （三）文化多样化助推世界文明交流互鉴

文化多样性是人类社会的基本特征，是文明世界充满活力的表现，也是人类文明进步的重要动力。④ 然而，到了近代，随着西方崛起和殖民扩张，西方文明呈压倒性优势，其他文明遭摧残，人类文化多样性受到抑

---

① 参见王毅：《全球化背景下的多极化进程——试论政治多极化与经济全球化的相互联系》，《国际问题研究》2000 年第 6 期。

② 〔美〕兹比格纽·布热津斯基：《大棋局——美国的首要地位及其地缘战略》，中国国际问题研究所译，上海人民出版社 1998 年版，第 55 页。

③ Richard N. Haass and Charles A. Kupchan, “The New Concert of Powers: How to Prevent Catastrophe and Promote Stability in a Multipolar World”, *Foreign Affairs*, March 23, 2021.

④ 参见孙伟平：《论文化多样性与跨文化交流》，《山东社会科学》2011 年第 11 期。

制。不过，文化多样性符合人类进步方向。文化既是民族的，又是世界的，不同文化在相互依存、对话、交流中发展。随着世界多极化、经济全球化的深入发展，人类文化呈多样性发展趋势，各种思想文化交流、交融、交锋将更加频繁，没有一种文化可以完全不受其他文化的影响而发展。

当今世界正处在大发展大变革大调整时期，文化多样性的意义更加凸显。世界有 200 多个国家和地区，2500 多个民族，6000 多种语言，这些不同民族、不同历史文化背景的人民是文化多样性的主要载体，更是文化多样性的主要动力。维护世界文化多样性、促进世界文化多样性是大多数国家的共同愿望，正如胡锦涛同志 2005 年 9 月在联合国成立 60 周年首脑会议上的讲话中所强调的："文明多样性是人类社会的基本特征，也是人类文明进步的重要动力。"① 联合国在推动文化多样性、维护文化多样性上发挥了积极作用。2001 年 11 月，联合国教科文组织第 31 届会议通过了《文化多样性宣言》，指出捍卫文化多样性对人类来讲就像生物多样性对于维持生物平衡那样必不可少。2005 年 10 月，联合国教科文组织第 33 届会议通过《保护和促进文化表现形式多样性公约》，标志着国际社会形成了关于文化多样性问题的一系列重要共识，这份首次以公约形式确定保护文化多样性的世界性法律文书的产生，意味着文化多样性原则被提升到国际社会应该遵守的伦理道德的高度。

世界各国也在为推动文化多样性、维护文化多样性而努力。1993 年，英国发布了《创造性的未来》，这是英国有史以来第一次以官方文件形式颁布的国家文化艺术发展战略。其他欧洲各国也相继推出了自己的文化政策，大力度地推广本国文化，目前出台了文化政策的欧洲国家已经有 27 个之多。1994 年，澳大利亚也颁布了自己的文化政策文件《创造性的国家：澳大利亚联邦文化政策》。日本和韩国分别于 1995 年和 1998 年推出了"文化立国"的国策。随着一些新兴大国在世界经济中崭露头角，如中国、印度、巴西、印度尼西亚、埃及、墨西哥，它们在娱乐、信息等创

① 《胡锦涛文选》第 2 卷，人民出版社 2016 年版，第 354 页。

意产业方面的产量与日俱增，这是新兴国家文化崛起的一种表现。亚洲、拉美和非洲地区逐渐发展壮大的视听和信息产业对旧的全球话语体系提出了质疑。21 世纪全球文化新格局正在形成。①

万物并育而不相害，道并行而不相悖。世界文化多样化有利于促进国家和文明之间的交流、互鉴、合作，有利于共同发展。21 世纪的人类是一个命运共同体，未来世界文化的核心价值追求应体现为：健康、合作与和平；其中人类健康是基础，人类合作是手段，人类和平是目的。② 文明交流互鉴是消除隔阂和误解、促进民心相知相通的重要途径。我们应该尊重世界文明的多样性，立足于不同文明共同进步的需要，以文明交流超越文明隔阂、文明互鉴超越文明冲突、文明共存超越文明优越。

### （四）社会信息化促进世界“互联互通”

社会信息化已成为人类社会发展的大趋势。在当代新的信息技术条件下，人类社会的发展主要是一种建立在知识和信息基础上的发展，并越来越呈现出电子化、智能化、网络化、虚拟性、全球性、交互性与开放性等特征。社会信息化已经成为当今人类社会发展的一种基本目标和主要方式。③ 知识和信息越来越成为经济、政治、文化及其他各方面发展与变革的驱动力量。随着科学技术应用周期的缩短及其在全球应用范围的扩大，社会信息化将对不同社会及文明产生革命性的影响。

在社会信息化大趋势下，任何国家要获得发展，都会选择这种信息化发展模式。20 世纪 90 年代以来，世界许多国家和地区都在推动信息化建设。1993 年 9 月，美国政府推出《国家信息基础结构：行动计划》。2012 年 3 月，美国政府推出“大数据研究和发展倡议”，通过收集、处理庞大而复杂的数据信息，加快科学、工程领域创新步伐，强化美国国土安全，

① 参见刘志刚：《中国文化对外话语体系与传播策略研究》，中国社会科学出版社 2019 年版。

② 参见翟婵：《世界文化多样性与中国特色社会主义文化——“第二届世界文化论坛”综述》，《马克思主义研究》2018 年第 1 期。

③ 参见谢俊贵：《信息主义世界中的国际社会排斥——基于对非洲信息化发展的关注》，《思想战线》2018 年第 3 期。

转变教育和学习模式。①欧盟委员会从战略全局的高度，协调德国、法国等成员国通过开放数据、加大资金投入、推进信息平台建设和保障数据安全。法国政府先后投入1150万欧元重点发展信息系统设计、大数据新兴企业、软件制造等项目。英国政府注资6亿英镑，重点支持发展8类高新技术。②中国于1993年推出国家信息化发展战略，制定了中国国家信息化发展目标和“两化结合”的新型工业化跨越发展战略。2020年，中国光纤用户渗透率达93%，4G用户达12.8亿，开通5G基站超过20万个，产业数字化向高质量发展阶段转变。日本、韩国、新加坡等国家从加强信息基础设施建设、培养大数据人才、推动公共数据资源开放共享等方面系统推进大数据战略实施。非洲一些国家和地区，也相继开始探寻社会信息化发展路径。社会信息化已经成为世界越来越多国家谋求发展或更大发展的战略选择。③互联网世界统计数据显示，2011—2020年，全球互联网用户数量持续高速增长，截至2021年3月31日，全球互联网用户数量达到51.69亿人，相当于世界总人口的约66%。自2020年1月以来，手机用户数量增长了1.8%，约9300万。

社会信息化使人类认识世界、改造世界的能力显著提升，极大地促进了世界发展。当前，以信息技术为代表的新一轮科技革命方兴未艾，互联网日益成为经济社会发展和人类文明进步的“火车头”。5G时代踏浪而来，大数据、云计算等新技术飞速发展，将带来生产力质的飞跃，推动产业变革，加速经济全球化进程，促进工业经济向信息经济转型，改变人们的生活、工作和互相关联的方式。

社会信息化在促进世界发展的同时，还推动了世界相互渗透、跨界融合，各国更加相互依赖，从而有利于世界和平。人类社会生活的方方面面都因信息化而走向“互联互通”，信息、资本、技术、人才在全球范围内

---

① 参见李睿深、线珊珊、梁智昊：《美国大数据治理的中国启示》，《科技中国》2017年第10期。

② 参见陈加友：《国外大数据发展经验对我国大数据发展的启示研究》，《中国市场》2017年第26期。

③ 参见工业和信息化部：《陈肇雄出席2020年世界电信和信息社会日大会并致辞》，2020年5月18日，https://wap.miit.gov.cn/xwdt/gxdt/ldhd/art/2020/art_c5650dd212714255b0c2fa4c2ae99a85.html.

加速流动，各国、各民族更加你中有我、我中有你，利益与共、命运与共。

世界多极化、经济全球化、文化多样化、社会信息化这四个大趋势是相互联系、相互促进的。社会信息化是经济全球化的重要产物，信息技术的进步正是借助全球化而迅猛发展；社会信息化以及与之密切相关的信息网络化又使全球化如虎添翼，在信息交流上，世界已经不仅仅是“地球村”，而是“地球屋”；经济全球化和社会信息化促进了多极化的发展，许多发展中国家借助全球化和信息化提供的条件实现了快速发展，成为一支重要世界战略力量；多极化推动了文化多样化，那些拥有本民族传统文化的国家在经济发展起来后都更加重视发展本民族文化，而不是盲目抄袭、照搬西方文化；文化多样化增强了许多非西方国家的文化自信，从而在国际舞台上更加独立自主，反对霸权主义；当西方大国失去推动经济全球化发展的动力之时，那些成长起来并拥有文化自信的非西方国家仍然支持全球化，并努力推动其朝着更加均衡、普惠的方向发展。四大趋势推动全球合作向多层次、全方位拓展。弱肉强食的丛林法则、你输我赢的零和游戏不再符合时代逻辑。和平、发展、合作、共赢才是世界发展的大势，一个国家要发展繁荣，就必须把握和顺应这个世界大势。

总之，“和平与发展”虽然面临着诸多挑战，但是作为时代主题的定位并未改变。在百年未有之大变局的今天，“和平与发展”时代主题是难以逆转的，仍将是未来世界演进的主流趋势，是世界政治演变发展进程中贯穿着的一条主线。同时还应该看到，仅仅承认和平与发展时代主题判断的科学性还是不够的，在人类遭遇新冠肺炎疫情大流行与世界经历百年未有之大变局交织重叠的今天，和平与发展时代主题的内涵、外延等都在发生着变化。一方面，“和平与发展”仍将是客观存在的世界性主题，人类面临的这两大问题一个也不会轻易得到解决。另一方面，“和平与发展”将面临新的形势、带有新的特点，新冠肺炎疫情使非传统安全威胁的能量得以较大程度释放，全球产业链、供应链及国际经贸体系等都将面临重建的新课题，特别是大国战略竞争明显趋于激烈，使大国关系有重新走向冷战对抗的危险，和平与发展面临冷战结束以来最为严峻的挑战。但是，世界人民求和平、谋发展的愿望并未改变，和平与发展仍是时代潮流。目前中国已经站在了现代化进程的新起点上，中国实现的现代化与以往历史上任何类型的现代化不同，将是一个和平发展的过程，实现了现代化后的中国更会是维护世界和平的重要力量。在这一过程中，中国将既是世界和平的建设者，也将是全球经济发展的贡献者。

# 第四章

# 当代世界政治格局

世界政治格局是国际问题研究中一个非常重要的基础性问题，它关涉到一个国家如何看待世界不同群体，特别是主要政治力量的实力对比以及它们之间的关系。国家无论大小、贫富、强弱，只有全面、准确认识自身所处的世界政治格局，才能更好地处理自己与世界的关系，营造有利于自身发展的外部环境，也才能更好地在世界政治事务中发挥作用。

## 一、世界政治格局的内涵和发展历程

世界政治格局是同世界经济格局、世界文明格局、世界军事格局等相对而言，指世界政治力量的状态。不过，其他领域的格局对政治格局发挥着重要作用。历史地看，世界政治格局从出现到目前经历了几次大调整，现在依然处于动态变化之中，世界主要政治力量的实力消长及分化组合正以渐进的方式展开。重大国际事件可能催化或加速世界政治格局的演变。

### （一）世界政治格局的内涵

世界政治格局是指全球范围内的主要政治力量在一段相对稳定的时期内形成的实力对比状态。世界政治格局中的主要政治力量是指在世界舞台上能够独立发挥作用，对世界政治运行能够产生影响的政治单位。① 就目

① 参见陈岳：《国际政治学概论》，中国人民大学出版社 2006 年版。

前来看，这些政治单位基本上是大国和国家集团或联合体。近年来，学界从两个更宏观的角度审视世界政治力量状态，将之纳入世界政治格局的范畴。一是西方国家同非西方国家的力量对比，二是世界主要政治力量同其他世界政治力量（包括中小国家和非国家行为体）的力量对比。这两种力量对比构成了基于大国力量对比的世界政治格局的大背景，成为科学认识世界政治格局的重要影响因素。此外，政治地理格局的变化也在一定程度上反映了世界力量变化的趋势，是观察世界格局走势的一个视角。

在世界政治格局变化之中能够产生重大影响的国家就是所谓的“极”。从一定程度上来说，“极”的数量和“极”力量的大小决定着世界政治格局的状态和演变。从世界政治的行为主体来看，有国家、民族、宗教等，但国家是最基本的。目前世界范围内的竞争都是通过国家行为体展开，其他行为体都受国家的约束。特别是大国之间的竞合关系，对世界政治格局有决定性作用。

当然也有学者用其他术语形容有影响力的大国，如著名战略思想家布热津斯基提出“地缘战略棋手”的概念，指那些有能力在本国境外运用力量和影响去改变现有地缘政治状况的国家。在布热津斯基看来，苏联解体后，欧亚大陆政治地图上至少有五个关键的地缘战略棋手，即法国、德国、俄罗斯、中国和印度，英国和日本虽然具有重要的世界影响力，但还不具备成为棋手的资格。

从世界政治格局整体来看，无论单极世界，还是多极世界，或是两极世界，它的形成还与世界政治的主题、主要战略力量之间的关系密切相关。就当今世界而言，和平与发展的时代主题在持续深化，短期内主要政治力量之间爆发战争的可能性很低。国家间关系总体缓和，互利共赢、互惠互利成为世界发展的主流，这是现有世界政治格局演进的时代背景。①这些因素决定了当前世界政治格局变化只能是渐进地进行，而不是在战争基础上的突变。

① 参见李景治：《冷战后世界格局的演变和国际秩序的重构》，《山西大学学报》（哲学社会科学版）2007 年第 3 期。

## （二）世界政治格局的基本类型

世界政治格局的类型划分主要依据为大国或以大国为中心的国家集团之间的力量对比和组合模式。世界政治格局通常用“极”来表达，主要分为三类：单极、两极和多极。从理论上说有无极格局，但是自从现代国际体系形成以来还未出现过，也看不出将来有这种格局的前景。

1. 单极格局

单极格局主要指一个主要大国或政治力量在世界事务中居于主导地位，虽然还存在着其他有影响力的国家或政治力量，但都没有足够力量与其抗衡。或者说，在世界体系中，只有一家支配性政治力量，它具有超群的实力和卓越的国际影响力，能够制定国际规则和标准，并能在一定历史阶段和范围内迫使或吸引其他政治力量承认或追随其领导地位。① 真正意义上的单极格局并未存在过。18—19 世纪的英国曾利用自己的工业和技术优势，控制了大量殖民地，号称“日不落帝国”，建立起“不列颠治下的和平”。但是英国的影响力主要是在欧洲大陆及美洲之外，在世界范围内，俄国、美国以及统一后的德国，先后构成英国的挑战力量。苏联解体后，美国获得了独一无二的地位，建立起所谓“美国治下的和平”。俄罗斯、中国等国并不认同美国的领导地位。这种一家独大、多家制衡的格局被称为“一超多强”。拥有霸权地位的国家，无论英国还是美国，主要还是在某些地域拥有了主导地位，它们都努力打造世界范围的单极格局，但没有取得成功。当然，如果一定要用“极”来表达，那么在多极格局、两极格局和单极格局这三者中，当前的“一超多强”格局同单极格局更接近，可以视为准单极格局。

2. 两极格局

两极格局主要指两个大国或两个大国集团之间相互牵制和相互对立，它们在世界事务中发挥了决定性的作用。两极格局中的主要大国影响着世界局势走向。两极格局之外的国家，尽管希望通过独立自主的外交政策，

① 参见李少军：《国际政治学概论》，上海人民出版社 2005 年版。

寻求外交空间，参与国际事务，但是在世界范围内所发挥的影响有限。第二次世界大战后的美国和苏联在全球进行冷战，明显地展现了两极格局的特征。以美国及其西方盟国为一方，以苏联及其盟国为另一方，两大阵营之间在政治、经济、军事等领域进行了针锋相对的对抗。特别是在冷战初期，美苏在国际事务中具有决定性作用，美苏集团之外的国家，几乎都受到美苏对峙的影响。

3. 多极格局

多极格局指多种政治力量相互制约、竞争，各种力量在世界事务中能够独立、平等、自主地决定对外政策。① 自现代国际体系开启以来，在和平时期，多数情况下都是多极格局。比较典型的多极格局是两次世界大战之间，英、德、美、苏、日各自为主，相互竞争、制约。

### （三）世界政治格局的演进历程

从世界政治发展的轨迹来看，由于世界格局是国际体系的重要组成部分，所以国际体系是我们考察世界格局的重要背景。欧洲三十年战争之后，欧洲大国建立了威斯特伐利亚体系，由此开启了现代国际体系。法国、瑞典、荷兰、西班牙、英国等是当时欧洲政治的决定性力量，这是一个多极格局。不过，这不是真正意义上的世界政治格局，只能算是区域性的国际政治格局。随着法国大革命爆发，形成了反法联盟同法国对抗的局面，特别是在拿破仑战争期间，欧洲大国力量严重失衡，威斯特伐利亚体系中的多极格局不复存在。

拿破仑战争后的维也纳体系也是建立在多极格局之上，英国、俄国、普鲁士、奥地利、法国是该体系的主导国。这个多极格局也不是真正意义上的世界政治格局。随着德国统一打破了原有的力量平衡，特别是在欧洲形成两大对立的军事同盟后，维也纳体系中的多极格局也随之瓦解。

第一次世界大战后建立的凡尔赛—华盛顿体系也是以多极格局为基础，英、美、德、苏、日、法是主导国。“一战”虽然是以英国和德国为

① 陈岳：《国际政治学概论》，中国人民大学出版社 2006 年版。

首的两大军事集团之间的实力对决为主要内容，但是美洲的美国、亚洲的日本以及许多欧洲列强的殖民地、半殖民地都卷进来，所以称世界大战。经过拼杀，主要大国之间的力量进行重新整合，大战之后世界政治力量中心发生转移。从某种程度来说，欧洲国家都是输家，因为世界政治的中心开始从欧洲向北美和亚洲转移。政治格局也随着美国、日本加入“极”的行列而真正具有了“世界性”。美国和日本在世界事务中与欧洲列强平起平坐，一个真正意义上的多极世界政治格局出现。随着德国、日本、意大利结成同盟，原有的力量平衡丧失，凡尔赛—华盛顿体系中的多极格局开始重构，形成了法西斯阵营、以英美为代表的自由资本主义世界和社会主义苏联三足鼎立的局面，可称为三极格局。第二次世界大战期间，德国进攻苏联后，苏联加入反法西斯阵营，形成两大阵营对战的局面，多极格局消失。

第二次世界大战后建立的雅尔塔体系比较特殊。英美同苏联在“二战”中结成反法西斯阵营并成为最后赢家。中国经过抗日战争，国际地位明显提升，跻身世界大国行列。“二战”后形成的雅尔塔体系本来有大国协调的基础，美、苏、英、中四大国协作创建了联合国，一个新的以大国协调为基础的多极格局似乎已经到来。然而，随着美国同苏联走向对抗，英国实力衰落并倒向美国一边，中国陷入内战，于是多极格局让位给两极格局。

不过，在两极格局框架下，世界政治力量进行新的分化组合。进入20世纪70年代，在美苏两极之外出现了三股重要力量，即联合起来的西欧、经济复兴的日本和走向独立自主的中国。于是形成了美国、苏联、西欧、日本和中国五个世界力量中心。虽然美苏仍是实力超群的超级大国，另外三个力量中心的存在并未改变两极格局的总体状况，但多极化的苗头已经显现出来。

两极格局因苏联解体而终结，美国成为唯一超级大国，某种程度上也可称作世界霸权国家。美国为打造“单极世界”进行了不懈努力，取得一定成效。但是世界政治舞台上的其他力量中心，俄罗斯、中国、欧洲联盟、日本依然拥有相当的影响力，对美国霸权形成制约。严格意义上的世界政治格局是一个复合格局，即“一超多强”。“单极格局”一词只是基于研究角度，为了论述方便起见才被使用。

## 二、当代世界政治格局的主要特征

世界政治格局的基本特征是在“一超多强”的框架下加速向多极化方向演进。美国构建单极世界的努力遭遇内外阻力，多强的总体实力在上升，东西方之间力量对比朝着均衡化方向发展。大国仍在当今世界政治中扮演重要角色，发挥独特作用。以中国、印度为代表的新兴大国力量上升，各国之间的战略关系更加复杂。

### （一）美国打造单极世界遭遇挫败

“东欧剧变”使得冷战结束的同时，还导致了苏联解体，从而终结了两极格局。这使得美国的国际地位和安全形势达到了历史上最好的时期。美国著名国际问题专家、哈佛大学约翰·肯尼迪政府学院教授斯蒂芬·沃尔特这样评价冷战结束及苏联解体对美国的意义：“美国处于空前的优势地位。美国的经济比仅次于它的竞争对手多40%，并且它的防卫开支是紧排其后的6个国家的总和。这6个国家中的4个是美国的亲密盟友，所以美国的优势比上述数字所显示出来的还要大。美国在高等教育、科学研究、先进技术（特别是信息技术）方面居世界领先地位，这将使其他国家尽快赶上美国更为困难。”①

美国的战略家们一方面为这种空前优势地位而自豪，另一方面开始调整了美国的全球战略，要极力维护这个霸权地位，将之视为国家的最高利益，因为这种独霸地位给美国带来了极大的好处：国家安全有了绝对的保障，现在没有任何力量能威胁到美国的安全，而只有它威胁别人的份儿；在经济上，它可以充分利用自己的特殊地位使其在国际竞争中处于有利境

① Stephen M. Walt, “Two Cheers for Clinton's Foreign Policy”, *Foreign Affairs*, March/April 2000, p. 64.

地。虽然美国的战略家承认，多极化是大趋势，“一超多强”格局只是个过渡形态；但是他们又认为，美国应当尽最大努力将“一超多强”打造成事实上的单极格局，使美国的霸权地位维持尽可能长的时间。

美国的霸权战略目标在苏联未解体时就已确立。在1991年的《美国国家安全战略》报告中，老布什总统就提出“我们已经进入了一个新时代”，“我们可以按照我们自己的价值观和理想建立一种新的国际体系了”。[①] 1994年公布的《美国国家安全战略》报告为实现霸权战略目标提出了三项具体目标，或称三大支柱，即“用准备好进行战斗的军事力量，可靠地维护我国的安全。促使美国经济重新恢复活力。促使国外民主的发展”。[②] 与此同时，美国也极力打压潜在战略竞争对手，重点是俄罗斯和中国。克林顿时期的美国外交政策基本是按着这个框架展开的。美国的霸权战略一度取得明显成效，比如北约战略新概念出台、北约东扩、北约发动科索沃战争、美日新安保体系出台、启动国家导弹防御系统和战区导弹防御系统，都是美国推行其霸权战略的重要步骤。特别是科索沃战争，展现出了美国及其盟友的强势地位和实现战略意愿的能力。科索沃战争的深层次原因是美国和欧盟联手打压俄罗斯，压缩俄罗斯的战略空间。这场战争被认为是美国霸权战略顺利推进、单极格局接近形成的重要标志。

“9·11”事件给美国霸权战略带来复杂的影响。恐怖袭击事件本身使得美国绝对安全的神话破灭，迫使小布什政府将美国全球战略首要任务转移到打击恐怖主义上来，为此需要与俄罗斯和中国等大国的合作，从而减轻了它们的战略压力，改善了国家发展的外部环境。然而，美国政治精英们却试图借反恐之机推进霸权战略，将反恐与打造单极世界有机结合起来。这一点在阿富汗战争上得到集中体现。阿富汗战争得到世界大多数国家和联合国的认可，美国的世界地位达到巅峰，被称为“单极时刻”。然而，“单极时刻”只持续了很短时间。

---

① 梅孜编译：《美国国家安全战略报告汇编》，时事出版社1996年版，第188、190页。

② 同①，第244页。

小布什政府滥用了世界各国对美国的同情，误判了世界格局走势。美国不经联合国授权发动伊拉克战争，遭到世界相当多国家的反对，就连美国的盟友法国和德国也坚定地持反对立场，并且同俄罗斯站到一起。美国的国际形象严重受损，联盟体系出现裂缝，霸权战略受挫。

2007—2008 年，美国次贷危机演变成金融危机并席卷全球，美国的硬实力及软实力都遭受重创。这场危机暴露了美国社会深层次的矛盾。美国需要变革。2008 年总统选举，非洲裔候选人奥巴马打着“变革”旗号，一举成功，打破了美国总统一定是白人的历史。奥巴马胜选成了当年最引人注目的新闻事件，其受关注度几乎超过刚刚爆发的金融危机。然而，奥巴马政府干了八年，虽然付出了巨大努力，也取得了一定的成效，但是并未迎来人们所期待的变革。于是，特朗普这个反体制的政治素人成了 2016 年总统选举的“黑天鹅”，再次刷新了美国总统选举的历史。美国民众选择特朗普，在相当大程度上是因为看到他反体制，希望这个“造反派”能够真正给美国政治和社会来一场“变革”。然而，四年过去后，特朗普的“变革”更是乏善可陈。如果盘点特朗普政府的业绩，公开宣布美国进入“新时代”应该是一大亮点，因为这意味着美国要放弃已经支撑不住的“霸权”，卸掉难以承受的“世界领导”重担，摆脱“高处不胜寒”的困境，然后将精力用在国内发展上。这实际上是从单极世界的梦幻中回归现实。拜登政府上台后，努力拨乱反正，抛弃特朗普主义，展现出重视盟友和一些全球治理问题，试图重新树立美国的“世界领导”形象，重拾霸权战略。然而，毕竟时代不同了，美国已经不是 10 年前那个美国了，世界也不是 10 年前那个世界了。美国“进入新时代”并不以拜登政府的意志为转移。在以美国为首的北约发动阿富汗战争 20 年后，被北约打败的塔利班又重新控制阿富汗，预示着美国霸权在继续衰落，单极世界更加遥远。2022 年 2 月爆发的俄乌冲突，本质上是俄罗斯同美国及北约的冲突，这场冲突虽然使俄罗斯遭受重大损失，但是也严重冲击了美国的霸权战略，显示出美国及其同盟体系能力的有限性。冲突爆发后，广大发展中国家，特别是新兴国家并未追随美国去制裁俄罗斯，北约成员国土耳其甚至还同俄罗斯进行密切的外交互动，美国的世界影响力进一步下降。美国打造单极世界政治格局之所以失败，一方面是世界事务越来越多元，全球性问题越来越呈现出跨国特征，单个国家难以有效面对；另一方面是当今世界不再支持霸权体系和霸权制度，国际社会成员不会自愿服从霸权领导，霸权失去合法性。①

美国霸权衰落在硬实力和软实力上都有体现。首先，美国的经济实力有明显下滑的趋势。2008 年国际金融危机对全球重要经济体造成了严重冲击，特别是对欧美发达国家的冲击更大，国际权力呈现出从东向西的转移。② 因为 2008 年国际金融危机并不是肇始于发展中国家，而是发源于世界最强大的美国，并由此扩展至国际金融体系的各个地方，这次危机虽然并不标志着资本主义的终结，但它无疑表明美国全球主导地位的结束。③ 金融危机后，以美国为代表的西方国家的经济增长率处于低水平运行，以中国为代表的新兴经济体增长率一直高于世界平均增长率。

其次，美国的制度霸权影响力明显受损。与以往的全球霸主国家不同，美国不仅拥有远超其他国家的硬实力，它还利用“二战”后建立的国际多边机制编织了所谓的制度霸权。长期以来，在应对一系列棘手难题时，美国一方面依靠自身军事力量，另一方面通过在国际多边机制的投票权打压对手。随着美国绝对实力的下滑，其在国际组织等机制中的影响力下降。以联合国为例，它是美国“二战”后干涉其他国家内政的重要工具，为其对外行动提供了合法外衣，但近 20 多年来美国在联合国会费缴纳等方面的表现并不积极。美国在一些新兴领域的话语权没有以往的优势，开始与新兴国家争夺话语权。特朗普政府时期，美国肆意毁约退群，更是致使其制度性权力大大减弱。④

最后，在理念竞争层面，美国面临世界其他国家的挑战。美国在全世界拥有强大的硬实力，并建立了制度霸权，强势美国还具有吸引世界各国

---

① 参见秦亚青：《世界格局的变化与走向》，《世界知识》2021 年第 4 期。

② 参见余丽：《美国霸权正在衰落吗?》，《红旗文稿》2014 年第 8 期。

③ 参见〔美〕法里德·扎卡里亚：《后美国世界：大国崛起的经济新秩序时代》，赵广成等译，中信出版社 2009 年版。

④ 参见秦亚青：《世界格局的变化与走向》，《世界知识》2021 年第 4 期。

向其学习的能力，美国的软实力资源丰富。美国的软实力往往以非常温和、无形的方式侵蚀、改变着世界其他国家的思维。比如，美国的社会生活和娱乐方式，通过好莱坞大片在他国吸引无数民众的眼光；美国人发明和创造的互联网等，深刻地改变着他国人民的学习和工作方式。[①] 随着美国民主改造中东的失败，国际金融危机的爆发，特别是近年来美国国内民粹主义、反智主义盛行，其他国家开始反思美国倡导的发展模式是否值得继续效仿。

### （二）在多极化进程中非西方力量明显增强

冷战时期，世界政治多极化已经开始萌发，这一趋势在冷战后表现得更加明显。在美国致力于打造单极世界的同时，其他世界力量中心即"多强"也都有不同程度的发展。联合起来的欧洲一体化进程加速，建立了欧洲联盟，扩大到囊括除俄罗斯之外的几乎所有欧洲重要国家；日本作为经济大国，致力于建设政治大国，虽然经历了30多年的经济低迷，但志向未改；中国经过改革开放40多年的快速发展，综合实力明显增强；俄罗斯仍然保持着仅次于美国的军事实力并在政治上坚持独立自主。美国之外的四个力量中心多数不认同单极世界，主张多极化。

不过，这个"一超多强"格局是十分不均衡的。不仅美国这个"一超"实力超群，而且"多强"中的欧盟和日本还是美国的盟友，在重大国际事务中追随美国，实际上是形成了一个统一的"大西方"，而中国和俄罗斯则是各自独立的两个较弱的力量。这实际上是"一超两强"格局，如果借用"极"这个词语，将中国和俄罗斯也视为"极"，就是非常不均衡的"三极格局"。

进入21世纪后，"一超多强"格局发生了两个方面的变化：一方面是大国力量重组，另一方面是大国关系重构。

在大国力量重组上，除了美国这个"一超"相对实力明显下降，还有两个重要变化。一是人口超过十亿的印度实现了经济快速发展，并且在

① 参见刘德斌等主编：《国际关系史》，高等教育出版社2003年版。

政治外交上独立自主，国家发展战略上雄心勃勃，被公认为已经跻身“多强”行列。印度作为发展中大国，二十国集团、金砖国家和上海合作组织成员，其“入局”肯定是增强了非西方的力量。二是原有的“多强”中，欧盟、日本实力相对下降，中国实力显著增强，俄罗斯在普京领导下守住了军事大国和政治大国的地位。特别是欧盟，在遭受国际金融危机打击后，又受英国脱欧的重创，实力萎缩。总的来看，在大国力量重组上，非西方力量明显增强，西方力量相对减弱。

在大国关系重构上，最突出的变化是欧盟和日本一度拉开同美国的距离，在许多重大国际事务中不再与美国亦步亦趋。这种动向在特朗普政府时期尤为明显。虽然这种态势同特朗普政府的对外政策有很大关系，但是欧盟和日本要成为世界一极的政治抱负是早就确定了的。当美国实力超群时，欧日一方面不敢得罪美国，另一方面在安全、经济等事务中还要倚重美国。随着美国实力的相对下降，它们的这些动机都日益减弱。俄乌冲突一定程度上加强了欧盟和日本同美国的同盟关系，但只是暂时的。从长期态势看，美欧同盟和美日同盟的亲密程度主要取决于美国的实力。

大国力量重组和大国关系重构使得世界格局不仅更加多极化，而且也趋于更加均衡，“大西方”趋于虚化，美欧日中俄印都作为或趋向于作为独立的角色来参与国际博弈。

### （三）大国之间的关系更趋复杂

大国之间的关系对世界格局有着重要影响。大国对抗有利于形成两极格局，反之则有利于形成多极格局。

冷战结束后，大国关系发生了质的变化，未出现冷战期间美苏之间那种敌对关系，各大国之间总体上都是竞争中合作，只不过在不同的领域或时段，竞争或合作的程度不同而已。即使美俄之间一度关系十分紧张，甚至发生代理人战争（俄乌冲突或称乌克兰战争），两国在某些领域的合作也并未中断，比如维护核不扩散体制、打击恐怖主义、探索太空，双方也未将对方定性为敌人。

随着多极化的演进，各个主要力量之间的关系更加复杂，特别是中美关系，伴随着两国在世界格局中地位的变化而展现出新特点。

直到特朗普政府上台之前，冷战后美国的对华政策总体上是以接触为主、遏制为辅。中美之间在不同的领域有合作，也有竞争，但合作是主要方面。在“一超多强”格局下，中国是美国眼中的普通大国之一，是若干需要防范的战略力量之一。两国虽然在意识形态上有对立的一面，但是美国自由派寄希望于通过接触来影响中国，促使中国转变成美国所认可的“自由民主”国家。随着中国经济快速发展，中美两国之间在经济上的关系越来越密切，日益成为利益攸关方。此外，两国在防止核扩散、打击恐怖主义、应对气候变化等非传统安全问题上的合作空间日益增大。因此，这段时间合作是双边关系的主旋律，虽然时常有摩擦、冲突。随着中国崛起，中美关系逐渐由普通大国同超级大国的关系转变成崛起大国同守成大国的关系，两国之间的战略竞争一面不断凸显，虽然合作依然存在。特朗普政府上台后，将中国定位为美国的主要战略竞争对手并付诸行动，导致竞争成为双边关系的主旋律。但是两国之间仍然存在广泛的合作，特别是中国不认同用“竞争”来定义中美关系，而是期望构建“不冲突不对抗、相互尊重、合作共赢”的新型大国关系。

中美关系的变化对其他大国关系虽然有一定影响，特别是美国试图拉拢盟友和伙伴一起围堵中国，但是并未改变这些大国既定的对外战略，这些大国同中美两国的关系总体上仍然按照已有的态势发展。大国关系重构的方向依旧。“印太”地区的大国虽然在安全上表现出更加靠近美国，在一定程度上配合美国推进“印太战略”，但在经济上仍然同中国保持密切关系。总体上看，在多极化大趋势下，各主要战略力量都从本国的根本利益出发来调整对美对华政策，试图利用中美战略竞争来获取更多的利益，而不是充当某一方的棋子。

## 三、世界政治格局的发展趋势

世界政治格局发展的基本趋势是多极化，而且是东西方力量更加均衡。在由“极”来表达的狭义世界格局的背后，还有三个更宏观层次的力量对比变化，也可视为某种格局，它们更能体现世界政治的长远态势并且为多极化提供强有力的支撑。

### （一）东西方力量变化趋势不可逆转

多极化趋于更加均衡的重要基础是新兴大国群体性崛起，东方力量增强，西方力量相对减弱。这里所说的西方，主要是指以欧美为核心的发达国家；而东方（或称非西方）就是西方之外的国家，不仅仅是亚洲国家，更不限于社会主义国家。东方的主体是广大的发展中国家，虽然也包括像俄罗斯这样比较发达但受西方排挤的国家。

就东西方关系和力量对比变化来说，当今世界正处在500年未有之大变局。自西方地理大发现并主导现代化进程之后，西方一直居国际舞台的中心地位，东方国家或者处在被殖民、被掠夺、被压迫的地位，或者在国际舞台上处于边缘地位。而现在，东方国家开始活跃于世界舞台的中心，最具代表性的事件是二十国集团（G20）峰会。作为应对国际金融危机主要平台的G20，有一半成员都是东方国家。通过G20这个平台，东方国家在国际经济事务中的发言权明显增大，比如G20同意东方国家增加在国际货币基金组织中的投票权。东西方力量对比变化的另一个标志性事件是联合国气候大会。在这些会议上，东方国家团结一致，旗帜鲜明地反对西方国家的片面立场，坚定地维护自己的利益。东方国家能够不屈服于西方国家的压力，使西方国家不能按自己的愿望行事，已经成为世界政治中的重要现象。

东方兴起是历史发展的必然结果。19世纪末20世纪初，西方的优势地位达到巅峰。整个世界都被西方列强瓜分完毕，而东方则任其宰割。“八国联军”侵略中国，就发生在20世纪元年。第一次世界大战导致殖民体系开始瓦解，国际权力中心向欧洲以外转移。第二次世界大战促使殖民体系彻底崩溃，国际权力进一步向全球扩散，发展中国家逐渐登上世界政治舞台，中国、印度等发展中大国成为国际社会重要成员。

冷战结束30多年来，虽然总体实力“西强东弱”的局面并未发生根本转变，西方仍然处于优势地位；但是“东升西降”的发展趋势越来越明显。新兴大国在国际力量对比中的分量越来越重，话语权处于上升态势，东方力量在经贸、科技、文化、教育等领域的影响与日俱增。

世界政治力量变化的基础是经济。自近代以来西方崛起后，西方国家在经济社会发展上一直居领先地位，西方国家与发达国家几乎是同义语。后来日本跻身发达国家行列，但其治国理念和行为方式几乎完全西方化，因而成为西方列强的一个成员。广大的东方国家则长期处于弱势地位。东方国家在实现了民族独立和政治崛起之后，一大批国家通过艰苦努力，实现了经济独立和自主发展。进入 21 世纪后，金砖国家由概念成为现实，表明像中国、印度、巴西这样的发展中大国，经济发展成就受到公认，发展前景更受期待。东方国家的总人口占世界 85%，而且拥有丰富的资源，发展潜力巨大，在经济上崛起是个大趋势。实际上，发展中国家的经济发展速度长期高于发达国家，量变必定引起质变。2018 年 7 月 25 日，习近平主席在金砖国家工商论坛上的讲话指出：“新兴市场国家和发展中国家对世界经济增长的贡献率已经达到 80%。按汇率法计算，这些国家的经济总量占世界的比重接近 40%。保持现在的发展速度，10 年后将接近世界总量一半。”① 东方国家在世界经济中的地位和作用已经得到认可和重视。东方国家经济地位的提升，必然促进其政治地位的提升。

### （二）非极化成为势头强劲的大趋势

所谓的“非极化”，是指由中小国家和非国家行为体构成的“非极力量”在世界政治舞台上不断上升，从而造成大国地位相对下降的态势。“非极化”正成为与大国政治格局“多极化”相伴随的发展趋势，是认识世界政治格局不可忽视的重要因素。非极化的现实改变了世界政治的图景。如果说非极化出现之前的世界政治就是大国政治的话，那么现在，大

① 习近平：《顺应时代潮流　实现共同发展——在金砖国家工商论坛上的讲话》，《人民日报》2018 年 7 月 25 日。

国政治只是世界政治的一部分。假设世界政治是个大舞台，过去舞台上就是几个主角（大国）在表演，配角（非极力量）可以忽略不计，而现在，虽然主角还在，但是那些配角也站到了舞台上，而且有时还跟主角“抢戏”。就未来的发展态势来看，非极化的发展动力更为强劲。如此，大国政治在世界政治中的分量会越来越轻，尽管大国的特殊地位和作用依然存在且不可替代。世界政治向非极化方向发展主要有两个动力：一方面是中小国家在国际事务中的作用越来越大；另一方面是非国家行为体的重要作用凸显，如国际组织、跨国公司、特殊人物等。

中等强国作为重要非极力量在建立世界格局上的作用越来越明显。在当前的世界经济政治体系中，中等强国拥有相当的经济和政治资源，一定程度上可以影响世界政治格局演进。[①] 它们虽然不是世界格局中的“极”，但是它们对各“极”的政策，在大国竞争中支持谁，反对谁，却会对各“极”在大国竞争中的处境产生重要影响。中等强国既包括加拿大、韩国、澳大利亚这类经济发达国家，也有沙特阿拉伯、土耳其、印度尼西亚这类资源型国家，还有越南、菲律宾等人口较多、经济发展较快的新兴经济体。它们在国际事务中的话语权不断增大。G20 成员有将近一半是中等强国。

非极化趋势在冷战时期两极格局框架下就已肇始。第三世界虽然是一股独立的力量，但不是统一的力量，除了中国的第三世界国家一出现就已经成了“非极力量”，非极化也开始显现。两伊战争、石油输出国组织运用石油武器同发达国家进行斗争，都是非极力量在国际舞台大显身手的事件。“二战”后，西方大国同广大中小国家之间一直存在着控制与反控制的斗争。从趋势上看，西方大国是节节败退，特别是进入 21 世纪后。西方大国败退的一个重要原因就是中小国家越来越独立自主，用美国著名战略思想家布热津斯基的话说就是“全球政治觉醒”。他强调：“第一次，全人类都在政治上积极起来。这是非常巨大的变化。”[②] 对中小国家来说，

---

① 戴维来：《疫情影响下的全球治理：碎片化与中等强国的角色》，《学术月刊》2021 年第 4 期。

② 〔美〕兹比格涅夫·布热津斯基、〔美〕布兰特·斯考特罗夫特：《大博弈：全球政治觉醒对美国的挑战》，姚芸竹译，新华出版社 2009 年版，第 1 页。

“政治上都积极起来”就是不再受大国摆布，而是要自己主宰自己的命运。不仅如此，它们还要积极参与国际事务，要登上国际大舞台，改变大国垄断国际舞台的历史。特别是在应对气候变化、核扩散、大流疫、恐怖主义等非传统安全问题上，中小国家的作用更是不可忽视的。以应对新冠肺炎疫情为例，在防疫抗疫中，有些大国的表现并不比中小国家好到哪里。在抗击病毒上，大国所拥有的庞大军队、高科技武器、先进装备基本都派不上用场。通过这次疫情，那些没有条件养护一支庞大军队的国家，没有财力研发高科技武器装备的国家，将大大增强战略自信并在国际舞台上更加独立自主。

非极化有利于多极化朝着更加均衡的方向发展。非极化虽然总体上是在稀释大国的权力和作用，但是对追求霸权国家的冲击更大。对“多强”来说，发展中大国一般都秉持国家无论大小一律平等的理念，不像西方大国那样偏爱强权政治思维。所以，相比之下，非极化对发展中大国的冲击要远远小于对西方大国的冲击。

### （三）世界政治地理重心正由欧美向亚洲转移

亚洲是东方的核心。与东方实力增强相适应，世界经济地理格局和以之为基础的世界政治地理格局也在发生深刻变化。自西方文明兴起后，世界经济和政治地理的重心一直在北大西洋两岸，西欧和北美地区是世界经济的两大支柱和两个中心。20 世纪 60 年代日本经济崛起后，虽然使世界经济版图有所改变，但由于日本在世界经济整体中的占比较小，并未从实质上撼动北大西洋两岸的世界经济重心地位，至多是在经济学家眼中有了一个身处东亚的次中心。

20 世纪 70 年代以来，以中国为代表的一些亚洲国家的经济迎来大发展，使得亚洲逐渐成为世界经济的第三个中心。特别是进入 21 世纪以来，随着中国、印度、东盟、韩国等国家和国家集团的群体性崛起，加上 2008 年国际金融危机后欧美发达经济体复苏缓慢，战略家眼中的“21 世纪是太平洋世纪或亚洲世纪”才逐渐变得更为清晰。从发展态势来看，太平洋地区的潜力也远大于大西洋地区。世界主要大国都看好太平洋地区尤其是西太平洋地区的未来。就拿美国来说，从亚太再平衡战略到印太战略，都体现了美国对西太平洋地区的高度重视。

亚洲成为世界经济的一个中心，是百年未有大变局的一个重要体现。如果说 19 世纪末因美国崛起而导致世界经济重心由西欧移向北美算是一次世界经济地理大变局的话，那么这次大变局的范围之广、涉及的人口之多是上一次无法比拟的。

亚洲在世界经济中地位的提升必将影响其政治地位。亚洲人口众多，历史悠久，文明发达，许多国家在国际事务中有独立自主的传统。亚洲目前已经成为发展中大国最为集中的地区，而发展中大国正是世界多极化走向更加均衡的决定性力量。当然，欧美仍然具有相当的发展潜力，在世界经济和政治中的地位不会很快消失，因此，世界政治地理重心由欧美向亚洲转移将是一个长期的过程。

# 第五章

# 当代世界政治秩序

世界政治秩序在当代世界政治中的地位日益提升，已经成为最受关注的问题之一。在世界体系中，最为核心的内容之一就是世界秩序。所谓世界（国际）体系转型或变迁，除了世界格局，变化的主要是世界秩序。考察世界政治秩序的现实状况和发展态势，是认识当代世界政治的一个关键环节。

## 一、世界秩序的内涵

当代世界政治秩序指的是现行的以主权国家为基本行为主体、多元主体参与、以联合国宪章为基本行为规范的覆盖全球的政治秩序。世界秩序与国际秩序的区别除了覆盖范围不同之外，参与的主体也不同。国际秩序的主体限于主权国家，而世界秩序的主体除了主权国家，还有多种形态的非国家行为体。世界政治秩序经历了一个长期的演进过程。开始只是适用于欧洲的区域性国际秩序，后来适用范围逐渐扩大，最后覆盖全球。而且，直到联合国建立之前，这个秩序并未成型，只是具备了某些核心要素。虽然世界秩序能够解构为政治、经济、安全等方面，但最为根本的是政治秩序。通常情况下，当论者不在“秩序”前面加上诸如经济、安全等限定词时，就是指向政治秩序。

什么是世界秩序？多年来这一直是国际问题研究者致力于探究的重大问题。同国内社会相比较，在国际社会，无政府状态是最基本特征。然而，无政府状态是否就等于无秩序状态？这是探讨世界秩序之前首先要厘清的问题。

国际社会中的无政府状态指在国际社会中没有一个公共权威存在的状态。现实主义和自由主义都把无政府状态作为一个先验的概念，结构现实主义代表人物华尔兹将国际体系的无政府状态这一“无政府秩序”视为国际关系最基本的事实。[①] 新自由制度主义代表人物基欧汉认为国际社会处于无政府状态，在主权国家之上没有世界政府存在。[②] 无政府状态是否代表着这个世界的运行处于混乱模式，或各种事务的运转处于杂乱无章的状态？作为国际社会中的一分子，我们需要知道自身生活在何种状态之中。

各国学者很早开始关注世界秩序。法国思想家雷蒙·阿隆是从理论角度阐释世界秩序的先行者。1965 年，西方国际关系学者在意大利开会讨论世界秩序问题，雷蒙·阿隆提出了“秩序”的可供选择的定义：（1）现实的任何有规则的安排。（2）各组成部分的有序关系。（3）生存的最低条件。（4）共存的最低条件。（5）美好生活的必要条件。[③] 经过讨论，大多数学者倾向于第四个定义，世界秩序是生活在国际社会的成员国及其他行为主体相互共存的最低条件。其后，部分学者又从不同的认识角度重新阐释了世界秩序概念。

英国学者对世界秩序研究倾注了大量心血，其中赫德利·布尔的研究最具代表性。赫德利·布尔指出，世界秩序比国际秩序更为基本，这是由于人类社会的终极单位不是国家，也不是民族、部落、帝国，而是个人。换言之，国际秩序的主体是国家，世界秩序的主体不仅指国家，包含的内容更加多元。虽然布尔认为世界秩序无论在道义、秩序范围还是重要性上都优于国际秩序，但他将极大的精力放在国际秩序的研究上，从均势、国际法、外交等不同视角探析国际秩序的内在机理，并寻求在这些视角上，探讨通过国家体系的改革与超越以实现世界秩序的可能性。布尔围绕着世

① 参见〔美〕肯尼思·华尔兹：《国际政治理论》，信强译，上海世纪出版集团 2008 年版。

② 参见秦亚青：《权力·制度·文化：国际关系理论与方法研究文集》，北京大学出版社 2005 年版。

③ 参见潘忠岐：《世界秩序：结构、机制与模式》，上海人民出版社 2004 年版。

界秩序的定义、产生的基础和路径、分析的层次以及可能的演进路径，形成了关于世界秩序研究的一整套理论。①

“二战”之后，美国成为全球首屈一指的大国，为给其全球霸权地位提供理论支持，美国加大对世界秩序的研究力度，其中最为人们所推崇的是哈佛大学教授斯坦利·霍夫曼。他指出，美国的对外政策应把建立世界秩序作为头号任务。所谓的世界秩序主要涵盖三个方面：（1）世界秩序是国家间关系处于和睦状态的一种理想化的模式；（2）世界秩序是国家间友好相处的重要条件和规范行为的规章准则；（3）世界秩序是合理解决争端冲突，开展国际合作以求共同发展的有效手段和有序状态。② 霍夫曼强调，世界秩序不同于联合国体制，它还不是现实，它有一个逐步形成的过程，需要众多国际关系行为体的努力，世界秩序不同于世界政府，它应是通向世界政府的过渡状态。世界秩序是“世界政治深刻的、渐进的，但是有限度的变革过程”。③ 霍夫曼认为世界秩序不同于世界政府，这无疑是正确的；但是认为世界秩序不是现实，难以得到普遍认同，若不是现实的，也就谈不上维护或改革世界秩序了。

冷战结束后，随着旧的秩序即美苏冷战对抗秩序的瓦解，越来越多的学者，如亨廷顿、基辛格等都从不同角度提出自己的思考。亨廷顿以《文明的冲突与世界秩序的重建》一书蜚声世界，他认为冷战后世界秩序是多极和多文明的。世界主要由七八个文明所构成，国际关系的主要行为者不再是一般的民族国家，而是文明的核心国家。文明是人的最高文化归属，是人必不可少的文化认同的最大层面。他强调，受现代化的驱使，冷战后的世界政治正沿着文明界限进行重组。由意识形态和超级大国关系界定的联盟让位于由文化和文明界定的联盟。文化社会正在取代冷战集团，一个以文明为基础的世界秩序正在出现。④ 亨廷顿眼中的世界秩序是一个

① 参见韩爱勇：《在权力政治与自由主义之间——冷战后东亚秩序的理论范式研究》，中央编译出版社 2015 年版。

② 参见潘忠岐：《世界秩序理念的历史发展及其在当代的解析》，《欧洲》2002 年第 4 期。

③ 参见倪世雄：《当代西方国际关系理论》，复旦大学出版社 2009 年版。

④ 参见〔美〕塞缪尔·亨廷顿：《文明的冲突与世界秩序的重建》，周琪等译，新华出版社 2002 年版。

多元、多文明的体系，各文明之间的相互影响和相互作用是构成世界秩序的重要机制。

进入21世纪，世界秩序发展迈入新阶段。美国前国务卿基辛格博士指出，今天这一“基于规则”的世界体系面临诸多挑战。世界正向部分无序的方向发展，但世界整体秩序仍然存在，竞争在正常的可控范围。基辛格强调，有必要构建一种秩序，一种能够平衡各国互相抵触的欲求的秩序，一种能够让制定现存国际“规则”的西方守成大国与以中国、俄罗斯和伊斯兰世界为代表的新兴国家达成均势的秩序。① 基辛格认为，美国在今后世界秩序中的领导作用需继续保持，但在追求世界秩序的过程中需要重视两个层面的问题，一是拥抱普世原则，二是需要接受其他地区的历史和文化现实。② 可以看出，在基辛格的战略设计中，世界秩序要更具全球普适性，更具包容性，能够有效容纳欧美之外的其他文化。

美国国务院前政策规划司司长安妮-玛丽·斯劳特基于国际法的视角给出了完全不同的世界秩序理念，她指出旧的国际体系模式设定了单一的国家，它们相互谈判签订法律协定、自上而下予以执行，强调核查和执法。③ 她所提出的世界新秩序则设定了分解的国家，其中国家政府官员密集地互动，采用最佳实践守则，就共同难题达成协调的解决方法——这些协议虽没有法律力量，但可由参与谈判的官员们直接加以执行。在这一新模式中，作为单一行为体行动的国家将认识到不把实际的主权授予数量有限的超国家官员，一些难题就无法得到有效解决。在这些情况下，谈判达成的国际协议将比旧模式下达成的大多数协议更为有效，跨政府网络能处理传统国际组织不能解决的问题。它们可以根据需要解决特定问题，从范围广泛的不同国家纳入国家官员。它们可以瞄准问题的根源，填补国家管辖权的漏洞，对跨边界的商品、人员和思想观念作出反应。④ 跨政府的网

---

① 参见刘鸣：《从基辛格〈世界秩序〉弘论所引出的构建新秩序遐思》，《国际关系研究》2015年第1期。

② 参见〔美〕亨利·基辛格：《世界秩序》，胡利平等译，中信出版社2015年版。

③ 参见〔美〕安妮·玛丽·斯劳特：《世界新秩序》，任晓等译，复旦大学出版社2010年版。

④ 同③。

络化成为新世纪合作架构的主要组成部分，它们对于全球问题的反应更及时有效。因而，在政府网络化方面涉入最深的国家最终将成为最强大的国家。

综合以上的观点，我们可以看出，同国际秩序以主权国家作为行为体相比，世界秩序不仅涵盖主权国家，其内容更加多元丰富。世界秩序在包括国家间关系的同时，还涵盖国际组织、民族、部落、个人等的交往，是更为宽泛、基础性的秩序。

## 二、世界秩序的演进历程

在主权国家诞生前，并不存在一个现代意义上的世界秩序或国际秩序。那时所谓的“世界秩序”更多地表现为以文明为主体的帝国、城邦等治理模式，其中帝国更具普遍性。帝国模式就是以帝国为中心的区域等级制体系，主要有中华帝国模式、罗马帝国模式、阿拉伯帝国模式。欧洲作为现代主权国家的诞生地，各国在经历“三十年战争”后，试图止戈向和，并在威斯特伐利亚签订合约，建立了威斯特伐利亚国际体系和相应的国际秩序。其后随着西方国家向外拓张以及相互关系的变化，在威斯特伐利亚体系和秩序的基础上，还相继建立了维也纳体系和秩序、凡尔赛—华盛顿体系和秩序、雅尔塔体系和秩序。

### （一）古代的世界秩序

在主权国家成为世界政治主要行为体之前，无论西方还是东方的政治秩序都主要表现为帝国统治。帝国在其所统治的地域范围（它认知中的“世界”）内进行统治管辖，形成了相应的国际体系。古代帝国秩序由于所处的时代决定了它们的统治模式具有某些相同的特征，同时又由于地域文化的缘故也使得不同的帝国具有不同的特点，在治理方式上也存在诸多不同。[①] 比较典型的古代帝国模式有三个，即中华帝国模式、罗马帝国模

① 参见尚伟：《世界秩序的演变与重建》，中国社会科学出版社2009年版。

式、阿拉伯帝国模式。中华帝国建立了以“中国为中心的朝贡制度”。古代中国的世界秩序观呈现出的不是相互竞争的主权国家之间的平衡，而是每一个小国和中国都有某种附属的关系，其他小国不能够与中国平起平坐。其他国家的国王要接受中国皇帝的册封并向其纳贡，而中国也对小国承担了相应的义务。罗马帝国秩序在古代欧洲地区特别具有代表性。罗马帝国是古代中世纪帝国中统治时间较长的帝国，它融汇了欧亚诸多古典文明，在帝国内形成了独特的罗马文明，其政治、经济、文化对世界产生了极大的影响。阿拉伯帝国是伴随着伊斯兰教的产生及发展传播而产生和强大起来的，其后随着不断征战攻伐，建立起横跨欧亚非三大洲的大帝国。伊斯兰教是阿拉伯帝国用以维持统治的重要思想和精神支柱。

1. 中华帝国秩序

自公元前200多年中国统一为单一的政治实体，直至清朝末年，中国自居“世界秩序”的一个中心，在东亚形成独具特色的“华夷秩序”。根据这一传统观念，古代中国认为自己是世界上唯一的主权行为体。皇帝统治世间万物，管辖的不单是它治下的“中国”这个文明国家，而是天下。中国是天下文明昌盛的中心，是启发教化其他地方人民的“中央王国”。①

中国与周边以及与一般“非中国人”的关系，都带有中国中心主义和中国优越感的色彩。中国往往认为，外交就是向外示范中国国内制度与政治秩序。因此，中国的外交关系也像中国社会一样是不平等的。久而久之，便在东亚形成一个独具特点的东亚秩序，或者更准确地称为“中国的秩序”。

以中国为中心的、等级制的中国外交关系，可以分为如下几个圈：（1）汉文化圈。由几个最邻近且文化相同的属国组成，如朝鲜、越南等。（2）内亚圈。由亚洲内陆游牧或半游牧民族等属国或从属部落构成，它们不仅在种族和文化上异于中国，而且处于中国文化区以外或边缘位置。（3）外围圈。一般指远隔重洋的外夷，如东南亚国家、南亚国家，以及

① 参见〔美〕基辛格：《世界秩序》，胡利平等译，中信出版集团2015年版。

欧洲等。[①] 在华夷体系内，所有中国以外的国家和民族，理论上都应向“中央之国”的天子进行朝贡。

2. 罗马帝国秩序

罗马帝国是古代中世纪欧洲帝国中统治时间较长，政治、经济、文化都比较发达的政治体系，创造了辉煌灿烂的罗马文明。罗马帝国是公元前由屋大维在罗马共和国的基础上建立的，存世约五百余年。从发展成长的角度划分，罗马帝国大约经历了三个时期：首先是屋大维统治时期，在创立帝制方面承前启后，具有突出作用；其次是帝国初期，帝国文化处于繁荣全盛阶段；最后为帝国的危机与衰亡时期。

经过不断的发展、巩固，罗马帝国形成了比较完备、成熟的帝国秩序。这个秩序的主要内容包括如下几个方面：罗马帝国建立了强大的，以皇帝为首的中央集权制，皇帝是国家政治权力的唯一中心，集政权、军权、法权于一身；皇帝拥有强大的军队，军队是皇帝权威的重要源泉，对内镇压奴隶及平民的反抗，对外开疆拓土；在帝国内部，实行等级分明的统治，从权力中心的皇帝，到特权享有者的贵族，至具有公民权的平民，底层是受剥削的奴隶阶级。[②]

3. 阿拉伯帝国秩序

公元 7 世纪左右，伊斯兰教开始在阿拉伯半岛迅速传播。当时跨欧亚非地区的拜占庭帝国（东罗马帝国）和波斯帝国都已衰落，穆罕默德及其信徒组建了一支队伍，统一了阿拉伯半岛。公元 632 年，穆罕默德去世，此后的 100 多年间，阿拉伯人的大军把这一新的宗教先后传播到了整个西亚、中亚和北非，以及西班牙大部分地区及南亚、东南亚部分地区。

伊斯兰教在三个大陆迅速发展，使人们更加相信其肩负的神圣使命。在坚信自己的扩展有助于实现人类和平的理念驱动下，伊斯兰教在表现为一种宗教的同时，还形成了一个多族群的超国家组织和一种新的“世界秩序”。伊斯兰教控制的地区，被视为一个单一的政治单元，由哈里发统

---

① 参见〔美〕费正清：《中国的世界秩序：传统中国的对外关系》，杜继东译，中国社会科学出版社 2010 年版。

② 参见尚伟：《世界秩序的演变与重建》，中国社会科学出版社 2009 年版。

治，被称为“伊斯兰之家”。“伊斯兰之家”以外的地区是“征伐之地”。伊斯兰教的使命是把“征伐”地区纳入自己的世界秩序。

伊斯兰教的“世界秩序”有其自身特征：政教合一，最高统治者哈里发也是宗教领袖，集教权、军权、政权于一身；军队在哈里发的统一指挥下南征北战；阿拉伯帝国实行土地国有政策，伊斯兰教信徒认为土地归属于安拉，只有安拉的使者——先知和他的继承人才有权继承和分配土地；阿拉伯帝国以伊斯兰教为依托，推行帝国外交并发动对外战争，对外征战打着真主安拉的旗号，对胜利者实行物质和精神奖励。[①]

### （二）近现代的世界秩序

现行世界秩序源于欧洲，起初只是适用于欧洲的国际秩序，随着欧洲之外的国家不断加入这个秩序，它才升级为世界秩序。

1. 威斯特伐利亚秩序

现行世界体系和秩序开端于威斯特伐利亚体系和秩序。现行世界体系的最基本要素——主权国家为基本行为主体——就缘起于威斯特伐利亚体系。虽然现行世界体系已经同威斯特伐利亚体系有很大区别，但是主权国家为基本行为主体这一点并没有改变。

催生威斯特伐利亚体系的是欧洲“三十年战争”。1618 年，欧洲发生了一场大混战，持续了 30 年。战争的起因是统治着德意志地区的神圣罗马帝国内部基督教两大教派——天主教和新教——之间的矛盾激化，各邦国结成了天主教联盟和新教联盟。神圣罗马帝国之外的国家出于本国利益，或支持新教联盟，或支持天主教联盟。宗教信仰之争与王朝现实利益纠缠在一起。几乎所有欧洲重要国家和势力都卷入了这场战争，双方都损失惨重，新教联盟略占优势，最后是天主教联盟求和，在德意志北部的威斯特伐利亚举行了和谈会议。和会于 1644 年开始，历经四年，于 1648 年 10 月 24 日正式签订了《威斯特伐利亚和约》（以下简称《和约》）。

《和约》除了明确一些领土的归属、新教诸教派的地位等内容，最重

① 参见尚伟：《世界秩序的演变与重建》，中国社会科学出版社 2009 年版。

要的一条就是规定：每个神圣罗马帝国的邦国都享有主权，可以独立地从事对外交往，包括宣战和媾和。此外，还明确了荷兰和瑞士是独立国家，不再属于西班牙或神圣罗马帝国。这些内容后来被不断发扬光大，逐渐演变成了国家主权原则。这一点在国际关系史上意义重大。此前，所谓的“国家”，主权是不明确的。那些帝国、王朝、邦国，可以无限地扩张管辖范围；“国家”之间的所谓“边界”可以随时改变。各“国”为了争夺领土、财富，不断地发动战争。征服与被征服是欧洲国际关系的常态。此外，宗教在欧洲的政治生活中占有十分重要的地位，神权与皇权经常发生冲突。而此后，在欧洲，世俗的权力得到加强，特别是国家的领土相对地固定下来了。法理上，各国在领土主权及其他主权上是平等的，应当相互尊重。如果发生一国侵犯别国领土之类的涉及主权的事情，就是违反了“国际法”。据此，学者们将1648年定为现代国际关系的开端，而此前的国际关系则是“前现代国际关系”。从国际秩序的角度来看，与威斯特伐利亚体系相适应的国际秩序是规范主权国家之间关系的秩序，主权原则是这个秩序的核心内容。

当然，在签订《威斯特伐利亚和约》的时代，主权原则仅限于欧洲，更确切地说是限于欧洲大国及部分小国。已经盛行了100多年的殖民主义仍在继续，广大的殖民地并没有主权。就是在欧洲，也经常上演小国被瓜分的剧目，比如波兰就三次被周围的三个大国瓜分。在殖民主义、帝国主义和强权政治时代，国家主权原则不可能被有效践行。随着人类文明的进步和国际体系的演进，对国家主权原则的实践也在不断地改善，尤其是联合国成立之后的70多年来，大国损害小国主权的事情虽然还时有发生，但那种公然侵占、分割别国领土的恶性事例趋于减少。众多的小国并不会因为贫弱就随意挨打。

威斯特伐利亚体系虽然后来被其他国际体系取代，但是它所确立的国家主权原则却延续下来，成了现行世界体系的基石。虽然在全球化大潮及区域一体化的冲击下，国家主权不断受到侵蚀；与此同时，各种非国家行为体越来越活跃，影响也趋于增大，但是主权国家作为世界体系基本行为主体的状况并无本质变化。所有国家都将主权视为最根本、最核心的国家利益，尤其是领土主权。当今世界面临的诸多问题，无论是战争与和平，还是发展与治理，抛开主权国家，都无从谈起。非常值得注意的一个现象是，当那些最早实施主权原则的西方国家提出“人权高于主权”时，广大发展中国家都坚决反对这种“修正主义”行径。主权原则这个西方发明的东西，经过数百年的传播，不仅适用到全球，而且非西方国家反倒比西方国家更坚守这个原则。

2. 维也纳秩序

维也纳体系是继威斯特伐利亚体系之后公认的第二个国际体系，于是也就有了相应国际秩序。维也纳秩序的最主要贡献是形成了大国协调机制，之后欧洲出现了较长时间的总体和平局面。

威斯特伐利亚秩序确立了国家主权原则，从此，各国在处理对外关系时主要考虑的是国家利益，而不再是宗教信仰。战争依然是欧洲政治舞台上的家常便饭，只不过是战争的目的改变了而已。爆发于1789年的法国大革命和之后的拿破仑战争打破了原有的大国力量均势状态并终结了威斯特伐利亚体系。与此同时，思想观念之争再一次成了左右欧洲国际关系的主要因素之一。法国资产阶级革命本是法国内部事务，但却遭到欧洲封建君主国的联合围攻。欧洲各封建君主国加上保守主义影响下的资本主义英国组成了七次反法联盟，同法国进行了长达20多年的战争。除了奥斯曼帝国，欧洲主要国家都卷入这场大战。军事强人拿破仑统治法国后，在反击反法联盟进攻的同时，通过武力横扫了欧洲的封建制度，将资本主义理念和制度向欧洲各国推广。与此同时，随着拿破仑帝国的建立和扩张，许多国家的领土主权被拿破仑帝国剥夺。最后，法国终因国力不支，一国难敌数国，拿破仑战败，帝国也随之灭亡，复辟的波旁王朝被迫接受和谈。

和会于1814年9月至1815年6月在奥地利首都维也纳举行，史称维也纳会议。和会通过的最主要文件是《最后议定书》，其核心内容有两条：一是在法国以及被拿破仑占领过的国家恢复旧王朝的统治，二是恢复拿破仑战争之前的欧洲国家领土状况。欧洲在封建主义复辟的基础上恢复了秩序。一个新的国际体系和秩序形成。

从社会进步的角度说，维也纳体系是“反动的”。法国资产阶级革命的成果都被这个体系破坏，“旧秩序”得以恢复。特别是在这个体系基础上形成的由俄国、奥地利、普鲁士三国君主发起，欧洲绝大多数国家都加入了的“神圣同盟”成了维持封建专制制度的坚强堡垒。当然，历史潮流是不可阻挡的，在一波又一波资产阶级革命浪潮，特别是1848年席卷欧洲大陆的革命浪潮的冲击下，封建专制制度在欧洲逐渐退出历史舞台，“神圣同盟”也名存实亡。

从国际秩序的角度来看，维也纳秩序却是有重要贡献的，因为它开创了大国协调机制，也称欧洲协调机制。主导维也纳和会的四个大国——英、俄、奥、普——在维也纳会议结束数月后签订了《四国同盟条约》，核心内容是：为了维持欧洲和平（当然首先是为了本国的安定和繁荣），缔约国要定期召开会议。该条约有效期为20年。四国同盟起初主要是针对法国，防止法国再起。后来随着法国同各国关系的改善，法国也加入进来，四国同盟变成了五国同盟。于是，欧洲五个大国便定期举行会议，协商欧洲事务。从战争与和平的角度来看，这个机制确实起到了相当大的作用，以至于西方学者称此后100年的欧洲国际关系为“黄金时期”，类似于“三十年战争”或拿破仑战争那样的大战没有出现。不过，这个欧洲协调机制毕竟是大国竞争的产物，随着大国力量对比的变化，大国协调机制逐渐失效。伴随着克里米亚战争、德国统一战争和普法战争等局部战争的爆发，五国联盟不复存在。特别是德国统一后强势崛起，欧洲的多极格局逐渐解体。第一次世界大战爆发正式宣告维也纳体系终结。

维也纳秩序的大国协调机制为国际关系演进和国际秩序构建提供了新内容，后来的国际联盟和联合国，从某种程度上说是借鉴了这一点。不过，从“大历史”的角度来看，大国协调并非欧洲的独创。中国早在周代就出现了“春秋五霸”，定期举行“会盟”。只是秦统一中国后，华夏大地上的政治文化发生了重大变化，“大一统”成了追求的目标，如此，“大国协调”也就失去了存在的基础。而欧洲则在“主权原则”指导下，形成了众多的主权国家或民族国家，因此需要大国协调来维护欧洲国际秩序。

3. 凡尔赛—华盛顿秩序

凡尔赛—华盛顿体系是第一次世界大战后建立的国际体系。由于是两个国际会议（巴黎和会与华盛顿会议）的内容共同构成了这个体系，所以用两个会议的举办地来命名。同其他几个国际体系相比较，这个体系只存活了不到 20 年，是个短命的体系。

第一次世界大战是帝国主义国家之间争夺势力范围的战争，也是德国崛起后英法同德国争夺欧洲霸权的战争。虽然战争主战场在欧洲，但参战国和有关战事已不限于欧洲，所以是一次世界范围的大战。战争持续 4 年多，有 31 个国家参战，15 亿人（占当时世界人口的 3/4）卷入。战争无疑是一场史无前例的浩劫，但客观上也促进了人类历史的进步：四个欧洲帝国——德意志、俄罗斯、奥匈、奥斯曼——寿终正寝；民族解放运动迎来新的高潮；特别是在战争中爆发了俄国十月革命，随之诞生了第一个社会主义国家，从而开辟了人类历史的新纪元，也使国际关系增添了新的内容。列宁倡导的和平外交对国际关系产生了深远的影响。资本主义与社会主义两种意识形态和社会制度之争从此成为国际关系中挥之不去的因素。从国际体系和秩序的角度说，美国和日本加入列强行列，国际体系和秩序已不限于欧洲，世界体系和秩序开始形成。

1919 年 1 月 18 日至 6 月 28 日，27 个战胜国在法国巴黎凡尔赛宫举行和会，宗旨是安排战后世界秩序。会议签署了一系列条约，其中最为重要的是《凡尔赛和约》。和约的主要内容一是建立国际联盟，二是对德和约。由于美国国会没有批准《凡尔赛和约》，而已经成为世界第一经济强国的美国又不甘心置身于世界体系之外，于是美国召集了华盛顿会议，商议远东国际秩序和海军军备等问题。会议于 1921 年 11 月 12 日至 1922 年 2 月 6 日举行，美、英、法、意、日、比、葡、荷、中九国派代表团参会，形成了多个文件。其中《关于限制海军军备条约》规定美英日法意五国主力舰总吨位比例为 5:5:3:1. 75:1. 75。美国的海军实力地位得到确认。

凡尔赛—华盛顿体系是列强重新瓜分世界的体系。中国在巴黎和会上没有受到公正的待遇，引发五四运动，迫使中国代表拒绝签署《凡尔赛和约》。华盛顿会议通过的《九国公约》主要是解决列强在华利益问题，中国的许多关切如山东问题、“二十一条”问题都未解决。当然，公约写入“尊重中国之主权与独立及领土与行政之完整”，对抑制日本独霸中国的野心起到了一定的作用，也为之后中国收回在山东的权益创造了条件。

凡尔赛—华盛顿体系和相应的秩序在维护和平上非常失败。国际联盟（简称国联）是美国总统威尔逊设计的，充满理想主义色彩。国联成立后，由于受孤立主义影响的美国未加入，德国和苏联在很长时间内也不是其成员，所以它实际上是在英法的操控之下，代表性大打折扣。此外，国联的制度设计也使得它难以约束日本等列强的侵略行为。尤其是对德国的惩罚过于苛刻，激起德国的强烈反弹，刺激了民粹主义和极端民族主义在德国的泛滥，法西斯主义乘势而起，从而为新的世界大战爆发埋下种子。特别值得一提的是美国在这个体系形成后的作用。“一战”后美国的综合实力已经大大超过英国，成为世界头号强国，但是却不愿意承担应有的大国责任，从而使世界陷入“金德尔伯格陷阱”。这也是凡尔赛—华盛顿体系如此短命的重要原因之一。

当然，凡尔赛—华盛顿体系和秩序并非一无是处。建立国联是通过国际制度来维护世界和平，实行集体安全的一个尝试，德国和苏联也一度加入了国联，大国协调机制原本有希望形成。虽然国联未能阻止第二次世界大战爆发，但是却给后来建立联合国提供了极有价值的经验教训。此外，国联在抵制侵略上也做了一些工作，比如日本占领中国东北后，国联就组织了李顿调查团，虽然对抑制日本侵华没有起到实质性的作用，但是《李顿调查团报告书》重申不承认伪满洲国，日本为抗议该报告书宣布退出国联，这使日本侵华行为在国际道义上处于被动地位。国联虽然未能有效维护世界和平，但是其维护世界和平的宗旨是值得肯定的，至少在弱肉强食的强权政治盛行的时代，国联所秉持的理念是对强权政治的一种否定。

4. 雅尔塔秩序

雅尔塔体系是继威斯特伐利亚体系、维也纳体系、凡尔赛—华盛顿体系之后第四个用地名命名的国际（世界）体系，其后至今尚无以地名命名的国际体系出现。同前三个体系相比，学界对雅尔塔体系的认识争议颇多，有褒有贬，有人说它在苏联解体后便瓦解，也有人说目前的世界体系仍然是雅尔塔体系。之所以如此，正是因为雅尔塔体系确实存在着两面性：一方面，它跟之前的三个国际（世界）体系一样，是大国强权政治的产物，如此就存在着不公正、不合理性，也不可能长期而有效地维护世界和平；另一方面，它为联合国创建打下了基础，而联合国是国际关系史上的创举，是世界体系和秩序带有质变性的飞跃。

所谓雅尔塔体系，就是雅尔塔会议上所确立的“二战”后世界政治格局和秩序。在雅尔塔会议前后，还有三次重要的国际会议，即开罗会议、德黑兰会议和波茨坦会议，会议的主角除了开罗会议是美、英、中三国首脑，其余几次都是美、英、苏三国首脑。四次会议对协调反法西斯阵营大国的行动，加快打败法西斯阵营的进程发挥了重要作用，也都对战后的国际事务有所安排，但是唯独用“雅尔塔”来命名战后的世界体系，这表明，相比之下，雅尔塔会议的内容更为重要，对战后世界的走向更具有指导意义。

参加雅尔塔会议的是美、英、苏三国首脑。三巨头经过协商便决定了战后许多涉及他国重大利益的问题。比如“远东问题”，就以牺牲中国的利益来换取苏联在欧洲战事结束后出兵中国东北，对日本关东军作战。在欧洲事务中更是这样，美英与苏联甚至私下划定了双方在欧洲的势力范围。这种做法跟以往几个国际（世界）体系形成时列强的行径没有什么两样。以往的几个体系形成时，虽然也都有维护世界和平的初衷，但实际上未能有效防止战争。之所以这样，就是因为参与形成相关体系和秩序的大国都奉行强权政治，希望利用国际规则来约束他国，尤其是战略竞争对手。所以，一旦形成该体系时存在的大国力量平衡被打破，这个体系也就难以为继了。雅尔塔体系也是这样。“二战”结束不久，美英便与苏联走向冷战对抗，持续 40 多年，最后是美英“不战而胜”，苏联解体。从这个角度说，雅尔塔体系随着苏联解体而终结之说不无道理。

不过，同之前的三个体系相比较，雅尔塔体系还有另外一面，就是联合国和以之为核心的世界政治秩序。这个秩序并未随着苏联解体而消亡。从这个意义上说，雅尔塔体系还健在，被公认并有固定名称的新体系并未出现。其实，苏联解体只是终结了雅尔塔体系的一个局部内容，即两极对抗格局，而体系中的世界秩序并没有终结。出现这种世界格局与世界秩序相分离的局面，主要是因为两极格局是以和平的方式结束的，而这又同联合国秩序的存在有着密切关系。正是由于联合国秩序的存在，再加上核武器所带来的核毁灭威胁，和平与发展才逐渐成为时代主题，美苏两大政治军事集团才没有将冷战升级为热战。

从构建世界秩序的角度说，雅尔塔体系创建了一个双重复合秩序。一方面是以联合国为核心的秩序，这是适用于全球的大秩序，而且涉及范围十分广泛，几乎人类生活关涉的所有问题都在其中；另一方面是大国竞争的传统秩序，或者说是强权秩序，主要关涉大国关系以及战争与和平问题。两个秩序奉行的原则是不同的：联合国秩序的基本原则是主权平等；而强权秩序则是一个等级秩序，在美苏两大政治军事集团内部，各国的地位是不平等的。强权秩序的等级原则只适用于本集团的国际秩序。两大集团都致力于主导世界秩序，它们之间的竞争对世界秩序产生了深刻影响，使得联合国秩序的作用受到严重制约。这个双重秩序相互交织、相互制约。两极格局解体后，两个秩序都依然存在，只是强权秩序由美苏两个强权变成了美国一个强权。美国试图打造它所主导的单极世界，让联合国秩序服从于强权秩序，而中国、俄罗斯等新兴大国以及部分西方国家则主张多极化并维护联合国秩序。两种秩序的博弈构成了当今世界政治的重要内容。

## 三、当代世界政治秩序的主要特征与发展趋势

随着世界格局的变化，世界秩序的变革也摆到了国际社会面前。从一定意义上说，世界秩序如何变革是关系到和平与发展大局和人类前途命运的根本性问题。

### （一）两种秩序博弈是当今世界秩序的主要特征

冷战结束后，美国一直致力于打造一个以单极霸权为基础的世界新秩序，在这个新秩序中联合国只是一个比较次要的组成部分。但是，世界格局并未按照美国的意愿演进，多极化成为大趋势。以中国、俄罗斯为代表的多极力量主张维护并加强联合国秩序。如此，在世界秩序的演进过程中，展现出了双重秩序并存的图景。联合国秩序和美国强权秩序相互交织、相互作用、相互制约并进行着激烈的博弈是后冷战时代世界秩序的主要特征。

一方面，以联合国为核心的世界秩序在曲折中前行。第二次世界大战结束后，以联合国等多边机制（主要是国际货币基金组织、世界银行、关贸总协定/世界贸易组织）的诞生为标志，国际制度一改过去几百年可有可无的状态，作用日益明显。特别是冷战结束后，联合国的地位进一步提升，得到大多数国家拥护的国际多边机制更加活跃。联合国是最具影响力的全球性多边机制，目前有 193 个成员国，在《联合国宪章》宗旨的基础上和平共处。联合国成立后，在人类面临的一系列重大问题上采取了积极行动，具体涉及和平、发展、人权、裁军、核扩散、恐怖主义、气候变化、自然灾害、生态环境、粮食安全、公共卫生、教育、科学、文物保护等。各会员国一律平等，以联合国为平台，通过联合国大会、安全理事会、经济及社会理事会、人权理事会等机构表达自己的观点，寻求国际合作。联合国致力于促进各政府机构之间的对话、协商，推动各国达成协议，是各国携手解决棘手问题的有效机制。联合国在防止核武器及生化武器扩散、促进全球共同发展、抑制气候变化、应对重大公共卫生危机等重大问题上具有不可替代的作用。

冷战结束后，虽然个别大国为了本国私利不时地干扰以联合国为核心的国际多边机制运作，但由于国际多边机制符合世界绝大多数国家的利益，其在国际事务中的重要性不降反升，覆盖面也不断扩大，从传统高政治领域扩展至低政治领域。例如，在气候变化领域，1992 年联合国政府间谈判委员会就气候变化问题达成《联合国气候变化框架公约》，1994 年正式生效。《联合国气候变化框架公约》是世界上第一个为全面控制二氧化碳等温室气体排放，应对全球气候变暖对人类造成不利影响的公约，也是国际社会进行气候变化合作的平台。围绕气候变化问题，世界各国先后参与《京都议定书》《巴黎气候协定》等文件的磋商和签署。

联合国框架下的世界贸易组织、国际货币基金组织和世界银行构成了当代世界经济秩序的主要载体，是全球经济治理的最重要机构。它们对促进世界共同发展，应对经济危机、金融危机发挥了重要作用。

除了联合国，还有一些国际组织和机制，对维护世界和平、促进共同发展也发挥了重要作用，可谓是联合国秩序的重要补充。其中最有影响力的是二十国集团。2008 年国际金融危机爆发后，当年 11 月，二十国集团在美国华盛顿召开第一次领导人峰会。2009 年举办的匹兹堡峰会明确将二十国集团确定为国际多边经济合作的主要平台。二十国集团成员涵盖面广，兼顾了主要发达国家和发展中国家以及不同地域的平衡，人口占全球的 2/3，国内生产总值占全球的 86%。二十国集团几乎每年都举行一次峰会，参会国领导人重点探讨全球重大金融热点问题以及国际经济秩序问题，为推动国际金融体系改革作出积极贡献。

除了全球性国际组织，欧洲联盟、非洲联盟、东南亚国家联盟、上海合作组织、亚太经合组织等非对抗性的区域国际组织也是世界秩序的补充。这些区域组织成员国之间不断加强经济、安全等领域合作，有利于促进地区发展、维护地区和平与稳定。尽管主权国家仍是当代世界政治的最基本行为体，但加强区域多边合作，协商解决边界争端等地区热点问题已经成为一个趋势。

中国支持“二战”后建立起来的以联合国为核心的世界秩序，认为联合国秉持的国家之间平等相处的基本原则赋予了它世界公认的合法性。[①] 冷战结束后，中国更加积极地融入以联合国为核心的当代世界秩序。中国加入世界贸易组织，是中国在国际经贸领域由受动者逐步向重要角色转换的里程碑。国际金融危机爆发后，相关各方对中国重要地位与作

① 参见傅莹：《看世界》，中信出版集团 2018 年版。

用的强调，表明中国在塑造当代世界秩序方面作用更加突出。

另外，美国努力打造单极霸权秩序，虽前景无望，但不会轻易放弃。冷战结束后，美国成为世界上唯一超级大国。美国凭借其强大的经济、科技、军事实力和同盟体系，谋求世界霸权，力图建立以美国为领导的单极霸权秩序，将已经存在着的自由主义世界秩序推广到全球。美国的努力在20世纪90年代颇有成效。当时苏联刚解体，欧洲还未走出冷战阴霾，新兴大国在实力上远逊于西方国家，体系内其他国家与美国的实力差距明显，无力制约美国的霸权行为。①

1991年初，美国率领多国部队，以解放被伊拉克吞并的科威特为名发动海湾战争，迅速取得胜利，展示了美国超强的军事实力和政治号召力。随后，美国踌躇满志地开始规划新的世界秩序蓝图。1991年4月，老布什总统在马克斯韦尔军事基地阐述了美国的“世界新秩序”。主要内容有：（1）强调美国的领导作用。“在世界各国中，只有美国同时具有道义上的声望，也具有维持这一声望的物质力量”。美国凭借自己的“重任”及强大实力，已成为世界各国人民追求自由民主的“灯塔”。②（2）加强同盟友的伙伴关系。冷战后美国作为西方国家“保护伞”的作用有所减弱，德国和日本的崛起对美国的领导地位形成非常大的挑战。不过，美国的决策者非常清楚，美国离不开西方盟国的合作，老布什政府特别强调，美国对外政策的第一优先点仍然是加强与盟国的团结。“我们安全的稳定基础将继续是同与我们有共同的基本道义观和政治价值观以及安全利益的民族作出共同努力。”③（3）对全球关键区域进行必要的干预。海湾战争大大增强了美国的战略自信，促使其加速全球战略的转型。东欧剧变后，美国国内孤立主义者曾提出美国已经完成了遏制共产主义的任务，应该转向国内问题，但伊拉克入侵科威特重新燃起美国的雄心壮志。尤其是美国国内的新干涉主义者认为美国应该在解决国内问题的同时，给予地区冲突和全球问题更多重视。只要潜在的威胁存在，美国就要保持足够的警惕性。今

① 参见秦亚青：《世界秩序刍议》，《世界经济与政治》2017年第6期。

② 刘德斌主编：《国际关系史》，高等教育出版社2003年版，第510页。

③ 同②，第511页。

后必要时，美国仍须像处理海湾危机那样，运用政治、外交、军事等手段对世界任何地区的危机进行干预。干预本身不是坏事，关键是干预要做得合情合理合法。[①] 总之，老布什政府的世界新秩序是冷战后美国精心设计的世界政治蓝图，核心是美国在世界事务中的领导地位，目的是建立一个符合美国利益的“稳定和安全的世界”，实质就是建立美国单极霸权秩序。

美国打造单极霸权秩序的努力在冷战结束后的最初十余年进展明显。美国学者克劳塞默甚至把美国的特殊地位表述为“美国治下的和平”。[②] 随着美国对外干涉行为的成功，美国的战略自信不断增强，同时也更加无视联合国秩序。1991 年打海湾战争，美国还需要打着联合国的旗号，纠集多国部队；1993 年处理波黑危机时美国还犹豫，甚至认为那属于欧洲人需要解决的问题；1999 年轰炸南斯拉夫联盟，美国已不再需要联合国的旗号，只需北约盟国配合。[③] 2001 年“9・11”事件后，以美国为首的北约联军发动阿富汗战争，并一举推翻塔利班政权。由于恐怖主义遭到世界各国的反对，以反恐为名的阿富汗战争几乎没有引起国际社会的反对。美国对世界的掌控能力达到顶点，单极霸权秩序似乎已经到来。然而，好景不长。2003 年发动伊拉克战争是美国谋求单极霸权的极端之举，盟友中只有英国直接参战，完全不顾联合国宪章和国际关系准则以及其他大国的反对。这场战争，美国虽然顺利取得了军事上胜利，但遭到政治上的失败，美国的国际形象严重受损，同盟体系也受到冲击。

物极必反。美国的霸权主义行径越来越遭到世界各国的反对和抵制，美国最终也发现单独用武力解决国际反恐和其他复杂的全球性问题的难度越来越大。尤其是 2008 年国际金融危机爆发后，各种迹象表明美国主导的世界政治和经济秩序面临严重问题，它无法解决各种难题。

特别是在新兴经济体群体性崛起映衬下，美国相对实力地位明显下

---

① 参见倪世雄：《当代西方国际关系理论》，复旦大学出版社 2009 年版。

② 〔加〕阿米塔・阿查亚：《美国世界秩序的终结》，袁正清等译，上海人民出版社 2017 年版，第 21 页。

③ 参见刘德斌主编：《国际关系史》，高等教育出版社 2003 年版。

降，塑造世界秩序的能力大为减弱。虽然，美国作为全球唯一超级大国的地位在未来一段时间内不会改变。就国家资源禀赋而言，美国国力也还未走到尽头，它拥有得天独厚的自然资源和地理位置，加之移民社会和人才优势、法制精神等，决定了它仍有巨大的发展潜力。① 但是，与其他大国和力量中心相比，美国的相对实力趋于下降，在“一超多强”中，“一超更强”的局面很难出现，甚至大有“一超不超”的态势。

美国塑造世界秩序的能力下降主要有以下原因：一是美国领导的作为霸权秩序基础的所谓“自由主义世界秩序”从未真正成为一种全球性的秩序，它主要适用于美国领导的西方国家俱乐部以及受西方影响较大的发展中国家；二是无论美国自身是否在衰落，美国领导的自由主义世界秩序都在受到侵蚀；三是地区和地区秩序在未来世界秩序中的重要性将愈加显现。②

从美国全球战略调整方向来看，自奥巴马政府开始，美国内倾化更加明显。奥巴马政府力图快速结束阿富汗战争、争取国际合作解决伊朗核问题、尽快从大中东地区撤军，以减少美国在国外投入的力度，以期有更多精力和物力专注国内发展。在亚太地区，美国鼓励澳大利亚等盟友承担更多责任。特朗普政府任期内宣布退出《跨太平洋伙伴关系协定》（TPP）和《巴黎气候协定》等诸多国际机制，标志着美国塑造世界秩序的意愿下降。尤其是特朗普政府高举“美国优先”的旗帜，同包括盟友在内的很多国家搞贸易摩擦，大行单边主义和霸凌主义，实质上把自己降格为普通大国，放弃了它在冷战结束后一直追求的“世界领导责任”。拜登政府上台后，努力修补被特朗普政府损害了的自由主义世界秩序，虽有成效，但难如愿。

美国引以为傲的所谓自由主义世界秩序的重要基石就是政治军事同盟体系，尤其是美欧同盟和美日同盟。然而随着形势发展，美欧之间在国际事务上的分歧和矛盾越来越严重。在伊拉克战争中，法国和德国坚决反对

---

① 参见王缉思：《中国未来国际战略环境预测》，重庆出版社 2017 年版。

② 参见〔加〕阿米塔·阿查亚：《“美国世界秩序的终结”与“复合世界”的来临》，《世界经济与政治》2017 年第 6 期。

美国不经联合国授权出兵伊拉克，甚至还同俄罗斯联合起来。特朗普政府上台后强调“美国优先”使大西洋两岸的关系进一步恶化。德国总理默克尔甚至提出：“我们欧洲人必须真的把我们的命运掌握在自己手中。”[①]特朗普政府时期，日本一度在心理上受到巨大冲击。日本担心它在其中扮演重要角色的自由主义世界秩序发生动摇、亚太地区秩序重新“洗牌”，因此安倍政府推出因应举措。安倍认为特朗普政府在国内面临诸多制约因素，难有大作为，日美的需求是相互的，美国也离不开日本。据此，在维持日美同盟框架前提下，为使国家利益最大化，安倍政府力图在可能的范围内实施“战略自主”政策。特别是在中美战略竞争中，安倍政府从早期的全面制衡中国转为理性看待中国发展，重新权衡对美一边倒政策，与美国有所区别地开展对华协调政策。[②]

2022 年爆发的俄乌冲突在一定程度上促进了“大西方”的团结，北约不仅得到巩固，还进一步得到扩大。与此同时，拜登政府还努力打造印太地区的新同盟体系，比如建立美日澳印四边机制和美英澳三国同盟。不过，拜登政府加强同盟体系的努力很难收到预期的成效，因为美国的实力和影响力已今非昔比，拜登政府的政策能否被后任继承也是值得关注的问题。从世界发展大势来看，同盟体系建设不合时代潮流。

总的来看，美国在后冷战时期打造单极霸权世界秩序的努力虽然在初期取得一定成效，但遭遇越来越多的挑战。从发展前景来看，在多极化和非极化大趋势下，单极霸权秩序的前景越来越暗淡。不过，美国凭借其超级大国地位与实力，其打造单极霸权世界秩序的努力不可避免地会对以联合国为核心的世界秩序构成挑战，使其作用受到制约。

### （二）当代世界政治秩序面临两个前景

进入 21 世纪后，东西方之间的力量对比发生了深刻的变化，“东升西降”已呈不可逆转之势。世界格局是世界秩序的基础，世界秩序到了

---

① 丁原洪：《变动中的世界秩序》，《北京日报》2017 年 12 月 26 日。

② 参见吴怀中：《日本谋求“战略自主”：举措、动因与制约》，《国际问题研究》2018 年第 6 期。

必须转型的关头，即由因双重秩序的存在而不够公正合理向着更加公正合理的单一联合国秩序转型。随着非西方国家的不断成长，它们越来越质疑霸权秩序或所谓自由主义世界秩序的公正性合理性，诉求增加它们在世界秩序中的话语权和规则制定权。而以美国为首的一些西方国家却不愿意放弃它们享受了数十年在世界秩序中的优越地位，试图使世界秩序朝着相反的方向转型，重构一个排他性的、仅适用于所谓“自由民主”国家的“新秩序”。如此，所谓自由主义世界秩序就会跟联合国秩序渐行渐远，甚至完全脱离，世界将出现截然对立的两个世界秩序；世界也将因此而分成两个壁垒分明的阵营。可想而知，这样的世界秩序状况肯定不利于和平与发展，也不利于人类文明的进步。

任何重大变革都需要理念指引，以明确方向、目标和路径。世界秩序的转型必然伴随着重构和变革。这关涉世界的和平与发展，关涉全人类的福祉，必须有先进理念指引，为此需要理念创新。

中国在和平崛起进程中一直关注世界秩序问题，愿意为世界秩序进化作贡献。中国的贡献首先体现在理念创新上。中国在世界秩序变革上主要有如下四个方面的主张。

首先，将人类命运共同体作为世界秩序重构的大方向。当今世界是以主权国家为基本行为体，各种民族、文明、意识形态、社会制度和平共存，在全球化大潮下已经高度相互依赖、面临共同挑战、利益与共、命运与共的世界。人类命运共同体是使世界更加美好的构想，致力于建设一个持久和平、普遍安全、共同繁荣、开放包容、清洁美丽的世界。这也应当成为世界秩序重构和变革的大方向。与人类命运共同体相匹配的世界秩序一定是公正合理的。而美西方试图重构的所谓“新秩序”毫无疑义同这个大方向背道而驰。

其次，将人类共同价值作为世界秩序的精神内核。进入21世纪后，美西方试图将它们所定义的自由、民主等自由主义价值观包装成“普世价值”向全球推广。但是，美西方的所谓“普世价值”实际上并不“普世”，而是仅限于西方小圈子内。中国提出和平、发展、公平、正义、民主、自由是全人类共同价值，给国际社会共同建设一个更加美好的世界提供了正确的价值指引，而公正合理的世界秩序正是“更加美好的世界”不可缺少的重要组成部分。人类共同价值包含民主和自由，中国承认它们是人类的共同追求。但是，民主和自由必须适应各国国情，而不是由哪个国家或国家集团来定义并制定标准，甚至强行推广。

再次，将“真正的多边主义”作为世界秩序中各国的行动指针。美西方也强调“多边主义”，但是它们的所谓“多边主义”在实践中仅限于西方内部，具有排他性。中国倡导的多边主义面向全人类，具有开放性、包容性，而且各国地位平等，都应相互尊重。构建公正合理的世界秩序是全人类的共同事业，需要世界各国共同参与，因此，只有在“真正的多边主义”指导下才能构建成功。

最后，将联合国作为世界秩序的首要制度载体。联合国体系和秩序已经存在，而且有效运行，中国要重构的世界秩序并不是抛弃联合国秩序另起炉灶，而是要在已有的联合国秩序基础上重构。

中国的主张符合时代潮流和人类根本利益，应当成为重构、变革世界秩序的指导原则。随着中国等广大非西方国家实力地位的进一步提升，它们会被越来越多的国家认同和支持。

# 第六章

# 当代世界政治中的国际关系

既然主权国家仍然是当代世界政治的基本主体，那么国际关系即国家之间如何打交道自然就是世界政治的重要内容。国际关系走向何方，对世界政治的许多方面，如全球化、时代主题、世界秩序、全球治理、国际法治、国家利益等都有着十分重要的影响，这些方面是进化还是退化，在很大程度上取决于国际关系的状况。

## 一、国际关系的进化历程

《威斯特伐利亚和约》是国际关系史上最重要的和约之一，它确立了近代以来国际关系中最为根本性的内容——主权国家是行为主体，而此前并不存在真正意义上的国际关系，国际舞台上的主要角色是王朝、帝国、城邦、宗教等，所谓“国际关系”是它们之间的关系。因此，《威斯特伐利亚和约》被认为是现代国际关系史的开端。此后，国际关系的发展演变先后经历了同维也纳体系、凡尔赛—华盛顿体系、雅尔塔体系相对应的几个阶段以及可称为“地球村体系”的现阶段。

### （一）威斯特伐利亚体系下的国际关系（1648—1789 年）

《威斯特伐利亚和约》是现代国际关系史的开端，它确立了国家主权、国家平等、国家独立等原则。其中，国家主权原则强化了世俗权力，罗马教皇的神权统治被打破，从此有了真正意义上的国家间关系，即国际关系。不过，国际关系的开启并未让世界远离战争。在《威斯特伐利亚和约》签订后的一百多年中，欧洲战争不断，比如西班牙王位继承战、北方大战、奥地利王位继承战、七年战争。不过，在战争的洗礼中，国际关系也有一定的进化。欧洲各国从自身实力和国家利益出发，采取或结盟或对抗的策略，特别是大国，都力求保持一种力量“均势”状态。1713年签订的《乌得勒支条约》第一次将“均势”以法律条文的形式写进国际条约。“均势”原则在阻止欧洲大国间战争规模进一步扩大和避免对现存秩序破坏方面发挥了一定作用，维持了欧洲国际关系的相对稳定。但也应该看到，均势是欧洲大国操纵的，是建立在对小国、战败国和海外殖民地利益蚕食、分割的基础上，是强权政治的表现。

1789 年爆发的法国大革命终结了欧洲国际关系的相对稳定状态。大革命沉重打击了整个欧洲的君主专制制度，大革命中宣扬的民族主义、主权在民、不干涉别国内政等原则体现了新兴资产阶级对国内政治和国际关系的基本主张，威胁到一些欧洲国家的封建统治、安全、商业利益，于是它们结成反法联盟，欧洲又进入战争状态。随后，拿破仑帝国的扩张一方面将大革命的理念传播到欧洲各地，但另一方面又具有谋求欧洲霸权的性质，破坏了自威斯特伐利亚体系建立以来的欧洲均势。随着拿破仑帝国的崩溃，欧洲在恢复了旧秩序的基础上重建起新的均势。

这一阶段的国际关系还有另外一条线索，即欧洲国家的海外殖民扩张活动和由此而导致的战争。随着新航路的开辟，西欧开始向世界扩张。通过海外贸易、建立殖民地、掠夺资源等方式，西欧逐渐将美洲、非洲、澳洲以及亚洲的部分国家和地区纳入以其为中心的世界殖民体系。欧洲国家间关系也开始影响其海外殖民地，最典型的是英国和法国。英法“七年战争”后，英国为填补其财政亏空，加剧压榨北美殖民地，引发殖民地民众反英浪潮并最终于 1775 年爆发北美独立战争。美国利用英法矛盾争取到法国的支持，为它最终独立创造了有利条件，国际关系开始从欧洲走向世界，不过，欧洲仍然是国际关系的中心舞台。

总的来看，威斯特伐利亚体系下的国际关系所遵循的国家主权原则奠定了近现代国际关系的基石。尽管欧洲大国之间依然有战争爆发，但大都是为国家利益而战，不再像中世纪那样为神权或王权等而战。后来确立的大国均势原则在一定程度上维持了欧洲国际关系的稳定，是国际关系的一种进化。此外，《威斯特伐利亚和约》对战俘、信仰等人权问题都给予关注，是近代国际法的实际源头。

### （二）维也纳体系下的国际关系（1815—1914年）

维也纳体系建立后，逐渐形成了由英俄奥普法五大国参加的“欧洲协调”（Concert of Europe）机制，在这一体制下，欧洲大国通过召开国际会议对涉及各国共同利益的事项和应对突发事件进行政策沟通与协调，以缓和各国矛盾和采取相应措施，客观上使欧洲在维也纳会议后百年间没有发生过波及所有欧洲大国的战争。这可算是欧洲国际关系的又一次进化。但这种大国协调无法从根本上解决欧洲大国间的矛盾，并且它维持的是欧洲封建王朝秩序，无视法国大革命后广泛传播的民族主义思想和民主愿望，最终走向瓦解。

维也纳体系下的大国竞争远胜于合作，欧洲大国关系不断变化，“欧洲协调”机制也不断遭遇挑战。1853年10月，俄国同英国、法国为争夺在地中海东部地区的霸权爆发战争，主战场在克里米亚半岛，故称克里米亚战争。战争使俄国同英法的关系严重恶化，“欧洲协调”遭受重创。

除了大国关系，欧洲国际关系还有另一个观察视角。受法国大革命激发的民族主义思潮和民主意识的影响，欧洲爆发了1848年革命，这是一场波及范围甚广的欧洲平民与自由主义者对抗君主及贵族体制的政治革命。这次革命对欧洲社会发展带来巨大影响，之后许多国家都走上资本主义道路；同时，这次革命也深刻地影响了欧洲国际关系，许多东欧、南欧国家开始寻求民族解放和独立，有些分裂的民族开始了统一进程。长期以来，俄国—奥地利的“保守主义”外交路线坚持正统主义原则，镇压欧洲各国的革命运动。克里米亚战争后，俄国—奥地利的“保守主义”联盟瓦解。奥地利失去俄国的支持，对欧洲事务的控制力被削弱，再也无力干涉诸如撒丁王国、普鲁士等国的事务，这为撒丁王国、普鲁士分别解决意大利、德国统一问题创造了有利条件。

德国统一并崛起是对维也纳体系的又一次重要冲击。普鲁士主导下的德国统一进程经过一系列战争之后于1871年完成。之后，德国的实力迅速增强，成为欧洲举足轻重的强国。与此同时，法俄奥三国都相对衰落，欧洲大陆自维也纳会议后建立的均势被打破。欧洲大国关系进入了激烈动荡时期。此后，德英法俄奥之间的关系几经变脸，最终形成德奥同盟国和英法俄协约国两大对立的军事集团。

在欧洲大国关系剧变的同时，欧洲之外崛起了两个强国即美国和日本，它们同欧洲各大国的关系以及它们之间的关系也构成了国际关系的重要内容。美国和日本崛起后便加入列强行列，对外殖民扩张并参与瓜分世界的狂潮。1898年，美国取得美西战争的胜利，夺取了西班牙在美洲和亚洲的殖民地；1904年，日本在日俄战争中获胜，夺取了俄国在朝鲜半岛和中国东北的利益。美日作为这两场战争的胜利者，开始成为东亚国际政治舞台上的主角，美日矛盾开始取代英俄矛盾成为这一地区的主要矛盾。

19世纪70年代后，西方资本主义从自由竞争阶段开始向垄断阶段过渡，帝国主义列强掀起瓜分世界的狂潮。亚洲大部分地区沦为殖民地或半殖民地，非洲则被瓜分殆尽。帝国主义列强之间的矛盾因争夺海外殖民地而进一步激化，尤其是崛起的德国同英法之间的矛盾愈加尖锐。

值得一提的是，列强在进行激烈竞争的同时，在共同对付殖民地半殖民地国家的反抗上会团结一致，典型事例就是1900—1901年的“八国联军”侵华战争。从这个角度说，近现代国际关系一直沿着两条线发展：一是大国之间的关系，二是列强同小国弱国特别是殖民地半殖民地国家之间的关系。

总的来看，维也纳体系下的国际关系仍是以大国竞争为主旋律，但是也有进化。除了大国协调，国际合作和国际法也取得了一定的进展。1863年，伤兵救护国际委员会于日内瓦诞生，1880年改称红十字国际委员会。伴随红十字运动的发展，这期间产生了两个日内瓦公约，即1864年的《改善战地武装部队伤者病者境遇的日内瓦公约》（简称《日内瓦第一公约》）和1906年的《改善海上武装部队伤者病者及遇船难者境遇的日内瓦公约》（简称《日内瓦第二公约》）。1894年成立了国际奥林匹克委员会；1896 年在希腊雅典举办了首届奥林匹克运动会；现代奥林匹克运动诞生。

### （三）凡尔赛—华盛顿体系下的国际关系（1919—1939 年）

第一次世界大战深刻影响了国际关系的演变。第一，在大国关系方面，欧洲大国总体实力下降，美日的国际地位提升，世界政治开始取代以欧洲为中心的国际政治。第二，“一战”期间俄国爆发十月革命，建立第一个社会主义国家，开辟了人类历史的新纪元，资本主义与社会主义两种政治制度和意识形态之争为国际关系增添了新的内容。第三，民族解放运动蓬勃展开，殖民体系遭受冲击，殖民地半殖民地国家同宗主国之间的关系在国际关系中的地位上升。这三重关系相互作用，使得国际关系呈现出一个全新的图景。

“一战”后建立的“凡尔赛—华盛顿体系”中的国际关系更加复杂。一是德国和苏联这两个重要国家一度不在体系中，这个体系实际上只是协约国的体系；二是协约国武装干涉苏俄革命，体现了它们对社会主义国家的敌视，随着法西斯主义兴起，在欧洲政治舞台上出现了三股力量（自由资本主义、法西斯主义、社会主义）博弈的局面；三是主导战后世界体系的协约国仍然奉行强权政治，它们无视战败国及其殖民地国家意愿，任意肢解、分割、交换土地，违背民族自决原则，人为建立新的国家，造成民族迁徙、分裂，为之后的民族冲突与战争埋下了隐患；四是美国的实力地位进一步增强，尤其是海军已经达到跟英国平起平坐的地步。

凡尔赛—华盛顿体系在处理大国关系上非常失败。欧洲大国之间的矛盾，主要是英法和德国之间的矛盾不但未解决，反而因为战胜国对德国的苛刻惩罚使德国滋生了强烈的复仇主义，进而为法西斯主义在德国兴起创造了条件，为新的世界大战埋下了种子。此外，美日在亚太地区争夺主导权并展开海军军备竞赛，两国矛盾逐渐激化。与此同时，面对日本军国主义的兴起，美英并未采取有效措施加以抑制，从而导致亚洲战争策源地的形成。

当然，凡尔赛—华盛顿体系下的国际关系也有进化。根据《凡尔赛和约》成立的国际联盟是世界上第一个以维护世界和平为主要目标的国际组织，它试图通过集体安全、军备控制、裁军等机制来预防战争，还以谈判、仲裁的方式平息国家间纷争，这些尝试都为之后成立的联合国提供了经验和借鉴。此外，欧洲各国在寻求实现和平与合作方面也取得一定进展，其中，1924 年制定的为缓解德国战争赔款压力的“道威斯计划”（Dawes Plan）和 1925 年签署的为解决欧洲安全保障问题的《洛迦诺公约》是这一时期最典型两项成就。再者，1929 年产生了《日内瓦第三公约》，即《关于战俘待遇的日内瓦公约》。

随着 1929—1933 年席卷整个资本主义世界的经济危机的到来，凡尔赛—华盛顿体系受到极大冲击。面对经济危机的冲击，一部分资本主义国家建立法西斯独裁体制，实行国民经济军事化，为对外侵略扩张做准备，如德国、日本、意大利；而以美、英、法为代表的自由资本主义国家，主张在民主体制内，通过调节社会矛盾、刺激经济发展来摆脱危机。从 20 世纪 30 年代开始，德意日法西斯开始公开挑战凡尔赛—华盛顿体系：德国于 1935 年公开撕毁凡尔赛和约，意大利于 1936 年侵略埃塞俄比亚，日本先后于 1931 年和 1937 年发动九一八事变和全面侵华战争。面对德意日法西斯的侵略扩张，英法美采取绥靖政策，但是并未能阻止第二次世界大战的爆发。

### （四）雅尔塔体系下的国际关系（1945—1991 年）

第二次世界大战对国际关系影响深远：欧洲在世界政治中的中心地位终结；欧洲大国普遍衰落，美苏变身为超级大国，成为世界舞台上的最重要角色；此外，中国成为联合国创始国和安理会常任理事国，跻身大国行列。

按照雅尔塔体系缔造者的初衷，应当坚持战争期间形成的大国合作关系，然而由于地缘政治和意识形态以及美英同苏联外交互动等方面的原因，美苏两个超级大国走上了冷战对抗的道路。在冷战大背景下，欧洲被纳入美苏各自势力范围，世界其他地区的国际关系也都不同程度地受冷战影响。从 1947 年杜鲁门宣言发表到 1989 年柏林墙倒塌，冷战持续了 42

年。虽然美苏之间没有直接交战，但代理人战争不时发生。尤其是美苏之间的核军备竞赛和常规军备竞赛，达到登峰造极的程度。冷战使世界处于分裂状态，世界人民都生活在第三次世界大战乃至核大战的恐惧之中。虽然1972年美苏签订《限制反弹道导弹系统条约》（简称《反导条约》）后，两国关系有所缓和，但冷战对抗仍然是双边关系的基本面。

美苏之间的冷战是这一阶段国际关系的最主要特征。美苏冷战既是传统的大国之间的权力之争，也是资本主义与社会主义两种意识形态与社会制度之间的竞争与对抗。以美苏为首的东西方两大阵营之间的长期对抗，造成德国、朝鲜的分裂，以及局部战争的频发，是影响战后世界和平与发展的重要因素。不过，在核毁灭、联合国秩序、世界和平与发展时代潮流等因素的作用下，美苏两大阵营都相当克制，在分歧与争端的解决方面，任何一方都不敢轻易诉诸武力，而是以外交、谈判的方式解决，从而避免了第三次世界大战的爆发，创造了冷战期间的“长和平”。

冷战期间的国际关系还有另一条重要线索，即第三世界兴起。“二战”后，民族解放运动掀起高潮，殖民主义土崩瓦解，一大批作为殖民地的亚洲和非洲国家获得民族独立，建立了自己的主权国家。这些国家独立后，多数没有加入冷战对抗的两大阵营，而是奉行独立自主的对外政策。它们逐渐成为一股被称为“第三世界”的重要国际力量，在维护世界和平上发挥了重要作用。值得一提的是，在这轮民族解放运动高潮中，多数国家是通过和平方式获得独立的，独立后同原宗主国保持着较为密切的关系。这是国际关系进化的一个突出表现。

1989年11月9日，象征着冷战对抗的柏林墙被拆除，之后不久，美苏两国首脑宣布结束两国对抗状态，冷战结束。在此前后，许多苏联阵营的东欧国家纷纷改旗易帜，放弃社会主义制度和意识形态，实行西方模式的制度。苏联自己也在进行以西方模式为导向的改革。在改革大潮冲击下，苏联社会的各种矛盾激化，特别是民族矛盾，最终导致苏联于1991年12月26日宣告解体，15个加盟共和国宣布独立，成为15个主权国家。苏联解体后的俄罗斯，综合实力明显下降，已经不再是能同美国匹敌的国际力量，大国关系进入一个新的阶段，雅尔塔体系也随之终结。

与之前的威斯特伐利亚体系、维也纳体系、凡尔赛—华盛顿体系的终结方式不同的是，雅尔塔体系的终结没有经过战争，而是以一种和平的方式完成。这也是国际关系的一种进化。最值得称道的是，在雅尔塔体系下建立并运行的联合国，并没有随着雅尔塔体系的解体而瓦解。联合国已经成为世界绝大多数国家认可的世界秩序的主要载体，对促进国际关系的进化发挥了不可替代的作用。这一时期，国际合作在诸多方面都取得了明显的进步，比如，1949 年产生了《日内瓦第四公约》，即《关于战时保护平民的日内瓦公约》。

### （五）“地球村体系”下的国际关系（1989 年至今）

冷战结束后，大国对抗结束，全球化掀起新一轮高潮，国际关系取得多方面的进化。

苏联在解体前忙于内部改革和稳定，已经无心同美国竞争，其在 1991 年海湾战争中的表现就体现了这一点。在大国对抗结束的同时，全球化迅猛发展，几乎世界所有国家都不同程度地被卷入全球化大潮中，“地球村”时代到来。在上述背景下，国际关系尤其是大国关系也经历了深刻而复杂的变化。

鉴于美国的“一超”地位，其他大国都将发展对美关系置于各自外交的首要地位。从影响上看，美俄、中美、美欧关系最为重要，它们决定着世界局势的走向。

独立后的俄罗斯起初走亲美亲欧的外交路线，试图重新成为欧洲大家庭的成员。从 1991 年起，俄罗斯参加西方“七国集团”的活动，1997 年正式成为这个西方大国俱乐部的成员，于是“七国集团”扩容为“八国集团”。美俄两国在核不扩散等问题上进行了颇有成效的合作。然而，美国并未将俄罗斯视为与自己地位平等的大国，欧洲国家在安全上依然对俄罗斯这个军事大国存有戒心，特别是作为冷战遗产的北约（北大西洋公约组织）不仅并未随着其对手华约（华沙条约组织）的解散而解散，而且还向东扩张，将一些东欧国家以及原苏联加盟共和国吸纳进来。1999 年，北约发动科索沃战争，对亲俄的南斯拉夫联盟实施空中打击，从一定意义上说是在挤压俄罗斯的战略空间。美俄关系处于既竞争又合作的状态。

在冷战后美国的全球战略中，中国既是美国的竞争对手又是合作伙伴。在经贸上，两国关系越来越密切，逐渐成为最重要伙伴之一；在核不扩散、打击恐怖主义等国际事务中，美国需要中国的合作；在地缘政治上，美国将中国视为潜在竞争对手；在意识形态上则比较复杂，美国虽然敌视共产主义，但美国自由派寄希望于通过支持中国的改革开放将中国改造成“自由民主”国家，融入美国主导的世界体系。基于此，接触加遏制是美国主流的对华政策。而中国为了营造一个和平稳定的外部环境，一直积极发展中美关系。所以，中美关系虽然时有危机发生，但总体上向好。

冷战期间欧洲在政治上分裂为西欧和东欧，欧洲最重要的国家之一德国被分裂为西德（德意志联邦共和国）和东德（德意志民主共和国）。冷战结束后，东欧国家都“向西转”，德国也实现了西德主导下的统一。冷战期间，西欧国家在安全上依赖美国，而美国也借冷战之机实施对西欧的控制。不过，随着西欧国家的经济发展，综合实力不断增强，并走上联合之路，欧洲逐渐成为世界政治舞台上的一个力量中心。从欧洲煤钢联营到欧洲经济共同体，再到欧洲联盟，不仅一体化程度越来越高，而且成员国越来越多，涵盖了欧洲绝大多数国家。欧盟成员国多为发达国家，在国际货币体系中，欧元是仅次于美元的第二大货币，欧盟的总体经济实力一度跟美国不相上下。联合并强大起来的欧洲开始努力摆脱美国的控制，但是囿于欧盟缺乏战略能力，在安全上对美国和北约仍然高度依赖。1999 年的科索沃战争，虽然是以北约的名义发动的，但实质上是由美国主导，欧盟国家只是配角。这场战争对欧俄关系造成严重冲击。欧盟作为世界政治舞台上的一个力量中心，在摆脱美国的控制而走向独立自主上还有很长的路要走。

2001 年的“9·11”事件极大改变了国际安全环境，也改变了美国与世界其他主要力量之间的关系。美国在 2002 年的《国家安全战略报告》中明示，美国反恐需要世界主要大国的支持，美国寻求与欧亚盟友、俄罗斯、中国、印度等大国保持良好的合作。大国围绕反恐形成新的利益交汇点，它们之间的某些传统矛盾在一定程度上被淡化，美俄关系以"9·11"事件为契机开始缓和，中美关系也进入一个良性互动、稳定发展阶段。

然而，美国在反恐的同时并未放弃它的霸权战略，而是将反恐与维护霸权有机结合起来。对于俄罗斯，美国通过推动北约东扩、在东欧部署导弹防御体系、在原苏联地区策动"颜色革命"等手段不断挤压它的战略空间，最终导致俄罗斯的反制。美俄关系不断遭受冲击。从根本上讲，美俄从战略目标、国家利益，到意识形态、文化背景都有着根本的、难以克服的矛盾，在相当长的时期内，美俄关系改善的空间有限。2022 年的俄乌冲突，实质上是美俄之间的战略较量。

随着美国反恐形势的好转，美国开始实施战略重心东移，将主要注意力转移到亚太地区。奥巴马政府时期推出"亚太再平衡战略"，将中国作为最主要关注对象，在保持同中国多领域合作的同时，强化同中国的地缘政治竞争。特朗普政府时期确立了大国竞争战略，将中国作为最主要竞争对手，推出"印太战略"，中美在经贸、科技、新冠肺炎疫情、意识形态、人权、台海、南海等诸多领域出现冲突。拜登政府基本上沿袭了对华大国竞争战略。中美关系面临着严峻考验。

"9·11"事件之后的美欧关系虽有起伏，但总体上稳定。伊拉克战争虽然使美欧关系遭受冲击，但是同盟的根基并未动摇，双方的裂痕很快得到修复。特朗普政府时期奉行"美国优先"政策，导致美欧关系退步，但拜登政府纠正了前任的做法，美欧关系回归正常。2022 年的俄乌冲突使得美欧同盟关系进一步加强。美欧之间有着深厚的政治、经济、历史文化和价值观基础，合作是美欧关系的主流。

相较冷战时期两极对抗下的大国关系，冷战结束至今的大国关系已经没有截然的敌我对抗关系。这也促使冷战后国际关系的总体进化，特别是联合国的有效运转，为国际关系进化创造了大环境，绝大多数中小国家之间关系都保持和平稳定。冷战后的局部战争，许多是在大国和中小国家之间进行，中小国家之间的战争明显减少。

## 二、当代国际关系的基本特征

当代国际关系的特征既有传统权力政治下的竞争与冲突，又有相互依赖下的和平与合作，国际关系正经历着深刻的变革。全球化加深了国家间的相互依赖，国际交往的内容从战争与和平的高级政治领域拓展到涵盖经济、社会、文化、科技、教育以及应对全球性问题等低级政治领域，世界日益成为一个密切联系的整体。全球化还大大拓展了国际关系的运行环境，主权国家之间的关系越来越受到国际组织和跨国利益集团等非国家行为主体的影响。总的来说，当代国际关系的特征可以概括为三个方面：竞争中合作是基本形态；国际关系民主化在曲折中发展；传统国际关系中的霸权主义和强权政治依然存在，且根深难除。

### （一）竞争中合作是基本形态

竞争中合作是当代国际关系的基本存在形态和主要特征，除了极少数国家，绝大多数国家之间的关系都是既有竞争、又有合作，而且合作是主要方面。一方面，国际社会要和平、求发展的诉求与愿望是主流，国家之间有着较强的合作动力；另一方面，在当代国际关系中，国家间围绕地缘政治、意识形态、经贸利益等方面的竞争仍然相当激烈，甚至在个别议题上存在着明显的冲突。

国际合作是指国际行为主体之间基于相互利益的基本一致或部分一致，在一定问题领域进行的政策协调行为。国际合作已经成为当代国际关系中不可或缺且越来越重要的内容。从合作的现状来看，随着世界政治的演进和国际关系的进化，各国间存在着基于共同利益和诉求的合作关系。从合作的动力来看，冷战后日益突出的全球性问题单独依靠某一国力量愈加难以应对，全球治理需要国际合作。特别是全球化的深入发展带动投资、贸易、劳务、技术、信息等一系列生产要素向不同国家和地区扩散，世界日益成为一个有机联系的整体；世界各国各民族之间在各领域尤其是经济领域的相互依赖度日益加深，形成了你中有我、我中有你的利益共同体，利益关系与利益矛盾愈加复杂，单纯依靠国家的自律已不能协调和实现利益关系的平衡，国际合作已经成了各国的必然选择。

冷战结束后的国际关系发生了部分质的变化，以和平与发展为目标的合作成为主流。国家间利益冲突得到有效管控，国际合作空间和领域不断拓展，甚至在一些领域，主权分歧可以让位于国际合作。当今的国际合作呈现出两个特征：一是合作内容多样化，既有低政治领域的经贸、环境、社会人文等方面的合作，又有高政治领域的政治、军事、安全合作，形成了全方位、多层次的国际合作体系；二是合作方式多样化，随着全球供应链的日趋复杂，以及跨越主权边界的数字贸易的发展，除了传统的双边合作方式，多边合作、跨地区合作也成为当今国际合作发展的一大趋势。

国际合作更广阔的舞台是各国共同应对全球化带来的全球性问题与挑战。面对诸如恐怖主义、气候变化、金融稳定、网络安全、大规模传染病等全球性问题与挑战，实力再强大的国家也不可能单独应对。国际社会通过对话、沟通、谈判、协商、共同行动等方式应对全球性问题的实践，客观上强化了国家间的合作。此外，各国共同应对全球性问题与挑战的过程本身就是一个基于伙伴关系、平等身份协商合作的过程，也是培育合作理念的过程。比如，在应对 2008 年国际金融危机的过程中，中美两国以及其他大国就进行了卓有成效的合作。

在合作成为国际关系主流的同时，保障国家间合作的国际机制和国际组织不断完善。国际机制最早由约翰·鲁杰（John Ruggie）提出，之后由斯蒂芬·D. 克拉斯纳（Stephen D. Krasner）给出概念界定，它是指“一系列隐含或明示的原则、规范、规则和决策程序，它们聚集在某个国际关系领域内，行为体围绕它们形成相互预期”①。国际机制通过提供公共产品、降低交易成本、塑造交易预期保证了国际合作的连续性。国际机制通过相关国际组织这一平台发挥作用，比如，以联合国及其附属机构为

① Stephen D. Krasner, "Structural Causes and Regime Consequences: Regimes As Intervening Variables", *International Organization*, Vol. 36, 1982, p. 186.

代表的国际安全与政治机制在维护世界和平、促进人类发展、推进全球治理上发挥了重要作用。以国际货币基金组织、世界银行、世界贸易组织为代表的国际经济金融合作机制在应对国际金融危机、促进国际经济合作方面功不可没。在全球性国际组织和机制之外，还有诸如欧盟、东盟、亚太经济合作组织、上海合作组织等区域性国际组织和机制。这些全球性与区域性国际组织和机制一道，共同组成了促进国际合作的国际机制体系，它们拓展了国家间的合作范围，丰富了国家间的合作层次，推动国家在政治、经济、安全等多领域的合作。

不过，在看到国际合作成为国际关系主流的同时，也要看到国际关系的另一面，即国际竞争。在当代国际关系中，发生在国家间的无论是经济关系还是政治等领域的关系，都表现为国家行为。这些国家行为既可以为国家带来收益，促进国际合作，也可能会给国家带来损害，加剧国家间的竞争与冲突。在地缘政治领域，国家间关系尤其是大国关系中固有的竞争性和安全困境并未消除，国家利益存在着结构性矛盾。西方大国固守传统现实主义的权力政治观念，为确保本国的绝对安全，在不断增强军事实力的同时还进一步强化军事同盟关系，以军事力量威慑竞争对手。冷战后，美国不断挤压俄罗斯的战略空间以达到遏制俄罗斯这个头号军事安全对手的目的。美国对华关系也不例外，从奥巴马政府的“亚太再平衡”战略到特朗普政府的“印太战略”，都与应对中国崛起密切相关。在世界经济领域，既有全球化背景下国家间现实经济利益竞争，又有经济利益分配格局竞争与冲突。前者的主要表现就是产业竞争、贸易摩擦、贸易保护，后者则是发达国家通过主导国际经济规则的制定来塑造符合自身利益的经济秩序，并且将自身面临的经济、金融风险转嫁到发展中国家身上。在意识形态领域，主要表现为西方自由主义意识形态与共产主义、“圣战主义”等非西方意识形态之间的竞争与冲突。意识形态之争更多体现的是一国的软权力。冷战后，推广西方自由主义意识形态成为西方国家对外政策的重要目标之一。西方国家通过舆论宣传、资金支持、煽动“街头政治”等方式推翻一国传统政权，建立以西方价值观为基础的亲西方政权，实际上导致相关国家和地区的局势动荡。

总体来看，国际关系中合作是主流，竞争与冲突是支流。当今世界，除了极少数国家，包括大国在内的绝大多数国家之间都不存在截然的敌对关系，各国在不同的问题领域根据本国的切身利益进行或者合作或者竞争的组合，国家间关系呈现出合作与竞争交织的复杂图景。当前国际关系正在进入全面调整期，各国都在根据自身的实力地位变化，重新调整自己的利益范围和内容。当代国际关系中各国之间多渠道、多层次的交流与合作机制日趋成熟，国家间相互联系、相互依存程度加深，共同利益增多。在这一背景下，国际关系呈现出既竞争又合作、在竞争中寻求合作的特征，竞争中合作成为当代国际关系的基本形态。

### （二）国际关系民主化在曲折中发展

国际关系民主化是民主原则在国际关系领域的扩展。作为一项原则，国际关系民主化要求国家之间相互尊重、平等相待，遇到问题平等协商，而不是以大欺小、以强凌弱。国际关系民主化的程度是国际关系进化的最重要标志。国际关系民主化主要包含以下内容：各国均有平等的权利参与国际事务，反对强权政治和单边主义；世界各国通过平等协商的方式解决国际问题，共同参与全球治理；在国际合作的方式上，主张多边主义，建设一个从区域到全球的多边制度结构，尤其是支持以联合国和世界贸易组织为代表的全球性的多边主义机构的建设。国际关系民主化的最终目的是促进人类持久和平、共同发展和文明进步。

作为一种价值取向和行为准则的国际关系民主化是个新事物。虽然国际联盟和联合国的制度设计都一定程度上体现了民主原则，“和平共处五项原则”也有“民主”的精神，但是，将“民主化”同“国际关系”联系起来，还是20世纪70年代的事情。1970年9月，在赞比亚首都卢萨卡举行的第三次不结盟国家首脑会议上通过了《关于和平、独立、发展、合作和国际关系民主化的卢萨卡宣言》，强调尚未获得自由的各国人民享有自由、自决和独立的权利，主张各国平等和积极参加国际事务。不过，很长一段时期内，民主被认为只具有国内属性，不宜运用到民族国家之外的范围。直到冷战结束后，全球化出现新高潮，与此同时全球治理兴起，使国际关系民主化迎来了发展机遇。和平与发展时代主题的深化和世界格局多极化的演进为国际民主化提供了大环境。特别是发展中国家总体实力不断壮大，从结构上为世界力量的平衡发展提供了条件，从而有利于国际关系民主化的发展。2007 年 10 月，胡锦涛同志在中国共产党第十七次全国代表大会上的报告中明确提出要在“政治上相互尊重、平等协商，共同推进国际关系民主化”。[①] 此后，推进国际关系民主化就一直是中国外交的一项重要主张。

随着国际关系民主化的推进，中小国家在世界事务的作用越来越大。争取中小国家的支持已经成为大国博弈中不可缺少的战略内容；在气候变化、抗击大规模传染病等全球性事务中，中小国家的作用已经不容忽视。

国际关系民主化是国际关系发展的必然要求和趋势。首先，在当前经济全球化和全球治理的现实背景下，治理主体多元化呼吁国际关系民主化。全球治理主体的多元化摆脱了以往几个大国左右国际事务的窠臼，有助于避免重蹈列强纷争、冲突的覆辙。此外，全球性难题的增多要求全球治理体制进行变革，这种变革要求朝着更加公正合理的方向发展，这一趋势为国际关系民主化营造了良好的外部环境，使其成为可能。其次，竞争中合作的国际关系总体态势为国际关系民主化提供了发展环境。多领域、多层次的国际合作为中小国家以平等身份参与国际事务提供了机遇。在国际竞争方面，随着低政治领域事务的增多，中小国家的地位与作用日益凸显，大国越来越不能轻视它们。最后，新兴经济体群体性崛起有利于国际关系民主化的发展。伴随新兴经济体崛起而来的是它们对平等参与世界事务的诉求。当下的世界政治经济秩序是在西方国家主导下建立起来的，缺少对发展中国家特别是新兴经济体利益和诉求的关照，这同国际关系民主化精神相悖。国际关系民主化要求尊重文明的多样性、尊重世界的多样性，不同文明、政治制度、发展模式都应受到尊重，特别是要摒弃某一国或国家集团主导国际事务的强权政治，让更多国家尤其是发展中国家有序地参与到国际事务中，减少国际关系中的纷争与冲突。

---

① 《胡锦涛文选》第 2 卷，人民出版社 2016 年版，第 650 页。

当然，国际关系民主化绝不会一帆风顺。国际关系民主化面临的困境来自自身和外部两个方面。民主自身有其局限性，主要是“民主制度与行动能力的关系”问题。就民主制度本身而言，多数人的意志只有依照一定规则和法定程序方可得以承认和实现。这些既定的规则和程序在保证民主的制度化、法制化的同时，也带来了效率和行动能力低下的弊端。所以民主一直存在着在制度设计上如何处理好民主与权威之间关系的问题。同样，国际关系民主化进程中也面临着类似的困境。历史上，国际联盟的全体成员国一致同意的原则严重束缚了国际联盟的手脚，使其难有大的作为。这种民主制度与行动能力之间的矛盾也是国际关系民主化本身的一个难题。此外，国际关系民主化自身面临的困境还包括兼顾小国利益与发挥大国作用之间的矛盾。国际关系民主化倡导国际决策民主化，各国无论大小、强弱均应以平等的地位参与国际事务。但在实际操作层面，由于各国相对实力地位的不同，各主权国家在参与国际事务和行使权力时存在着忽视弱小国家利益等实际上的不平等现象。在现实国际关系和全球治理中，大国的作用十分重要，缺乏大国参与的国际关系民主化肯定是空中楼阁，这也是国际关系民主化面临的另一个难题。

从影响国际关系民主化的外部因素来看，霸权主义、强权政治是实现国际关系民主化的最大障碍。现实中西方大国以追求自身权力、利益最大化为目标，为达成这一目标不惜践踏、牺牲他国利益，甚至发动战争的做法进一步强化了霸权主义和强权政治对国际关系民主化的危害程度。对于弱小国家而言，在霸权主义和强权政治面前，它们根本谈不上以平等的地位和机会参与国际事务，更谈不上在公平、互信的基础上实现有效的国际合作。可以说，霸权主义和强权政治同国际关系民主化的内涵和要求是背道而驰的，是实现国际关系民主化的最大外部制约因素。

国际关系民主化代表着一种价值取向，它倡导以民主原则调整国际关系，实现国际关系的民主、平等、公平与正义，代表着国际关系的发展方向。从国际关系史来看，国际关系民主化虽然时常遭遇挫折，甚至时有逆转，但总体上还是向前发展的。世界格局“非极化”趋势从某种意义上说就是国际关系民主化的体现。

### （三）霸权主义和强权政治根深难除

霸权主义（Hegemonism）一词来源于古希腊，原意是指个别大的城邦对其他小的城邦的支配和控制。现指大国、强国凭借其军事、经济和科技实力，强行干涉、控制小国或弱国的内政外交，谋求在地区或全世界层面称霸的政策和行为。从类别上看，霸权主义可细分为政治霸权主义、经济霸权主义、军事霸权主义和文化霸权主义四类；从霸权主义影响范围来看，又可分为全球霸权主义和地区霸权主义。霸权主义所运用的主要手段就是强权政治。所谓强权政治，就是以“强者拥有权力，有权力就有公理”为信条的政治行为方式。在民主政治产生之前，无论国内政治还是国际关系，强权政治是基本行为方式。国际关系中盛行的以大欺小、以强凌弱、弱肉强食的丛林法则，就是强权政治的最直观体现。强权政治在国家利益上追求超越合法主权利益的强权利益，其实质是对他国主权和尊严的粗暴践踏和侵犯。一般来说，霸权主义往往伴随着强权政治的身影，两者的区别在于：霸权主义更侧重政治定位，实现地区或全世界范围内的称王称霸，而强权政治则更侧重行为手段。基于历史和现实的考察，霸权主义和强权政治更多地出现在西方大国对外政策中。

从国际关系史来看，霸权主义和强权政治由来已久，从《威斯特伐利亚和约》以来的国际关系发展史来看，霸权主义和强权政治从未缺席。无论是追求权力与利益的古典现实主义，还是主张权力分配和国家自助的结构性现实主义，实际上都认为霸权主义和强权政治的出现是必然的。传统的霸权主义和强权政治在殖民主义、帝国主义时代主要以攫取资源和市场、瓜分殖民地和势力范围为主要表现形式。冷战期间，美苏两个超级大国在世界范围内展开了激烈的霸权争夺，同时在本集团内以及对发展中国家奉行霸权主义，使世界长期处于世界核大战危险的恐怖之中，并引起多次军事冲突和地区战争。冷战后，尽管国际关系无论是从内容还是形式都发生了深刻变化，但西方国家根深蒂固的霸权主义行径和强权政治思维短期内难以消除。尤其是美国力图凭借唯一超级大国地位独霸世界。

当代国际关系中的霸权主义和强权政治呈现出两个明显特点：一是以

“人权”等为借口；二是更注重利用“软权力”。

在人权领域，以美国为首的西方大国打着“人权高于主权”“主权有限”“主权过时”的旗号，将维护人权作为其外交工具，肆意践踏别国主权，干涉他国内政。西方大国以保障他国人权为幌子来掩盖它们对政治、经济、战略利益的追求。比如美国在人权问题上，对盟友和非盟友区别对待，采用双重标准。冷战后西方大国还以“保护人权”为借口，炮制出“新干涉主义”理论。“新干涉主义”打破了国际关系中传统的主权原则，将所谓人权置于主权之上，为西方大国以人权为旗号肆意干涉他国内政，甚至实施海外军事干预提供便利。最典型的就是在科索沃战争中，以美国为首的北约以“保护人权”之名，对南斯拉夫联盟实施空中打击。这场局部战争使联合国的权威和地区和平受到严峻挑战，对世纪之交的国际关系影响深远。同赤裸裸的武装侵略不同，“新干涉主义”披着“合法性”外衣抢占国际道义制高点，以武力干涉别国内政为手段，以推行霸权主义为目的。

除了人权，西方大国在“9·11”事件后还借反恐之机，以“反恐”“防扩散”为名，采取“先发制人”战略。“先发制人”就是在威胁发生之前将其消除、摧毁，目的是确保本国的绝对安全。这一战略最早由小布什政府提出，按照美国2006年《国家安全战略报告》所说，之所以采取“先发制人”的战略，是因为美国的国家安全受到严重挑战，在恐怖主义和敌对国家对美国产生实质性威胁前必须将其摧毁。在先发制人战略下，美英两国以伊拉克藏有大规模杀伤性武器，并且有可能将这些武器提供给恐怖分子为名，于2003年发动伊拉克战争。这场战争造成伊拉克满目疮痍，各种暴力袭击事件不断，并向周边国家和地区外溢，造成一系列连锁反应，深刻影响了中东地区的安全局势。这种利用“反恐”“防扩散”之名采取“先发制人”的战略是对国际法中关于国家主权独立平等、不以武力干涉别国内政等基本原则的破坏，也是对联合国集体安全机制的破坏。以“反恐”“防扩散”为名，实质上是以实力优势和军事手段打压异己力量，遏制潜在对手，处处以自我利益为重，是典型的霸权主义和强权政治表现。

“软权力”的概念最早由美国学者约瑟夫·奈在《美国定能领导世界吗》一书中提出。所谓软权力，是一种影响他人选择的能力，这种影响力通过文化、意识形态、政治价值观和制度的吸引力达到。在当代国际关系中，以军事打击、武装入侵等传统的权力手段谋取霸权不仅效果不彰，反而会因为巨额战争消耗和人道主义危机招致国内外反对，阿富汗战争和伊拉克战争就是最好的例证。相比传统的权力手段，软权力的表现形式更为温和。软权力通过文化和意识形态上的吸引力，吸引他国效仿和追随，从而使一国行使权力在他国看来具有合法性。这种合法性赋予一国能够按照自身的意志和偏好主导国际规则的建立以及政治议程设置，通过这些无形的要素达到主导国际事务、实现国家利益和推行霸权主义的目的。

价值观和意识形态是西方软权力的核心内容，通常包裹着文化的外衣。西方大国依靠媒介技术优势，通过报纸、广播、书籍、电影、电视、互联网等各种形式的载体，尤其是在互联网传播方面的绝对话语权，对外进行价值观和意识形态输出和渗透。西方价值观念和意识形态依附于资本，借助西方大国在全球资本市场的优势地位在全球传播。在价值观和意识形态输出的内容方面，将自由、民主、人权这些西方核心价值观提升到“普世价值”的高度，积极传播，甚至大力推动和督促其他国家走西方的自由化和民主化道路。同时，西方大国还积极建构“西方中心论”的知识体系，论证西方文化的优越性，其目的就是确立以西方为中心的文化霸权。比如，据 ComScore 的数据，以好莱坞为代表的美国电影播放时长占全球的一半以上，票房收入占全球的 2/3 左右。这些充斥着西方价值观和意识形态的影片，从投资、制作，到出口均得到西方大国的支持与扶助，这种文化入侵在潜移默化中改变着受众国民众的思想，实质上是一种文化霸权主义。

除了西方大国谋求全球性霸权，还有一些国家大搞地区霸权主义，欺压周围弱小国家。比如，印度一直视自己为南亚霸主并实施相应的南亚政策。再如，20 世纪 70 年代，越南公开干涉甚至武装入侵老挝、柬埔寨，企图建立“印度支那联邦”。地区霸权主义同样与国际关系民主化理念相悖，不利于国际关系的进化。

霸权是与主权相对立的，主权原则要求各国在国际关系中权利平等，能够独立自主处理本国对内和对外事务，而霸权主义则是对这种独立、平等原则的破坏，是一种蚕食他国利益，甚至凌驾于他国利益之上的行为。在当代国际关系中，霸权主义运用强权政治这一手段，以强大的经济、军事实力为依托，通过政治、经济、思想文化的干预和渗透，以强凌弱、以大欺小，必然会遭到反抗，这就难免导致冲突甚至战争，是引发地区局势动荡不安的重要根源。

## 三、国际关系的发展趋势——新型国际关系

同近现代相比，当代世界政治中的国际关系已经取得显著的进化，但是仍然存在与时代发展不相符合之处。国际关系的进化仍任重道远。中国领导人提出构建新型国际关系，为国际关系的进化指明了方向。

### （一）新型国际关系的内涵、核心理念及目标模式

所谓新型国际关系，就是以主权国家为基础的摈弃了霸权主义、强权政治等与时代潮流相背离的理念和行为方式的国际关系。新型国际关系是与旧型国际关系相对而言的。所谓旧型国际关系，就是现存的国际关系，具体说就是西方主导的以主权国家为基本行为体，带有霸权主义、强权政治色彩的国际关系。旧型国际关系有两大要素：一是以主权国家为基本行为主体；二是由西方主导建立并维系，渗透着西方的价值观和理念，在实际运行中西方国家大行强权政治甚至霸权主义。旧型国际关系是新型国际关系的母体，新型国际关系同旧型国际关系一样，仍然是以主权国家之间的关系为基础，所以不可能完全摆脱旧型国际关系的一些特征。新型国际关系不是通过突变形成的，而是在旧型国际关系基础上渐进演化而来的，许多特征已经在旧型国际关系母体中孕育、萌发。

近现代和当代国际关系肇端于《威斯特伐利亚和约》，以联合国成立为重要分水岭。在联合国诞生前，虽已产生了包含国际人道法精神的日内瓦公约等与新型国际关系相通的因素，但国际关系总体上还是大国强国主

宰国际事务。在联合国体系下，强权政治与霸权主义虽依然存在，有时还相当严重，但较之从前受到很大制约，中小国家逐渐在国际舞台上有了一席之地，国际关系有了明显的进步，民主化、法治化、合理化程度不断提高，在一些局部范围和领域以及在某些双边或区域多边关系中，新型国际关系的因素已有一定程度之显现。联合国成立以来的国际关系，可以算作非典型的旧型国际关系，或者是由旧型国际关系向新型国际关系的过渡阶段。中国长期以来一贯倡导的和平共处五项原则、国际关系民主化、公正合理的国际新秩序、和平发展、和谐世界、合作共赢等理念和政策主张，皆具有新型国际关系的品质。以中国为基轴的现行诸多双边关系可算作“准新型国际关系”。新型国际关系是在继承“准新型国际关系”基础上发展、升华而来。

新型国际关系概念有一个形成过程。2013 年 3 月，习近平在莫斯科国际关系学院发表演讲，首次提出“以合作共赢为核心的新型国际关系”的概念。在 2014 年 11 月举行的中央外事工作会议上，习近平强调，我们要坚持合作共赢，推动建立以合作共赢为核心的新型国际关系，坚持互利共赢的开放战略，把合作共赢理念体现到政治、经济、安全、文化等对外合作的方方面面。这是在国家最高层级的外事工作会议上明确提出这个概念，并且强调“合作共赢理念”。可以说，合作共赢是新型国际关系的核心理念。

将合作共赢作为新型国际关系的核心理念，就是因为合作共赢是旧型国际关系中最为欠缺的。在旧型国际关系中，竞争是主旋律，许多国家之间有合作，而且有时还是相当广泛、深入的合作，但同竞争相比，合作处于从属地位。新型国际关系就是要实现国际关系的转型和质变，以合作为主旋律。虽然国家之间的竞争不会消失，甚至有时也会非常激烈，但是同合作相比，是第二位的。更值得关注的是，在旧型国际关系中，有些国家之间存在着广泛的共同利益，有合作潜力，而且也开展一些合作，但是，要么是已经开展的合作往往难以持久，要么就是合作潜力开发不出来。究其原因，主要是合作没有形成共赢的结果。可以想象，如果只是单方面赢，或者是一方赢得明显比另一方多，不是均衡的共赢，那么这样的合作肯定是不可持续的。在现有的世界体系和秩序框架下，西方发达国家往往凭借技术、知识产权、国际话语权等优势，在同发展中国家的合作中获取明显对己有利的不均衡利益。有合作，但无共赢。这样的合作是新型国际关系要摈弃的。

新型国际关系的目标模式是人类命运共同体。国际关系作为世界政治的组成部分，其发展方向必须同世界政治的总体发展方向相适应。构建人类命运共同体是当下世界政治的发展方向，如此，人类命运共同体就应当是新型国际关系的目标模式。以人类命运共同体为目标模式的国际关系将更加民主化、法治化、合理化。

### （二）新型国际关系的若干新特征

在合作共赢这个核心理念和人类命运共同体这个目标模式的引导下，新型国际关系将在主要内容、主题、国家间关系定性、主要矛盾、主要行为方式等方面展现出不同于旧型国际关系的新特征。

第一，新型国际关系的主要内容——“低级政治”取代“高级政治”。现代国际关系的内容是不断演变的，基本趋势是内容越来越丰富、越多元，“高级政治”所占的比重不断下降，“低级政治”所占的比重不断增大。在联合国体系形成前，国际关系的主要内容就是冲突对抗，国家在处理对外关系时，主要精力和力量都放在维护国家主权安全上，要解决的主要是战争与和平问题。到了冷战时期，政治安全凸显出来。美苏两大政治军事集团之间的冷战，将政治安全与军事安全交织在一起。军事安全与政治安全关涉国家的生死存亡，所以被称为“高级政治”。冷战结束后，国家之间的经济关系变得越来越重要，在总体国际关系中的地位不断提升。与经济关系相伴随，国家之间的文化关系、社会关系等也不断深化。学者们将经济、文化等层面的关系称为“低级政治”。如果说和平与发展两大主题，和平属于“高级政治”，那么发展就属于“低级政治”。两大主题比较起来，发展更为根本。从这个角度来看，新型国际关系的主要内容应当是“低级政治”，当然，“高级政治”依然是不可忽视的重要内容。

第二，新型国际关系的主题——实现共赢式合作。所谓国际关系的主题，亦可称为主旋律，就是国家在处理相互关系时所面对的主要问题及解决问题的基本途径，它决定着国家外交的主要任务。从国际关系的发展历程来看，不同阶段应当有不同的国际关系主题。在典型的旧型国际关系阶段，主题就是对抗零和。主要国家都寻求通过对抗来实现国家利益最大化，都热衷于零和式的博弈。国家间有合作，但却服从、服务于冲突、对抗。在这样的主题下，战争成为常态，而且随着科技进步和工业化，战争的规模越来越大；和平只是战争的间歇期，或者是为战争做准备的阶段。在非典型的旧型国际关系阶段，业已出现许多新型国际关系的因素，国家之间的合作越来越广泛，而且也有相当程度的共赢。在这个阶段，对抗零和作为主题在相当大程度上仍在发挥作用，但愈益受到制约，新的主题开始孕育形成。

新型国际关系以合作共赢为核心理念，在此种理念指导下，国家间博弈的主要方式应当转变为国际合作，而要使国际合作可持续，就必须寻求共赢式合作。因此，实现共赢式国际合作就是新型国际关系的主题。也就是说，在新型国际关系框架下，国家不仅将共赢式合作作为获取国家利益的主要方式，而且还将合作作为国家处理对外关系的重要目标和价值观；通过合作来实现国家利益的共增、共赢应当成为各国外交的主要任务。新型国际关系旨在通过推动共赢式国际合作来维护世界和平，促进共同发展，建设和谐世界，构建人类命运共同体。

第三，新型国际关系框架下国家间关系定性——伙伴关系。既然新型国际关系的主题是合作共赢，那么在新型国际关系框架下，国家间关系的定性应当超越传统的对抗或结盟。对抗肯定与新型国际关系的主题不符。结盟（这里主要是指政治军事同盟）虽然使盟内的合作加强，但是以更大范围的对抗为前提，结盟的前提就是盟友有共同的竞争对手或敌人，结盟的目的就是形成合力“共同抗敌”。此外，结盟还往往导致国家之间的不平等，因为总会有一个强国为盟主。所以，结盟也不符合新型国际关系的主题。新型国际关系框架下的国家间关系的定性应当是伙伴关系。所谓“伙伴”，就是“共同从事某种活动的人”。志同道合可以是伙伴，非志同道合但求同存异也是伙伴；能合作时就合作，不能合作时也不对抗，不互相为敌。伙伴关系具有“开放性和包容性，与传统的联盟关系的封闭性和排他性截然不同”。[①] 在各种伙伴关系框架下，各国之间都是平等的合作伙伴，有竞争有合作，竞争而不求独占零和，合作则谋求共赢共享。

第四，新型国际关系的主要矛盾——合作与冲突。所谓主要矛盾就是围绕主题和主要任务而展开的矛盾。从这个意义上说，冲突与合作就是旧型国际关系的主要矛盾，而战争与和平则是其升级版。

世界上矛盾很多，国际关系中有各种各样的矛盾，但是在新型国际关系的构建中，围绕合作共赢这个主题，要解决的主要矛盾就是如何推进合作，抑制冲突。所以新型国际关系的主要矛盾，笼统地说同旧型国际关系一样也是合作与冲突的矛盾；确切地说是国际社会健康力量推动合作共赢的努力与一些现存世界体系既得利益者以及不负责任的极端行为体干扰国际合作的行为之间的矛盾。比较之下，新型国际关系与旧型国际关系的主要矛盾虽然都是合作与冲突，但主要矛盾方面已经发生转变。旧型国际关系的主要矛盾方面是冲突；而新型国际关系的主要矛盾方面是合作。对构建新型国际关系来说，解决主要矛盾的根本途径就是一方面大力推进合作共赢，另一方面努力克服干扰、制约国际合作的因素。目前比较突出的干扰国际合作的因素包括：西方大国试图维持其主导的霸权秩序，一些中小国家为了狭隘的国家利益而挑战联合国权威及其他国家的安全利益，传统现实主义思维仍然大行其道。

第五，新型国际关系的主要行为方式——合作加良性竞争。新型国际关系的理念、主题和主要矛盾决定了在新型国际关系框架下，国家的主要行为方式是合作加良性竞争。竞争是国家间关系的一种正常状态，但是一味强调竞争会使竞争无节制，时常走向极端，陷入恶性竞争，最终导致冲突对抗乃至战争。所以，新型国际关系下的竞争要以合作为导向和基础。竞争是在合理、合法、文明的前提下进行，是良性竞争，而不是只图一己之利，谋求独占、零和的恶性竞争；竞争的目的是更好地合作，实现共

① 阮宗泽、高飞：《有自己特色的大国外交》，《环球》2015 年第 5 期。

赢；竞争中出现了矛盾、分歧，要尽可能通过合作来解决；一时解决不了的，也要通过合作来暂时搁置分歧，待条件成熟了再去解决。

总之，新型国际关系的基础仍然是主权国家之间的关系。新型国际关系的形成必定是渐进式的，其有些特征仍然在萌发、渐变中，处在进行时，因此同旧型国际关系的区别并不是非常明显，而只是展现出一种趋势，比如新型国际关系的主要内容、主要矛盾、主要行为方式、国家间关系定性，但那些带有较强主观建构性的、应然的特征，与旧型国际关系区别非常明显，比如核心理念、目标模式、主题。新型国际关系的特征不是静态的，将随着新型国际关系的构建而不断显现、强化。

# 第七章

# 当代世界政治中的国家利益

作为世界政治基本行为主体的国家都是从国家利益出发来处理同外部世界的关系，没有国家利益，世界政治的运行将难以想象。汉斯·摩根索认为："利益确为政治的精髓，且不受时间和空间的影响。"① 同样，对于世界政治而言，理解了国家利益就理解了世界政治的精髓。

## 一、国家利益核心内涵及基本特征

国家利益是一个歧念丛生的概念，大而言之，凡是满足国家生存与发展需要的，都叫国家利益。② 从词义上讲，国家利益这一概念具有双重性，一个是世界政治中的国家利益，指的是在国际舞台上民族国家的整体性利益，与之相对应的是集团利益、国际利益和世界利益；另一个则是国内政治中的国家利益，指的是中央政府所代表的全国性利益，与之相对应的则为个体利益、集体利益和地方利益。可见，国家利益在世界政治和国内政治中的含义有很大差异。

### （一）国家利益的核心内涵

国家利益并非古已有之，而是国家尤其是民族国家产生之后才逐渐形

① 参见阎学通：《中国国家利益分析》，天津人民出版社 1997 年版。

② 参见王逸舟：《国家利益再思考》，《中国社会科学》2002 年第 2 期；阎学通：《中国国家利益分析》，天津人民出版社 1997 年版；张季良主编：《国际关系学概论》，世界知识出版社 1989 年版。

成的一个概念。在民族国家出现之前，国家的主要存在形态为君主国家。此时存在的是“君主意志”和“王朝利益”，指的是每位王朝的君主都渴望尽一切可能扩大自己王国的版图，并维持对其臣民的有效统治。但王朝利益并非国家利益，因为在这一时期，各种国家体制的核心是家族统治，统治者拥有整个国家，所以也就没有国家的利益而只有统治者的家庭（或者家族）利益。① 在世界政治中，国家利益的重要性是与国家的地位和体制紧密相关的。

国家利益的核心内涵是什么？人们又应该用什么样的方法去认识国家利益呢？这是讨论国家利益的两个基础。国家利益通常指国家相对其他国家而言的基本需求和欲求。② 以需求与欲求来界定国家利益，讲出一个基本事实，即国家的生存与发展，有一些必要的条件与需要的条件。必要的条件不存在，国家就不能生存，例如国土、人口、主权等。需要的条件不存在，国家就不能发展，例如和平的周边环境、充分的能源供应、平等的贸易关系等。③

国家的需求与欲求总是一个完整的体系，涵盖不同的领域和内容。据此可以将国家利益分为安全利益、政治利益、经济利益和文化利益。安全利益是一个国家生存和发展的必要条件，是最为核心的利益，主要包括两个方面：一是国家主权独立和领土完整，保障国内政治、经济和文化稳定发展的环境；二是维护一个对国家整体有利的战略环境。政治利益是一个国家各种利益最集中的体现，主要是指维护国家宪法确立的社会制度和占统治地位的意识形态，并力争将其扩大到更大的范围。经济利益是一个国家最经常性的，也是国家对外政策追求的最主要的利益，包括内外两个方面：对内维护独立自主发展民族经济的主权，维护经济社会可持续发展的最基础的保障；对外维护国家在世界经济中的地位，维持贸易、投资、金融等世界经济环境的稳定。文化利益体现了国家精神层面的诉求和需求，

---

① 参见阎学通：《中国国家利益分析》，天津人民出版社 1997 年版。

② 参见 Mark R. Amstutz, *International Conflict and Cooperation*, Boston: Mc. . Graw - Hill, 1999, p. 179。

③ 参见李少军：《论国家利益》，《世界经济与政治》2003 年第 1 期。

包括传统文化和意识形态的维护，防止国外腐朽思想侵蚀等。① 事实上，这四种利益各自又可以再细分为不同的利益诉求，比如，安全利益可以分为军事优势、领土安全、海洋权益、维护国家的战略安全，等等。

国家的需求和欲求在不同的时期或者在同一时期包含的具体内容并不总是一致，有些是由环境决定的，因而是可变的，有些在逻辑上是必不可少的。后者就是相对永恒的国家利益，最重要的是国家的生存，包括国家领土、政治制度和文化的完整性。由此我们看到，对国家利益的理解除了明确具体内涵，界定国家利益的方法也至关重要。而事实上，不同的界定方法也会导致对国家利益的不同理解。

虽然学者们对国家利益界定的方法不同，但国家利益作为一个由不同具体利益构成的整体是毋庸置疑的。但这又带来一个问题，我们又该如何将这些具体的国家利益进行排序呢？或者说我们对国家利益进行排序时，依据的标准又是什么？其实，国家一直有将国家利益进行排序的传统。国家利益轻重缓急的排序既有共性，也有个性。从共性来看，世界各国都倾向于将自身的生存与安全视为至高无上的利益。就个性而言，不同的国家甚至是同一个国家在不同的历史时期对国家利益的优先安排各不相同，这主要与各国对威胁的判断有关。② 1996 年，美国国家利益委员会完成第一份《美国国家利益》研究报告，第一次将美国的国家利益分成四个层次：根本利益、极端重要利益、重要利益、次要利益。③ 这是人们将国家利益进行排序的首次尝试。罗宾逊认为，区分国家利益的标准有三条，即优先性、特殊性和持久性，按照这三条标准进行判断，可以区分出六种不同类别的利益：（1）生死攸关的利益（vital interests），这种利益亦称为核心利益（core interests）或战略利益（strategic interests），涉及的是国家的基本的和长期的目标，诸如国家安全。在这种利益上，国家是不能妥协的。

① 参见陈岳：《国家政治学概论》（第 2 版），中国人民大学出版社 2006 年版；阎学通：《中国国家利益分析》，天津人民出版社 1997 年版。

② 参见潘忠岐：《国家利益的主体性与中美安全关系》，《现代国际关系》2003 年第 11 期。

③ 参见 The Commission on America's National Interests, *America's National Interests*, July 2000, p. 17。

(2) 非重大利益 (nonvital interests)。这种利益涉及的是国家需求的各个具体的方面，在这种利益上，国家是可以进行谈判或作出妥协的。(3) 特定利益 (specific interests)，这种利益涉及的是国家明确界定的有限目标。(4) 一般利益 (general interests)，这种利益涉及的是广泛的、全球性的利害关系，诸如维护地区和平、促进经济繁荣等。(5) 永久利益 (permanent interests)，这种利益是指国家的不变目标，诸如保护领土边界等。(6) 可变利益 (variable interests)，这种利益是指国家针对特殊的地理或政治发展所作出的反应。[①] 有了这样的区分，国家利益在指导国家行为和对外政策上才有了具体的依据。

### (二) 国家利益的基本特征

国家利益之所以引起如此多的争议，跟它的基本特征有关。简言之，国家利益既有客观性，也有主观性，是主观性与客观性的统一；既有全民性，也有阶级性，是全民性和阶级性的统一。“两重性”构成了国家利益最为突出的基本特征。

1. 国家利益的客观性和主观性

毫无疑问，国际利益具有客观性。众多国际关系学者从逻辑上推演出来的国家最为基本的利益，如生存、自由和财产，这是任何国家不分大小强弱所必需的，舍此则国将不国。美国研究国家利益的“客观主义学派”坚持认为“存在一个‘真正的’、客观化的国家利益，独立于学者们和政策制定者对它的理解而存在”[②]。但国家利益作为一个界定国家需求的概念无疑具有主观性，是人们对客观存在的国家利益的一种集体的主观认识。马克·阿姆斯特茨论证道：“就其主观特性而言，国家利益是基于国家全体公民所认可的长期的集体利益。因此，尽管国家在全球体系中追求

---

① 参见 Thomas Robinson, “National Interests”, in James N. Rosenau, ed., *International Politics and Foreign Policy: A Reader in Research and Theory*, New York: Free Press, 1969, pp. 184 - 185。

② 〔美〕M·贝科威茨等:《美国对外政策的政治背景》，张毓文译，商务印书馆 1979 年版。

着各种不同的对外政策，国家利益概念却是单一的和作为整体的概念。"①正因为如此，不同的人对国家利益有不同的界定，国家利益是随着时间的推移而有所变化的，其特性在任何一点上都取决于社会和政府中普遍持有的意识形态和对外政策观点。换言之，国家利益和对外政策的制定受到思想力量——精英群体和大众群体的意识形态和对外政策观点——的极大影响。② 具体看，在国家利益的主观性方面，有三个因素的影响是最大的。一是文化。亨廷顿就认为国家利益源于国家认同，而认同又包括"文化"和"信仰"两部分。根据亨廷顿的解释，文化是指"价值和机构"，信仰则是"普遍的意会和原则"，如自由、民主、宪政、有限政府等；信仰是文化的产物。③ 归根结底，文化是形成主观国家利益的根源。二是政策。这源于一种倒推的逻辑。也就说，国家的政策是反映和实现国家利益的手段和工具，从执行的政策上可以看出国家的利益认知和利益诉求。正是因为这一点，美国政治学教授艾尔文·鲁宾斯坦坚持这样的观点，"国家利益是一个弹性很大、易被随意解释的词语，在任何一个特定时间内占优势的国家利益概念只不过是各种政策动机的混合物"。④ 三是意识形态。意识形态一般是指在一定的社会经济基础上形成的系统的思想观念，代表了某一阶级或社会集团（包括国家和国家集团）的利益，又反过来指导这一阶级或集团的行动。⑤ 在国际政治中，意识形态的最主要功能并不在于要其他国家相信其所信奉的东西，而在于其解释对外政策的功能，使人们相信他们所"宣称的国家利益"是"实际的国家利益"。⑥ 客观地讲，国家意识形态也是维持一个国家的生存与发展不可或缺的因素，本身就构成

① Mark R. Amstutz, *International Conflict and Cooperation*, Boston: Mc - Graw Hill, 1999, p. 179.

② 参见〔美〕杰里尔·A. 罗赛蒂：《美国对外政策的政治学》，周启明等译，世界知识出版社 1997 年版。

③ Samuel Huntington, "The Erosion of American National Interests", in Eugene R. Wittkopf and James M . McCormick eds. , *The Domestic Sources of American Foreign Policy*, third edit ion, New York: Roman & Littlefield Publishers, 1999, pp. 11 -21.

④ Alvin Z. Rubinstein, *America's National Interest in a Post - Cold War World: Issues and Dilemmas*, McGraw - Hill, Inc. , 1994, pp. 39, 41.

⑤ 参见中国社会科学院美国研究所编：《美国年鉴 2000》，中国社会科学出版社 2000 年版。

⑥ 陈岳：《国际政治学概论》（第 2 版），中国人民大学出版社 2006 年版，第 125 页。

了国家利益的一个组成部分，如政治利益和文化利益。但同时，意识形态为人们提供了一种世界观和方法论，影响着决策者对基本国家利益的判定，是推行国家外交政策，实现基本国家利益的手段。显然，意识形态的差异必然会反映在人们对国家利益认识的结果上。

从国家利益认识的主体看，精英阶层尤其是政治家或者说国务活动家是最主要的一个群体；从实现国家利益的政策制定上看，他们又是关键的决策者。政治家“对国家利益的解释，是他们的文化背景、价值观念以及作为决策者而获得的各种信息的综合结果”。[①] 在政治家的政策中，客观国家利益设定了一国对外政策的基本框架，主观国家利益是在客观国家利益的框架中，国家对其国家利益的具体内容及其实现方式的认识。[②] 这样一来，国家利益在政治家那里也就在微观层面实现了客观存在和主观认知的统一。

国家利益的主观性和客观性并存，也反映出人们对国家利益认识方法上的巨大差异。在美国国际关系学界，就存在着“客观主义”与“主观主义”的重大分歧。前者认为国家利益是一定历史条件和国内政治环境所规定的客观存在，可以客观地和理性地予以认定，并把这种认定视为一门科学；后者则认为，国家利益的确定是各种不同的主观观念及偏好之间相互斗争所产生的政治结果，是可由政治家随意解释并为其政策和行为提供支持和辩护的虚构之物，该派把这种认定视为一门艺术，由此产生了是艺术还是科学之争。[③] 其实，不管是客观主义还是主观主义，只是反映了国家利益的某一个方面或者说某一个特征，国家利益的客观性构成了国家利益主观性认识的基础，而国家利益的主观性认识则为国家利益客观性的实现提供了政策实行的可能。总的来说，国家利益兼具客观存在和主观认识两个层面，是这两者的统一：国家利益本身是客观的；但对国家利益的

---

① 〔美〕詹姆斯·多尔蒂、小罗伯特·普法尔茨格拉夫：《争论中的国际关系理论》（第5版），阎学通等译，世界知识出版社2003年版，第101页。

② 参见邢悦：《国家利益的客观性与主观性》，《世界经济与政治》2003年第5期。

③ 参见〔美〕西奥多·哥伦比斯、杰姆斯·沃尔夫：《权力与正义——国际关系学导论》，白希译，华夏出版社1990年版。

认识是决策者对外部环境变化的反应，因此，国家利益又表现为主观意识的存在。

2. 国家利益的全民性和阶级性

国际政治中的国家利益是指一个民族国家的整体利益，这种利益是由统治者和被统治者共享的利益。[①] 这也是国家利益全民性的集中体现。从国家主权的理论上讲，主权属于国家而不属于政府，国家的统治职能可以从一个政府转移到另一个政府，但主权本身是国家的永恒属性。无论政府的形式怎样变化，只要国家存在，主权就存在。而主权又是全体人民的主权，国家利益就不能不表现为全体人民的利益。这是国家利益全民性的逻辑基础。

但是，国家利益同时又注定是有阶级性的。从国家的起源上看，恩格斯曾深刻指出："国家是整个社会的正式代表，是社会在一个有形的组织中的集中表现，但是，说国家是这样的，这仅仅是说，它是当时独自代表整个社会的那个阶级的国家：在古代是占有奴隶的公民的国家，在中世纪是封建贵族的国家，在我们时代是资产阶级的国家。"[②] 也就是说，"国家是统治阶级的各个人借以实现其共同利益的形式"。[③] 国家的阶级属性注定了国家是阶级统治的工具，从本质上说，国家利益不表现为国家中占统治地位的阶级的利益，表现为统治阶级维护和发展其社会制度和意识形态，追求其经济利益，简而言之，国家的一切对外行为主要反映了统治阶级巩固其统治的要求。[④] 也正是在这个意义上，马克思和恩格斯才把代表共同利益的国家称作"虚幻的共同体的形式""虚幻的'普遍'利益"。[⑤] 即便是从国家一词的词源角度看，在西方，一般说来，"国家"一词，在历史上一直就有两层含义：广义指政治上组织起来的全体人民；狭义则指

---

① 参见阎学通：《中国国家利益分析》，天津人民出版社 1996 年版。

② 《马克思恩格斯全集》第 25 卷，人民出版社 2001 年版，第 409 页。

③ 《马克思恩格斯文集》第 1 卷，人民出版社 2009 年版，第 584 页。

④ 参见俞正梁：《变动中的国家利益与国家利益观》，《复旦学报》（社会科学版）1994 年第 1 期。

⑤ 《马克思恩格斯选集》第 1 卷，人民出版社 1995 年版，第 84、85 页。

与公民相对的政府机构。[①] 尤其是狭义上的国家，必然体现的是少数人的意志和利益诉求，国家利益自然地也就框定为少数人的利益。

国家利益是全民性和阶级性的统一。从利益实现形式上看，全民性国家利益的实现是阶级性利益实现的基础。从内在机理上看，则有三种表现形式，一是利益的转化。马克思和恩格斯说："个人利益总是违反个人的意志而发展为阶级利益，发展为共同利益，后者脱离单独的个人而获得独立性，并在独立化过程中取得普遍利益的形式，作为普遍利益又与真正的个人发生矛盾。"[②] 这种个人利益、阶级利益向共同利益和普遍利益的转化过程，其实也就是国家利益全民性和阶级性相统一的过程。二是利益的均衡分布。虽然统治阶级的利益具有一定优先性甚至主导性，但国家利益也可能出现均衡地反映各阶级利益的现象，恩格斯曾明确指出："也例外地有这样的时期，那时互相斗争的各阶级达到了这样势均力敌的地步，以致国家权力作为表面上的调停人而暂时得到了对于两个阶级的某种独立性。"[③] 三是利益的代理。民众是国家主权的主体，是国家利益的最普遍的拥有者，但国家在对外行为中，民众并不出现，取而代之的是政府。此时，政府虽然是少数人构成的，首要框定和维护的也是少数人的利益，如利益集团，但作为国家行为，它也不能不以所有国民利益的代表者的面孔出现。

国家利益的二重性除了上述三种表现形式，还体现在这几个方面：一是国家利益是抽象性和具体性的统一。国家利益是对国家需求的高度概括，其抽象性不言而喻。但国家利益又是具体的，比如国家的领土统一、海外人员安全的保障等。二是国家利益是普遍性与特殊性的统一。生存、安全、独立、发展等构成了国家利益的普遍性，不同国家主体对国家利益的不同确认、不同排序和不同战略设计则构成了国家利益的特殊性。[④] 三是整体国家利益和具体国家利益的统一。整体国家利益是一定时期国内各阶层共

---

① 参见李小兵：《西方的国家利益理论：历史与现状》，《中共中央党校学报》1997 年第 2 期。

② 《马克思恩格斯选集》第 1 卷，人民出版社 1972 年版，第 38 页。

③ 《马克思恩格斯选集》第 4 卷，人民出版社 1995 年版，第 172 页。

④ 参见潘忠岐：《国家利益的主体性与中美安全关系》，《现代国际关系》2003 年第 11 期。

同分享的最重要、最优先的利益；具体国家利益不是同等重要的，必须有所取舍，而取舍的标准就是总体国家利益。[①] 四是自利的国家利益和共享的国家利益的统一。对任何主权国家来说，其利益可以说都包括两部分，一部分是自利的利益，另一部分是共享的利益。自利的利益只对一方有利，而共享的利益则对相关各方都有利。[②] 毋庸置疑，每个国家的国家利益及其实现在一定的时期具有一定的排他性，比如，国家增强国防力量以实现自己安全利益的努力，会带来其他国家在安全上的一定程度的担忧。但在一个全球化的世界里，在一个相互依赖的地球村中，技术的发展带来国家间互动的日益紧密，国家间利益的共同性和面临的全球问题威胁共同性前所未有，这时共享的国家利益也就体现出来了。如果不能实现这种共同体的利益，自利的国家利益的实现则终将面临被冲抵的危险。

## 二、国家利益在世界政治中的地位和作用

马克思曾指出："人们奋斗所争取的一切，都同他们的利益有关。"[③] 也就是说，利益关系和利益诉求可以在根本上解释人们行为的动机。当今世界依然是一个由国家构成的无政府状态，虽然没有一个超国家的权威存在，但世界并非完全的混乱无序，也就是说国家是遵循着一定的规则或者原则行事的。明白了这个规则也就清楚了当今世界政治的一切奥秘。国际政治的历史和现实告诉我们，国家总是"根据国家利益行事"。[④] 汉斯·摩根索讲得更为直接："只要世界还是由国家所构成，那么国际政治中实际上的最后语言就只能是国家利益。"[⑤] 也就是说，除了国家利益，

---

① W. David Clinton，"The National Interest：Normative Foundations"，*The Review of Politics*，Vol. 48，No. 4，Autumn 1986，p. 500.

② 参见李少军：《论国家利益》，《世界经济与政治》2003 年第 1 期。

③ 《马克思恩格斯全集》第 1 卷，人民出版社 1979 年版，第 22 页。

④ 〔美〕约瑟夫·奈：《理解国际冲突：理论与历史》，张小明译，上海人民出版社 2002 年版，第 73 页。

⑤ Hans Morgenthau，*The Dilemmas of Politics*，Chicago：The University of Chicago Press，1958，p. 68.

我们不可能对国家的行为给出更为合理的解释和说明；任何国际（世界）政治理论脱离了国家利益，不可能准确地解释今天的世界政治。无论是在国际政治实践，还是在国际政治理论建构，国家利益都是一个核心的概念。

在世界政治中，国家利益发挥着三种作用。

第一，国家利益是解释和证明国家对外政策合理性的主要依据。换言之，国家利益被用于政治行为，一直是政治家思考与行动的基础，并被他们娴熟地用来为对外政策提供证明、进行辩护、寻求支持，以推进目标的实现或对此提出谴责、加以否定。[①] 客观地讲，检验和证明国家对外行为合理性并不是一件容易的事，通常的做法是事后归纳，通过对一些历史事件因果关系的分析来评析对外政策的优劣得失。但在大众政治流行的今天，社会舆论已经成为影响对外决策的重要因素，民众关心的是国家为什么采取这样的行为而不是其他的行为，他们需要的是一个事前的理由而不是一个事后的解释，显然传统的历史归纳已无法适应今天的政治生态和政治生活。随着国家利益概念的提出，也随着人们对国家利益问题认识的逐步深入和认可，将国家行为冠以国家利益的称谓也就成为人们可以接受的最大公约数。更进一步地讲，由于国家利益在国家安全和外交决策的过程中一直处于中心地位，不论使用这一概念能否正确地理解世界政治的现实，事实上各国决策者都公开把“为了国家利益”“以国家利益为基础”作为提出和执行对外政策的前提。[②]

但实际上，政治家的决策和行动要正确、客观地反映国家利益并非易事，这往往取决于他们实际所代表的利益，他们把握国家利益的洞察力，以及把他们所领会的东西转变为有效的政治行动的能力。也正是因为这一点，政治家在判断和正确选择国家利益时，存在着出现偏差的可能，20 世纪30 年代英国首相张伯伦推行绥靖政策便是典型一例。[③] 尽管如此，

---

① 参见俞正梁：《变动中的国家利益与国家利益观》，《复旦学报》（社会科学版）1994 年第 1 期。

② 参见戴超武：《国家利益概念的变化及其对国家安全和外交决策的影响》，《世界经济与政治》2000 年第 12 期。

③ 同①。

国家的对外行为一旦以追求国家利益的面目出现，其合理性也就随之而来。

第二，国家利益已成为国家制定对外政策的主要依据。换言之，国家利益已经成为分析对外政策的综合价值标准，因而具有政治分析的功能。今天的国际实践已经证明，国家制定对外政策的首要依据，都是其国家利益。邓小平强调“以自己的国家利益为最高准则来谈问题和处理问题”，[①] 指的就是这一点。马汉在论证国家利益是国家对外政策最首要的考虑的观点时，曾引用华盛顿的一句名言：除了国家利益别指望政府能在任何其他基础上不断地采取行动。国家利益和国家行为之间的逻辑关系在于，国家利益是主权国家生存和发展的必要条件，维护国家利益是主权国家活动必然秉持的核心原则。[②]

正是这种逻辑关系的存在，人们可以将国家利益作为一个关键的指标来分析甚至预测国家的对外政策和行为。追求国家利益既然是主权国家的必然行为和理性行为，这就意味着“如果决策者合乎理性地行事，那么懂得理性法则的观察者就可以在他自己心里预演这个决策过程，倘若他知道决策者的目标，他就能对决策进行预测，并且知道为什么会有这样的特定决策”。[③] 更进一步看：“如果一种方案可以达到某个目的，而另一个方案除了达到这个目的外还可以达到另一个目的的话，人们就宁取第二种方案；而如果一种方案比另一种方案更可能达到某个目的的话，那么人们就宁取第一种方案。”[④] 这样一来，国家采取什么样的行为就变得可以预期，甚至包括国家诉诸战争的行为。黑格尔就认为，国家的权力是绝对的，无论是在政治上还是在道德上，无论是对内还是对外，国家都拥有绝对的权力。尤其是在同其他国家的关系上，国家除了自身的利益，什么都可以不

---

① 《邓小平文选》第3卷，人民出版社1993年版，第330页。

② 参见门洪华：《中国国家利益的维护和拓展》，《国际观察》2015年第6期。

③ Sidney Verba, “Assumptions of Rationality and Non - Rationality in Models of International System”, in J. N. Rosenau, ed., *International Politics and Foreign Policy*, New York: Free Press, 1969, p. 225.

④ 〔美〕戴维·米勒等编：《布莱克维尔百科全书》，邓正来等译，中国政法大学出版社1992年版，第630、631页。

必顾及。因此，当自身的利益被危及时，国家有权进行反对其他国家的战争。战争本身没有什么过错，战争对国家利益来说，实际上是一种道德行为。①

甚至“国家当自身的利益被危及”与战争爆发的关联度也可以通过对国家利益的分析找到一些端倪。比如，2000 年美国国家利益委员会发布《美国国家利益》报告，在美国国家利益四个层次（根本利益、极端重要利益、重要利益、次要利益）的基础上，提出了美国采取军事行动的原则：（1）根本的国家利益，即使没有盟友的参与美国也要准备投入战斗；（2）对于极端重要的利益，美国在利益受到威胁且有盟国共同参与的情况下准备动用武装力量；（3）对于重要的利益，美国应个案处理，并且只有在低代价和其他国家分担最大费用的情况下才应参与军事行动。② 这个报告非常明确地指出了国家利益受损与战争爆发的关联度。尽管这只是美国的个案，但具有启发意义的是，它阐述了国家利益层次与战争行为之间的因果关系。

国家利益的政治分析功能还体现在，通过国家利益的分析框架，还可以探讨国家在作出决策时分析问题的顺序。法里德·扎卡利亚就写道，在分析和制定外交政策时，正确的做法是，“首先应该询问国际体系的因素如何影响国家行为，因为一个国家在国际关系中最有力的、可归纳的特征就是它在国际体系中的相对位置”。③ 扎卡利亚的研究其实指出了国家利益的另一种分类方法，即整体国家利益和具体国家利益。国家利益要作为有意义的分析变量，必须具备整体性和稳定性。这实际上就是我们所说的在一定历史时期内的整体国家利益。④ 而整体国家利益作为一定时期国内

① 参见李小兵：《西方的国家利益理论：历史与现状》，《中共中央党校学报》1997 年第 2 期。

② The Commission on America's National Interests, *America's National Interests*, July 2000, p. 17.

③ Fareed Zakaria, “Realism and Domestic Politics: A Review Essay”, *International Security*, Vol. 17, No. 1, Summer 1992, p. 197.

④ 参见秦亚青：《霸权体系与国际冲突——美国在国际武装冲突中的支持行为（1945—1988）》，上海人民出版社 1999 年版。

各阶层共同分享的最重要、最优先的利益，是由国家在国际体系中的位置所决定的，它能够清晰地界定本国与其他国家在战略层面和具体领域中的利益关系。比如，霸权地位带给霸权国最大的安全、最高的威望、最多的资源财富收益，因此霸权国是维持现状国家，其整体国家利益是维持和巩固这样一种地位；而对于其他大国来说，它们所希望的应该是在现有的基础上谋求更好的国际体系位置。①

明确了国家在国际体系中的相对位置之后，国家接下来的利益考虑又是什么？摩根索认为："任何按国家利益这一标准实施的对外政策都必须与我们称之为一个国家的自然、政治和文化的实体有某种关联。在一个若干主权国家为了实力而相互竞争与对立的世界上，所有国家的对外政策都必须涉及作为最低要求的生存。因此，所有国家都做它们不能不做的事情：保卫它们的自然、政治和文化认同，防止他国的侵害。"② 也就是说，生存利益自然会成为国家核心关切。这也就决定了，国家之间的利益关系，特别是安全利益关系是诠释国际关系的合理视角。但并不是每个国家的生存都面临着严重的威胁，当生存问题不紧迫的时候，国家更关注发展也就是经济利益。用罗伯特·吉尔平的话来说，"安全目标与经济目标的比例有可能受国内外因素的影响而变化，在一个时期重要的目标也许在另外一个时期就变得相对不重要了"。③ 比如当下的中国面临的最主要威胁并非外敌入侵，而是自身的隐患和缺失及其所诱发的政治失序、经济停滞、社会动乱、民族冲突、地方分裂主义等危机。④ 也就是说，"在某个特定的历史时期，何种利益决定政治行动，又取决于制订外交政策的具体政治、文化环境"。⑤

---

① 参见宋伟：《大国的整体国家利益：一种理论分析》，《现代国际关系》2017 年第 3 期。

② Hans J. Morgenthau, "Another. . Great Debate: The National Interest of the United States", *American Political Science Review*, Volume 46, Issue 4, Dec., 1952, p. 972.

③ 〔美〕吉尔平：《世界政治中的战争与变革》，武军等译，中国人民大学出版社 1994 年版，第 22 页。

④ 参见王逸舟：《国家利益再思考》，《中国社会科学》2002 年第 2 期。

⑤ 〔美〕汉斯·摩根索：《国家间政治——权力斗争与和平》，徐昕等译，北京大学出版社 2006 年版，第 24 页。

当然，国家利益的政治分析功能还在于，我们借此可以观察和理解国家分析问题的角度。理论上讲，在众多国家构成的国际社会中，国家利益实现的最大化几乎是不可能的，就像在安全领域的绝对安全是虚幻的一样。因此，在以国家利益为主要归依制定对外政策时，理性的思考方式大概是这样的："我们可以像衡量自己国家似的，衡量其他国家；经过这样的衡量后，我们便能执行既尊重他国利益，同时又保护和促进我们自己利益的政策。"①

第三，在国际政治理论建构的过程中，"任何试图描述、解释、预测和规范国际行为的努力都离不开国家利益这一核心概念"。② 自20世纪初到今天，国际政治理论谱系大致形成了理想主义、古典现实主义、新现实主义、新自由制度主义和建构主义五个大的理论流派。他们提出了对国家利益的不同界定和认知，在此基础上构建起各自的理论逻辑框架。

在两次世界大战期间，理想主义思潮盛行于国际关系学界。它认为，国家利益是以普遍的道德和意识形态来定义的，国际政治是一个总体和谐、可以通过道德和国际法求得进步的过程。也就是说，理想主义国家利益理论的内核是抽象的道德和意识形态，因此理想主义的国家利益观比较固定，在对外政策中以政权体制和意识形态划线；国家可以通过谈判、妥协、条约等手段和途径实现国家利益。③ 古典现实主义认为，国际道德是虚幻的，不能以普遍的道德原则来判断国家的行为，国家利益以权力来定义，国际政治就是一个权力斗争、国家私利主导的过程。事实上，古典现实主义对国家利益问题的理解是把国家安全作为其核心，把力量大小作为其尺度，力量越大，就拥有越大的国家利益。这样一来，在利益冲突永恒存在的情况下，国际政治不可能是和谐的，而是一个寻求权力和利益的斗争过程。新现实主义的一个根本观点是霸权国家必须确保自己的力量优势

---

① 〔美〕汉斯·摩根索：《国家间政治——权力斗争与和平》，徐昕等译，北京大学出版社2006年版，第660页。

② 俞正梁：《变动中的国家利益与国家利益观》，《复旦学报》（社会科学版）1994年第1期。

③ 参见蔡拓、唐静：《全球化时代国家利益的定位与维护》，《南开学报》2001年第5期。

不受挑战，这是霸权国的整体利益；① 它强调的是结构改变国际体系内利益关系的复杂程度，进而影响国际体系的总体状况；在无政府状态下，国家永远把安全和自身利益摆在第一位，国际政治的本质就是冲突，合作是有限度的。新自由制度主义则主张，国际机制可以被看作是世界政治的基本特征；② 国际制度可以影响国家对长远利益与短期利益的预期，可以帮助国家摆脱“相对收益”的困境，为国家间合作提供了保障，促进了国家间利益关系的本质改良；这样一来，国家间的利益关系就可能会出现和谐一致的一面，合作才是国际政治的本质。建构主义则认为，国家利益是由国家身份决定的，而国家身份是由国际体系的文化所建构的。在霍布斯文化下，国家之间的身份互为敌人，其利益也是相互冲突的；在洛克文化下，国家之间的身份互为竞争者，相互间的利益虽然存在着冲突，但并不以消灭对方的存在为目的；在康德文化下，国家间的身份互为朋友，利益关系具有和谐的一面，合作不仅出于实现利益的需要，更是道德的。

可以看出，不同的理论形态都以界定国家利益作为各自理论立论的关键基础，然后通过论证国家利益的实现方式和途径来界定国际政治的本质，反过来再解释和预测国家尤其是大国的国际行为，进而构建起整个理论的大厦。

## 三、世界政治对国家利益的塑造

作为国家利益最大外部环境的世界政治的新发展与新变化直接影响着国家利益的内涵与外延。当今世界处于百年未有之大变局，世界政治的大调整、大发展、大变革直接关乎人们对国家利益的再认识与再界定。在众多变革因素中，尤以全球化的深入发展、全球公域的兴起、以

① 参见秦亚青：《霸权体系与国际冲突——美国在国际武装冲突中的支持行为（1945—1988）》，上海人民出版社 1999 年版。

② 参见〔美〕罗伯特·基欧汉：《霸权之后：世界政治经济中的合作与纷争》，苏长和等译，上海人民出版社 2001 年版。

规则和高科技为核心的国际竞争新形态，对国家利益的塑造作用最为显著。

### （一）全球化深入发展

全球化作为当代世界政治的基础，其对世界政治其他各方面的影响都是深刻而持久的。国家利益是受全球化影响较为深刻的领域之一。

马克思曾对全球化的影响分析道："不断扩大产品销路的需要，驱使资产阶级奔走于全球各地。它必须到处落户，到处开发，到处建立联系。""资产阶级，由于开拓了世界市场，使一切国家的生产和消费都成为世界性的了。""过去那种地方的和民族的自给自足和闭关自守状态，被各民族的各方面的互相往来和各方面的互相依赖所代替了。"① 恩格斯也指出："单是大工业建立了世界市场这一点，就把全球各国人民，尤其是各文明国家的人民，彼此紧紧地联系起来，以致每一国家的人民都受到另一国家发生的事情的影响。"② 从全球化的发展历史可以看出，经济全球化的实质在于全球的经济行为开始跨越政治上以民族国家为主体的国家和地区的边界，把整个世界更紧密地从经济结构的深层次上连接起来，从而进一步在政治制度、思想文化、意识形态等方面产生全球性影响的过程。③ 从结果上看，"全球化是相互依赖规模最大化的过程，不仅指体系内和单元之间相互影响的关系，更侧重从整个系统的角度肯定系统的各种内生变量，和外生变量对整个系统的整合作用"。④ 这些变化以某些特定的方式构建了一个新的世界政治体系，在这个新的体系中，影响和塑造国家利益的新因素出现了。

首先，共同利益或者说全球利益出现了。马克思指出，共同利益"不是仅仅作为一种'普遍的东西'存在于观念之中，而且首先是作为彼

---

① 马克思、恩格斯：《共产党宣言》，人民出版社 2018 年版，第 31 页。

② 同①，第 87 页。

③ 参见张丽华：《经济全球化背景下国家利益分析》，《政治学研究》2009 年第 3 期。

④ 〔美〕罗伯特·基欧汉、约瑟夫·奈：《权力与相互依赖》，门洪华译，北京大学出版社 2002 年版，第 16 页。

此分工的个人之间的相互依存关系存在于现实之中”。[①] 全球化本质上是国际分工的深化并形成一种紧密的相互依赖关系。全球化趋势的最大后果，就是使任何一个传统意义上的民族国家对经济和货币政策的控制，都在根本上受到冲击。国家利益在某种意义上已经不是传统意义上孤立的民族国家自身的利益，而是逐渐变化成为区域内各国家之间的共同利益，或曰全球利益。[②] 在这种情况下，一方面，国家利益从封闭的体系转变为开放的体系，框定国家利益的因素大大增加；另一方面，各国之间的经济、政治、社会和文化的相互交织和依存日益密切，形成你中有我、我中有你、一损俱损、一荣俱荣的全球“利益共同体”和“命运共同体”。同时，在全球化时代，国家的共同利益还以另一种面目出现了，随着全球化进程的深入发展，人类面临的全球问题日益凸显，也就是说世界各国面临着共同的威胁，共同应对这些共同的威胁也成为国家间共同利益和全球利益的一种表现形式。共同利益和全球利益的出现意味着，国家利益实现的逻辑发生了前所未有的变化，即国家利益的最终实现不能以损害全球利益为前提，因为，全球利益与每个国家的一部分国家利益是一致的，合理的国家利益只可能与集体性的国际利益相对立，但与全球性的国际利益应该是一致的。[③] 这也正如马克思和恩格斯指出的那样：“既然正确理解的利益是整个道德的基础，那就必须使个别人的私人利益符合全人类的利益。”[④]

其次，在全球利益的基础上，全球意识出现了。全球意识就是在承认国际社会存在共同利益、人类文化现象具有共同性的基础上，超越社会制度和意识形态的分歧，克服民族国家和利益集团的限制，以全球视野去考察和认识社会生活以及历史现象的思维方式。[⑤] 在全球意识的逻辑中，当个人利益、群体利益与人类共同利益发生矛盾时，个人利益、群体利益要

① 《马克思恩格斯选集》第 1 卷，人民出版社 1972 年版，第 37 页。
② 参见李小兵：《西方的国家利益理论：历史与现状》，《中央党校学报》1997 年第 2 期。
③ 参见阎学通：《中国国家利益分析》，天津人民出版社 1997 年版。
④ 《马克思恩格斯全集》第 2 卷，人民出版社 1957 年版，第 167 页。
⑤ 参见蔡拓：《当代全球问题》，天津人民出版社 1994 版。

服从于人类共同利益。全球意识实际上倡导一种全球伦理，推崇相互受益性的共生概念，因此相对于全球意识而言，国家利益至上性的传统观念日益暴露出狭隘性。[①] 从根本上讲，全球意识的出现还意味着国家是否仍以追逐财富为最终归依，当追求财富的目标和国际伦理或者国际道德出现内在紧张时，国家应该做出什么的选择。对于这一点，马克思很有远见地指出："总有一天，人类的理智一定会强健到能够支配财富，一定会规定国家对它所保护的财产的关系，以及所有者的权利的范围。社会的利益绝对地高于个人的利益，必须使这两者处于一种公正而和谐的关系之中。只要进步仍将是未来的规律，像它对于过去那样，那么单纯追求财富就不是人类的最终命运了。"[②] 从这个意义上讲，全球伦理和全球道德即便不是国家利益的组成部分，也将成为影响国家利益实现的一个关键因素，甚至是前提条件。

再次，全球化时代还出现了许多新认同政治，表现为地方认同、种族认同、团体认同、个人认同，等等。这种认同上的分散化和多元化，转移了人们对民族国家的忠诚，并开始解构民族国家的凝聚力，从而弱化了对国家利益的认同。[③] 当认同和忠诚出现弱化，国家利益将有可能像 20 世纪以前那样变得重新模糊起来。

最后，全球化的深入发展使得国家利益的各个组成部分的重要性和实现条件出现了新的变化，文化的重要性将前所未有地凸显出来。从安全利益来看，传统安全观中的政治、军事安全地位仍然重要，但经济、科技、信息、环境等安全的重要性、迫切性迅速上升，这些利益形式在整体国家利益构成的排序发生了位移。从政治利益层面来看，国家主权尤其是经济主权的让渡是一个国家参与国际竞争合作的前提。从经济利益来看，经济利益在国家利益中的权重显著提高。从文化利益来看，文化的地位和作用引起人们越来越高的重视。应当说，全球化既是一个认同弱化的时代，同时也是一个认同重构的时代，而重构认同的首先就是

---

① 参见蔡拓、唐静：《全球化时代国家利益的定位与维护》，《南开学报》2001 年第 5 期。

② 《马克思恩格斯选集》第 4 卷，人民出版社 1995 年版，第 179 页。

③ 同①。

文化。

历史地看，“没有文化方面的考虑，对外政策就不可能是有效的”。① 美国学者也是颇为得意地论证道：“美国的文化实力是美国主宰世界的最深广的力量源泉。美国的单极霸权并非来自它的美元的多少、人口的数量或军事实力的大小，而是来自它的文化。”② 尼克松在《1999：不战而胜》一书中更是直言不讳地说：进入21世纪，采用武力侵略的代价将会更加高昂，而经济力量和意识形态的号召力将成为决定性的因素……播下思想的种子，这些种子有朝一日会结成和平演变的花蕾。文化重要性的凸显意味着，在全球化时代，国家利益的实现更依赖于“软”的一面，尤其是文化的感召力，而非单纯物质层面的累积。

### （二）全球公域的兴起

全球公域兴起是当代世界政治发展的一个新现象、新特点，其对国家利益的影响正逐渐显现出来。

全球公域泛指任何国家主权管辖范围以外的区域及其资源，主要有海洋（国际公海和国际海底区域）、外层空间（大气层和太空）、极地和网络。国际法已经明确了海洋、外层空间和南极洲这几个领域均作为“全人类共同利益”“人类共同继承财产”的共有属性。对北极和网络的全球公域属性，目前国际社会尚未达成共识，但它们明显具有全球公域的特征。全球公域的概念缘起于西方经济学，主要用于解决全球公共资源的配置问题；而后进入国际法学，主要关注全球活动中的权利与义务分配问题；近年转向国际关系学，主要探讨全球公共空间对于国家间关系与世界政治的影响。③

总的来看，全球公域作为“全人类共同利益”和“人类共同继承财产”，具有四个鲜明的特征：一是所有权的公共性，主权色彩弱化甚至不

---

① 〔美〕罗伯特·布路姆：《美国文化事务与对外关系》，北京翻译社译，世界知识出版社1965年版，第5页。

② Clarks. Judge, “Hegemony of the Heart”, *Policy Review*, January2002, p. 59.

③ 参见韩雪晴：《全球公域治理：全球治理的范式革命?》，《太平洋学报》2018年第4期。

存在。二是使用权的开放性，但并非完全开放，实际上具有一定排他性。三是资源开发的竞争性，全球公域所蕴藏的资源虽属于公有，但由于资源使用具有竞争性，部分国家实际上掌控着这些资源开发和利用的主导权，存在“先到先得”的状况。四是整体性，对某一单独领域的规则制定会影响到其他领域的适用。

全球公域虽然属于整个国际社会，但对于国家而言，全球公域却是决定一个国家生存发展空间和战略安全保障的战略边疆。比如海洋和南极：世界海洋矿产资源总储量大约6000亿亿吨。以锰结核为例，世界洋底的锰结核总量约3万多亿吨，其中太平洋底最多，约1.7万亿吨，含锰4000亿吨、镍164亿吨、铜88亿吨、钴58亿吨。这些矿产资源的储量相当于目前陆地锰储量的400多倍、镍储量的1000多倍、铜储量的88倍、钴储量的5000多倍。南极的资源包括5000亿吨的煤炭，足够世界用200年的铁矿，每年5000万吨相当于今天世界捕捞量一半的磷虾和储存着地球上72%的淡水。这些丰富的资源对于任何国家而言都意味着生存发展空间的巨大拓展。从发展的角度来看，人类社会面临着的一个重大问题是，全球各国利益需求的无限性，与世界资源、环境和空间有限性之间的矛盾。当然，全球性的市场经济和技术进步，在不断地解决着人类面临的这一矛盾。但是，地球上人类的利益需求与资源环境供给，每个时期有阶段性的极限，也有终极的极限。① 全球公域的战略安全价值也是极为重大的，就海洋和太空而言，国家力量在这两个领域的有效存在，意味着国家可以将战场从地理边疆外推到战略边疆，以必要的战略空间换取宝贵的战略反应时间，从而获得更有效的战略安全保障。从这个意义上讲，全球公域事关国家安全和发展的重大利益。

全球公域的战略价值引起世界各大力量的关注，欧盟将全球公域定义为富有战略价值的开放性空间；美国认为，对全球公域的控制是美国全球时代新霸权的关键性支撑力量；俄罗斯对北极海域的主权声索更是引起了

① 参见周天勇：《中国国家利益观的发展变化趋势》，《中国战略报告》（第4辑），上海人民出版社2017年。

北极国家间的大规模纠纷。这些动向，一方面引起全球公域究竟是“共有地”还是“无主地”的讨论，另一方面也凸显出如何平衡全球公利与国家私利的共域治理内在困境。这也体现出全球公域兴起对国家利益的第一个塑造，即如何在一个主权色彩弱化的领域实现一定意义上象征着国家主权的国家利益。换言之，国家利益的实现不可能在公域中遵循传统的行事方式，哪怕是最基本的主权原则，也要大打折扣。

全球公域兴起对国家利益的第二个塑造体现在，国家利益与保障国家利益实现的国家能力之间在一定程度上出现了错配。从逻辑上讲，全球公域属于全人类，是国际社会的共同财富，每个国家在其中都享有各自应有的利益。但从国际伦理上讲，每个国家在公域中的利益边界是有限的，尤其不能依靠力量和权力来无限地界定自己的利益。可问题又在于，全球公域的开发和利用高度依赖一个国家的科技、经济实力，这是国家利益在公域领域得以实现的必要前提。这就带来了国家能力的无限和国家利益的有限之间的内在紧张。

全球公域的兴起本质上是国家生存和发展能力的深度延伸，是国家对全球公域战略价值的再认识。对今天的世界政治而言，它提供了一方全新的试验田，让主权国家不再完全以“主权原则”的方式行事，秉持全新的观念，打造全新规则，缔造全新的秩序。从这个角度讲，全球公域的兴起标志着人类文明范式的变革和人类“命运共同体”意识的觉醒。全球公域治理预设一种世界共生的理想和人类“命运共同体”的意识：资源共管、制度共建、利益共享、责任共担。据此而言，全球公域将成为打造人类命运共同体的最佳领域之一。这也折射出人类整体发展的历史轨迹，就像马克思指出的那样：“凡是民族作为民族所做的事情，都是他们为人类社会而做的事情，他们的全部价值仅仅在于：每个民族都为其他民族完成了人类从中经历了自己发展的一个主要的使命。”[①] 这也是人类社会从“民族历史”到“世界历史”演进的必然过程，这个过程现在就体现在了全球公域上。

---

① 《马克思恩格斯全集》第42卷，人民出版社1979年版，第257页。

### （三）国际竞争的新形态：国际规则与高新技术

尽管当今的国家利益因为全球化的深入发展和全球公域的兴起而出现了共同性和共享性的一面，但世界政治的另一个发展趋向却让人们难以乐观，那就是传统大国政治尤其大国地缘竞争的复归，以国际规则和高新技术为主要标志的大国竞争日趋激烈。这种竞争形态的出现，一方面改变了国家利益的结构，另一方面使得新兴大国和守成大国之间的利益冲突越来越难以规避。

所谓规则，是指对行动的专门规定和禁止。① 因为国际规则的存在，合作进程中的信息不对称与欺诈行为才能被有效遏制，合作得以进行。国际规则的另一个功能在于其黏性，即通过规则将国家未来的收益和现在的行为联系起来，两者呈现出正相关的关系。因为规则的这些客观功能，为了在世界政治中的合作不只是在临时的基础上进行，人类必须使用规则。② 在冷战后的国际实践中，以美国为首的西方国家在世界政治、世界经济和国际金融贸易等领域制定的一系列的规则，连同保障这些规则效用的国际组织，一并构成了当今世界秩序的基础。镶嵌于这些规则之内的西方国家的利益也随之得到了最大限度的保障，以美国为首的西方国家也将是否护持这些规则作为现状国家和修正主义国家的主要标准。国际规则之所以重要还在于国际规则的社会化功能，即把国际制度和规范与国家或国家内的集团和行动者联系起来的机制。③ “国家利益是根据国际上公认的规范和理解——什么是善的和合适的——来认识。规范的语境也随时间变化，当国际上公认的规范发生变化时，它们就引起体系层面上的国家利益和行为的相应转变。国家利益的再定义常常不是外部威胁和内部集团要求

① Stephen Krasner, "Structural Causes and Regime Consequence: Regime As International Variables", *International Organization*, Vol. 36, 1982, p. 186.

② James Der Derian, *International Theory: Critical Investigation*, New York University Press, 1995, p. 291.

③ 参见袁正清：《国家利益分析的两种视角》，《世界经济与政治》2001 年第 9 期。

的结果，而是由国际共享的规范和价值所塑造。”① 也就是说，掌握了规则就在一定程度上握有了界定国家利益的话语权。正是因为国际规则的这种规范作用，以美国为首的西方国家表现出对国际规则的极端重视，不管是奥巴马还是特朗普都声称，决不能让中国这样的国家来制定规则。

近年来，以中国为首的新兴市场国家的崛起使得西方开始反思国际规则的效用。一方面新兴国家确实在既有规则体系下实现了崛起，但西方认为这些国家的崛起具有极端的实用主义特征，既利用了有利的规则空间，又规避了规则的社会化，这些国家并没有变得跟它们一样。另一方面西方固然是既有规则体系受益者，但它们认为这种收益是不均衡的，新兴国家获取的收益可能更高，却没有承担应有的国际责任。在这种情况之下，变革既有规则以获取更大的收益成为西方尤其是美国的战略选择。基于超强的国力，以霸道的做法，从多边主义退到单边主义，重新为世界定规立制，美国反而成为当今国际规则体系的最大的修正主义者。

对于新兴国家而言，在还没有完全适应既有的规则体系的时候，又再次面临着重新“入世”的门槛。这是一个难以取舍的两难：退让意味着国家利益将受到长远的冲击，甚至国家利益的界定亦将受制于人；不退让整体国际环境就会变得严峻，在他强我弱的力量格局下，又将何以自处。这也表明，在大国规则竞争的状态下，新兴国家和守成国家的利益越来越难以兼容。

大国竞争的另一个领域就是以信息技术、生物技术、新材料技术、智能制造等为代表的高新技术。这些关键技术往往开发难度很大，需要颠覆性的创新，但一旦开发成功，具有高于一般的经济效益和社会效益。环顾今天的世界政治，世界主要国家的竞争，根本上是科技创新的竞争，高新技术产业的竞争已成为国际竞争的制高点。科学技术是第一生产力，这一命题在当下依然适用。从国家利益角度来看，高新技术对于一个国家的安全利益、经济利益、政治利益和文化利益的实现和保障都具有极为关键的

① Matha Finnemore, *National Interests in International Society*, Cornell University Press, 1996, p. 27.

作用。安全利益和经济利益自不待言，单就政治利益而论，随着信息技术的快速发展，当今的政治动员和组织模式、形态已经出现了前所未有的崭新特点。从2010年突尼斯的“茉莉花革命”到今天，利用信息技术进行网络教化、宣传、组织、动员甚至是武装，已成为一种极为普遍的政治运作模式。特朗普式的“推特治国”虽然被人诟病，但不能不说是代表了一种高新技术条件的政治宣传和动员的形式，甚至是一种趋势。就此而论，能不能适应高新技术条件下的政治生态和运作模式的变化，将成为国家的政治利益是否得到有效的保障的一个重要条件。

大国之所以将竞争聚焦于高新技术，也跟2008年国际金融危机之后世界经济复苏乏力有关。大国都力图通过颠覆性的科技创新，发展高新科技打造新的产业形态，推进产业结构升级，提高和完善产业的价值链，寻找新的经济增长点。正是因为如此，各大国纷纷出台各自的高新技术发展战略，争夺国家发展的制高点。美国就已经发布了“美国制造业复兴法案”“先进制造业伙伴计划”“先进制造业国家战略”以及“制造业创新网络计划”，支持制造业发展。日本、德国、法国也不甘落后，日本提出“日本再兴战略”、议会通过了《产业竞争力强化法案》，德国提出了“工业4.0”，法国提出了“新工业34项计划”应对新工业革命的挑战。近20年来，印度政府一直将扶持高新技术产业锁定在信息、生物和材料三个领域，早在1998年印度政府就制定了扶植高新技术产业发展的《2020年科技远景发展规划》。2015年，为了应对新一轮科技革命和产业变革，中国提出《中国制造2025》。

发展和掌握高新技术已成为实现国家利益的集中体现。当下高科技条件的大国竞争具有两种表现形式：一是通过颠覆性的创新掌握更为前沿的高新技术，引领高新技术发展的潮流和趋势。二是通过某种形式的博弈，阻止或延缓其他国家掌握高新技术的进程，并使其对自己形成高新技术的依赖。历史地看，对高新技术特别是军民“两用”技术的安全管控，一直是西方维持霸权和维护发展优势的主要手段，从巴黎统筹委员会到《瓦森纳协定》，从“关税和贸易总协定”（GATT）到“世界贸易组织”，以美国为首的西方国家不断通过制度设计控制核心技术，维持垄断地位。

近年来，美国对高新技术实施安全管制也表现出新的动向：改革出口管控制度，提升高技术和敏感技术的贸易门槛；加大外资投资安全审查力度，增加对关键技术和网络安全的审核与重视；考虑启用《国际突发事件经济权力法》；限制国际高新技术的人才交流与招募；等等。[①]

美国对新兴大国尤其是中国发展高新技术的努力表现出异乎寻常的关注，也体现出大国高新技术竞争的主要特点。自特朗普政府以来，美国更是以“选择性脱钩”的方式力图在科技领域实现“小院高墙”，以此来迟滞中国的高新技术发展。同时，美国还打造科技联盟以在高科技和战略行业领域维持对中国的技术优势。美英澳三国同盟（AUKUS）在成立之初就宣称，追求一个覆盖从网络到人工智能的宽领域外交与技术合作。美日澳印四国机制（QUAD）更是将技术领域的合作作为核心，重点围绕5G的多样化部署和半导体供应链安全展开，而合作范围则延伸到网络安全和太空领域。此外还有美欧科技联合。2021年9月29日，美欧首次在匹兹堡召开了“跨大西洋贸易和技术理事会”（TTC），美国商务部长雷蒙多公开宣传，美欧需要合作降低中国创新的速度。2022年5月16日，TTC在巴黎召开第二次部长级会议，会议提出要摆脱对威权国家的经济依赖，期望美欧在消除强迫劳动、提高稀土、太阳能及芯片产业的供应链多样化与透明度等方面深化合作。客观地看，中国等新兴国家的高新技术发展确实存在着短板：一是对外依赖度高。二是企业经营成本较高。近年来，中国扶持高新技术产业发展的政策不断完善，但市场营商环境仍有待优化，诸如企业主体地位未确立、市场准入门槛较高、投融资渠道不畅、知识产权保护不力等问题依然存在。三是科技进步贡献率偏低。目前中国科技进步贡献大约是60%，全球主要创新型国家超过70%，美国和德国更是高达80%。[②]

高新技术的竞争也表明大国之间的竞争，本质上进入了知识竞争和人

---

① 参见桂畅旎、杨诗雨：《美国强化高新技术安全管制的动向及影响》，《中国信息安全》2018年第8期。

② 参见董希淼、吴琦：《高新技术产业成国际竞争制高点》，《中华工商时报》2018年7月12日。

才竞争的新阶段，科技创新成为国际战略博弈的主要战场。在高新技术发展存在着短板，在西方国家占据一定技术优势的情况下，新兴国家应对高新技术竞争虽然面临重重困难，但同时也要看到历史性的机遇已经到来，即在第四次科技革命面前，新兴国家和发达国家首次站在了同一起跑线上，大家都面临着同样的前所未见的科技创新命题，这就意味着，谁能在科技创新领域走在前沿，谁就能站在时代和世界的前列。因而对于新兴国家而言，当前只能迎难而上，以机制性的教育改革培育更多的优秀人才，以颠覆性的创新去掌握核心的高新技术。唯有如此，国家的命运才能掌握在自己手里，这既是高新技术竞争条件下实现国家利益的有效手段，更是保障国家利益的必要前提。

# 第八章

# 当代世界政治中的国家权力

权力之于政治学，就像货币之于经济学。权力是政治学最为基本的概念之一。人对权力既喜欢（可以实现自己的目标）又厌恶（权力往往伴随着等级和强迫），但是政治不会消失，权力也无法从人类社会中抹去。国家是世界政治的基本行为主体，可以说不理解国家权力就无法理解世界政治。

## 一、世界政治中国家权力的内涵

国家运用手中掌握的权力来解决国际问题，而国家间权力关系本身又构成了国际问题的一部分。理解国家权力是分析世界政治事务的前提与基础。

国家权力经常与国家实力相混淆。实力是指国家掌握的资源，而权力本质上是一种关系，涉及两个及以上的行为体。罗伯特·达尔认为："权力是行动者之间的一种关系，通过这种关系，其中某人带动别人采取行动，没有这种关系，他们就不会这样做。"① "全球化时代的关键词是流动（flow）、外购（outsourcing）和联结（connectivity），把权力静态、封闭、孤立地理解为国家拥有的领土内重要资源，已经远远落后于今天的国际关系实践"，② 因此，国际政治研究者也越来越多地从关系性的角度来理解

① 石永义等编：《现代政治学原理》，中国人民大学出版社 2000 年版，第 98 页。

② 庞珣、权家运：《回归权力的关系语境：国家社会性权力的网络分析与测量》，《世界经济与政治》2015 年第 6 期。

权力。我们可以从以下几个角度加强对国家权力的理解：

### （一）国家权力是对国家实力的运用

国家实力是国家权力的基础，但是有实力并不等于有权力，使用实力的技艺非常重要。从实力到权力有一个转化的过程，国家使用实力的技艺会直接影响转化效率。

首先，领导人及其政策团队运用国家实力的水平受到他们对国际形势的认知与利用水平，以及国内社会制约等多种因素的影响。对国际形势（包括国家实力对比，主要潮流和趋势）的认知越符合实际情况，对国际社会演化方向判断越准确，制定的政策越与之相符合，国家实力转化为权力的效果越好。冷战结束前后美国外交在这方面提供了很典型的成功与失败的案例。里根在竞选期间对卡特政府的“人权外交”进行了激烈的批评，认为军事实力才是美苏竞争的关键而不是意识形态；但是，入主白宫之后，里根发现了所谓的“第三波”，[①] 即在欧洲、亚洲和美洲等地区许多国家内部开始出现了进行政体变革的诉求，将会对国际社会产生深刻影响，因此里根政府用比卡特政府激烈得多的意识形态语言将美国树立为“自由民主”的领路人与赞助者，提升了美国在世界范围内的影响力。冷战结束后，美国政府对国际形势有不少误读，比如，相信冷战之所以结束是因为美国政治制度和意识形态的完美无缺（其实根本原因是苏联的表现实在太糟糕）、认为推广美国的政治制度可以实现国际社会的“永久和平”等。对国际形势的错误理解直接推动美国在阿富汗和伊拉克进行了两场“乌托邦”实验，最终不仅没有获得成功，还使美国国家权力受到损害。

其次，领导人及其团队的外交能力会影响国家具体的政策实施，进而作用于国家权力。如果外交能力差，即便该国对国际形势的认知是准确的，也无法收获良好的效果。19 世纪 70 年代，德国完成统一后，成为欧

---

① 参见〔美〕塞缪尔·亨廷顿：《第三波：20 世纪后期的民主化浪潮》，欧阳景根译，中国人民大学出版社 2013 年版。

洲大陆最强大的国家，但俾斯麦认识到了德国的安全环境其实非常脆弱，很容易招致英国、法国、俄罗斯的联合制衡，从而导致德国在事实上处于被包围的状态。因此，俾斯麦依靠自己的外交技巧，缔结了复杂的联盟体系，同时限制德国追求殖民地的野心，转而鼓动英法俄围绕殖民地问题产生矛盾和冲突，为德国争取了较为有利的地缘政治环境。威廉二世上台之后，同样认为德国的安全环境非常脆弱，但他选择的策略是“耀武扬威”，跟英国进行海军军备竞赛，取消与俄罗斯的同盟条约，追求建立殖民帝国等，造成的结果就是威廉二世越追求安全，德国就越不安全，德国的权力相对下降。

再次，有的国家可以发挥与自身实力不匹配的国际影响力——国家权力的重要组成部分。有学者将人口规模低于1000万的主权国家界定为小国，[①] 但是有的小国在地区和国际舞台上能够发挥出巨大的影响力。比如，新加坡2020年人口约569万，是典型的“小国”。但是新加坡的影响力是世界级的。“建国以来的新加坡已经崛起为一个引人注目的‘小型强国’，无论在国内治理还是在对外战略方面都令世人称道。……新加坡的成功当然与其相对成功的国家治理密切相关。但除此之外，不可忽视的一点是它推行了一套切实可行、现实灵活、适应国家生存和发展的对外战略。新加坡外交哲学与原则的主要特点是现实性与开放性并举。内外环境、生存压力以及未来的不确定因素（脆弱性）是新加坡对外战略思维的出发点。新加坡一直成功地‘将现实主义的竞争性需求与自由制度主义的互补性需求巧妙地合成在一起’，即战略安全方面的现实性与经济发展上的开放性密切结合。‘低姿态’的周边外交和相对‘高姿态’的多边外交相结合，实力外交与形象外交相结合，双边外交与多边外交并用，并熟练运用大国平衡战略。这些外交哲学与原则是这个国家经济外交与政治外交非常‘到位’的前提和基础。”[②]

最后，由于领导人及其团队的外交能力以及所采取的策略不同，即便

① 参见韦民：《小国概念：争论与选择》，《国际政治研究》2014年第1期。

② 参见韦民：《论新加坡与东盟关系：一个小国的地区战略实践》，《国际政治研究》2008年第3期。

是在一个较短的时间尺度内，同一个国家在领导人更替后会展现出不同的国际影响力。富兰克林·罗斯福主政时期，美国构想的“二战”后世界秩序以大国协调为根基，强调美苏保持合作的可能性及其对于世界政治的重要性。罗斯福去世后，杜鲁门总统的外交政策选择和行事风格与罗斯福有非常大的差异，关注的焦点也不同。比如，罗斯福非常重视与斯大林的私人友谊与沟通渠道，杜鲁门对斯大林和苏联显然并不信任，更加倚重同为民主国家的英国，因此丘吉尔的影响力在“三巨头”中上升，美苏两国渐行渐远，世界政治步入了两极对抗格局。

### （二）权力是一个互动的概念

首先，权力在互动中才能形成。互动得越频繁权力关系越紧密。中华帝国时期，中国主导了东亚的天下体系，在这一体系内，中国与其他政治体存在互动，也就存在权力关系。与中华帝国互动越频繁在这一体系中所处的位置就越核心；在边缘地区，朝贡国与中华帝国的权力关系几乎只发生在偶尔的互动时刻（比如纳表称臣和朝贡的时候）。中国与天下体系之外的政治体几乎不存在互动，也就不存在权力关系。

其次，权力在互动中会发生消长变化。国家在互动交往中会运用权力来追求自身的利益，如果这些行为能够提升本国相对实力，那么该国的权力基础会越来越坚实，否则就会被削弱，国际权力呈现出下降态势。冷战结束之后，美国的综合实力独步天下，手握世界上最大的权力，但是很多专家认为美国冷战后对权力的使用并不恰当，以至于美国的相对实力正在下降。正如现实主义学者所评论的：“美国犯了严重错误。大多数人对2018 年美国外交政策的看法与对 2003 年时外交政策的看法截然不同，更不用说 20 世纪 90 年代初了。悲观主义——而不是乐观主义——主导着对美国偏离现实主义期间所作所为的大多数评估。在小布什总统和贝拉克·奥巴马（Barack Obama）总统领导下，华盛顿在大中东地区制造死亡和破坏方面发挥了关键作用，而且几乎没有证据表明这场混乱会很快结束。……自 1989 年以来，美国每三年就有两年在打仗，打了七场不同的战争。我们不应该对此感到惊讶。与西方的流行智慧相反，自由主义外交政策不是合作与和平的方案，而是不稳定与冲突的方案。”①

最后，权力的内容与表现形式同行为体的互动策略密切相关。权力具有不同的内容和表现形式，有的权力是通过军队以暴力（冲突和战争）或潜在暴力（军事动员和演习等）的形式得以展现和运行的，有的是通过语言以明显（直接威胁或者劝说）或暗示的方式实现的，这些内容和表现形式的形成取决于权力关系中行为体的互动策略。为了在互动关系中占据较为有利的地位以及为了共同利益，国家的互动策略是在进化的。总体而言，随着国际关系的进化，国家对武力的使用更加谨慎了，以武力获取权力正变得越来越不可行。权力关系变得更加隐蔽、更加非暴力化。

### （三）权力是一个比较概念

首先，权力比较的是国家掌握实力的大小。19 世纪，欧洲国际体系开始向世界上非基督教地区拓展，当它拓展至东亚地区时，“它发现自己遭遇到另外一个由中国主导的国际大家庭。两个互不相容的体系于是发生了碰撞，最终处于扩张态势的西方国际大家庭的光芒盖过了对手”。② 在西方国家到来之前，清帝国是东亚最强大的国家，主导了地区体系，但是英国等欧洲列强的工业和军事能力远远超过清王朝，它们到来之后，清朝被击败了，东亚国际体系成为欧洲国际体系的从属。

其次，权力比较的是国家使用实力的策略与技巧。在世界政治中有很多以弱胜强的案例，比如越南战争时期，美国是世界上最强大的国家，北越的军事装备和综合实力无法与美国相比，但是北越利用地理和非对称战争的优势将美国拖入了失败的深渊。大国之间的竞争也是如此，英国之所以能够在较长时间内主导世界秩序，除了工业实力，同样重要的是它杰出的外交能力。英国在欧洲大陆采用的是制衡策略，及时评估哈布斯堡王朝、法国、德国和俄罗斯之间的权力平衡，“扶弱抑强”，有效地服务了

---

① 〔美〕约翰·米尔斯海默：《大幻想：自由主义之梦与国际现实》，李泽译，上海人民出版社 2019 年版，第 6 页。

② 徐中约：《中国进入国际大家庭：1858—1880 年间的外交》，屈文生译，商务印书馆 2018 年版，第 8、9 页。

它的全球霸权。美国的独立使得英帝国遭受了很大打击，但是英国很快找到了解决帝国危机并将帝国推至新的辉煌巅峰的办法：告别“旧殖民制度”，建立“非正式帝国”。旧殖民制度是排他性的，是“英国与其海外殖民地之间的关系以法令形式确立下来的经济与贸易关系。它是传统重商主义政策的产物，也是在其原则指导下帝国殖民政策的集中体现”。但是北美独立战争之后，英国人对殖民政策进行了反思，政策开始发生变化：“除了占领世界各地交通要道上的战略要地，以确保海外贸易的安全，英国人对帝国版图的单纯扩大已经失去了兴趣，运用经济的、军事的、外交的以及政治的手段，最大限度地扩展英国在全球的势力范围，将落后国家与地区变为英国经济、政治上的附庸，而不是变为英国直接统治的殖民地，从而最大限度地获得经济利益，成为帝国新的追求。这种新的帝国政策，被历史学家称为‘自由贸易的帝国主义’（The Imperialism of Free Trade），而这期间由英国所征服与控制的势力范围，则被看作英国的‘非正式帝国’（Informal Empire）。”①

最后，权力比较的是行为体间达成目标和使用权力的意志。恐怖主义势力发挥影响力和达成目标的手段之一就是显示自己使用暴力的意志比对手更加坚决，不怕流血和死人，而且会长期坚持，比如通过反复制造爆炸、公开处决其他国家公民等策略在对象国内制造恐慌，削弱该国社会对政府反恐政策的支持，进而为自己争取有利的环境。在国际竞争中，国家也需要比拼意志。典型案例是古巴导弹危机，赫鲁晓夫和肯尼迪都展示了达成目标的意志。不过，国家在比拼权力意志的时候，如果能够预料到最终结局是招致共同的、难以承受的灾难，它们有可能作出让步，达成和解。古巴导弹危机时，美苏双方认识到核战争的前景是交战国家甚至人类文明的毁灭，这是两国都难以承受的，因此，两位领导人最终都作出了让步，达成了和解。

综合来看，国家实力是权力的基础，但是国家使用实力的技艺水平直接影响权力的大小。国家权力不是绝对的，而是相对的，它取决于互动国

---

① 张本英：《英帝国史：英帝国的巅峰》，江苏人民出版社2019年版，第2、58页。

家之间实力基础、外交能力和决心意志的比拼。国家在互动中采取的策略决定了权力的内容与表现形式。宏观历史趋势使得国家权力关系越来越隐蔽和非暴力化。

## 二、国家权力的构成要素

国家权力不是无源之水，它是由多种要素构筑而成。国家要想增强权力，不仅要设法扩大这些要素，补齐明显短板，还需要提升组合运用它们的能力。

国家权力（National Power，NP）如果用公式表示应该是：国家实力×外交能力。国家实力（National Strength，NS）包括物质实力和非物质实力，具体来说由经济实力（E）、军事实力（M）、文化和意识形态实力（C）以及政治实力（P）构成。其中，“政治实力为操作性要素，而其他三项（军事、经济和文化）实力是资源性要素。也就是说，政治实力具有扩大和缩小其他三个要素作用的功能。如果政治实力下降至零，那么其他三个要素就不能发挥任何作用。用数学公式可以表示为：$NS = (M + E + C) \times P$”。[①]

外交能力（D）同样是操作性要素。有两点需要说明：一是政治实力并不意味着外交能力。有的国家政治实力强，但是外交能力弱。政治实力表示的是在单个政治实体内部，政府维持秩序和动员社会资源的能力。一国的外交能力则需要放在多个政治实体构成的国际社会中加以衡量。国际社会与国内社会的游戏规则存在非常大的差异，甚至可能截然不同，这就导致有的国家“内斗内行，外斗外行”。比如清王朝可以说达到中国传统帝国政治术的巅峰，但是在加入欧洲主导的世界秩序之后却需要重新学习国际规范和行为方式。清王朝国内的政治能力（中央—地方关系、帝王统治术）反而成为削弱其外交能力的因素。二是这里的外交指的是“大外交”。除了专业的负责部门和从业人员（比如外交部、驻外使领馆以及

---

① 阎学通：《大国领导力》，李佩芝译，中信出版社2020年版，第17页。

它们的职员等），大外交还包括军事、经济、宣传等部门及其职员，以及政府能够调动的社会力量（个人、企业和社会组织等）。因此，大外交是一个“顶层概念”，意味着国家的最高权力部门需要对自身实力进行有效的整合，形成合力，这也意味着外交失败往往会引发国家政治体系的系统性危机，民众会质疑政府能否给予他们有效的保护并在国际政治竞争中生存下来，进而获得胜利。

综合来看，国家权力（NP）的公式为 $NP = NS \times D = [(M + E + C) \times P] \times D$。我们可以对国家权力的构成要素做更加详细的考察。

### （一）国家实力

首先，军事实力。军队是“聚集暴力以致人死亡的社会组织”。聚集意味着动员和集中；致人死亡意味着危险。由于它的致命性，军事实力“可以激起独特的心理情感和心理社会学意义上的恐惧症状，就像我们遇到疼痛、肢解或死亡的可能性一样”。[①] 国家可以将自己掌握的军事实力用于战争，实现防御性目标（保卫自身和盟友安全）和进攻性目标（领土征服、意识形态和制度推广等）。

军事实力有时候也会对国家权力构成威胁。一是国家错误使用武力并在战争中遭遇失败，这会对国家的声望和实力造成致命打击，削弱国家权力。比如德国经过第一次世界大战，领土减少，殖民地被瓜分，《凡尔赛和约》对德国军队做出了详细和复杂的限制；二是国家不能集中掌握军事资源，军事头领干预甚至是取代文官治理，造成军阀派系斗争或军政府取代官僚体系等，结果是持续不断的军事斗争，社会动荡，民生凋敝，国家权力被削弱。

其次，经济实力。经济实力集中在两个方面，一个是生产，国家能生产出哪些产品；另一个是市场，在这里发生交换，决定了产品能否以及以什么价格卖出。市场会产生权力。出于规模效应，一国拥有庞大市场有利

---

① 〔英〕迈克尔·曼：《社会权力的来源》第3卷上，郭台辉等译，上海人民出版社2018年版，第15页。

于自身企业和产业的发展，在自由贸易的条件下，庞大的市场能够吸纳其他国家的产品，让这些国家对自己产生依赖，从而能够影响其政策行为。美国在崛起阶段，扩大自己与美洲国家的贸易，利用自己庞大的国内市场进口美洲国家的初级产品。美国的这种做法，一方面向国内消费者提供了廉价的产品，提高了他们的生活质量，使得民众对美国政府在国际舞台上更加积极有为持支持态度；另一方面在美洲国家内部培育了高度依赖于美国市场的产业，以及亲美国的产业工人和精英，为美国不断削弱英国等欧洲列强在美洲的影响力创造了条件。[①] “二战”后，美国再次运用自己的市场帮助西欧和日本实现了经济发展，并在西方世界内部构筑了一个良性的循环市场，为美国经济源源不断地输送血液。

在全球性的经济体系中，经济实力除了看本国的经济规模，还要看其在全球经济网络中所处位置以及扮演的角色。全球经济体系中的不同位置赋予国家的实力是不同的。在全球生产体系中，掌握着核心技术和品牌价值的国家居于中心位置，目前基本上是发达国家。从 20 世纪 80 年代开始，在以新自由主义推动的这一波全球化浪潮下，西方发达国家将制造业向发展中国家转移，后者获得了经济发展和就业机会，包括中国在内的不少发展中国家都是这一波全球化的受益者，也是当前非西方世界群体性崛起的重要驱动力。但是西方世界的核心工业技术，更重要的是科学技术的创新能力并没有转移至非西方世界，从目前来看，最优秀的教育资源仍然集中在西方世界，最顶尖人才的流向也仍然是朝向西方世界的，这意味着虽然西方世界存在一些问题和挑战乃至困境，但是在未来相当长一段时间内仍然会是最具创新能力的经济中心。

游离在全球经济体系之外的国家，经济实力非常弱。经济学的基本常识是，要想提高效率就要参与分工，要想增加财富就要参与交换，否则只能是贫穷落后。有人认为减少对全球经济体系的参与可以降低本国的脆弱性，这一说法有一定的道理，即全球经济体系中的相互依赖是可以成为彼

---

① 参见黄琪轩、李晨阳：《大国市场开拓的国际政治经济学：模式比较及其对“一带一路”的启示》，《世界经济与政治》2016 年第 5 期。

此攻击的武器的，通过惩罚对象国的企业和消费者以改变该国的内外政策。但是问题在于，如此一来国家的安全性是以贫穷落后为代价的，这种安全的价值是什么？从以人为本的角度看，这是真的安全吗？因此，通过摆脱全球经济体系分工来追求安全只能是孤立的安全，这种安全需要以牺牲国家发展和人民生活水平（甚或生命）为代价，是不可取的。

再次，文化和意识形态实力。文化是人们在改造客观世界、协调群体关系和调节自身情感时所创造出来的物质产品、文艺作品、价值理念的总和，它们体现了一个群体独特的精神面貌和生活方式。文化吸引力能够转换为世界政治中的影响力——权力的重要表现形式，能够帮助塑造良好的国家形象，但这种影响力往往是以潜移默化的方式进行的。

在各种文化要素中，对国家权力影响最大的是价值理念。意识形态是体系化了的价值理念，尤其是政治意识形态，有时可以成为国家行为的决定性力量。意识形态的重要性根植于“人类需要找到生活中的终极意义，需要与他人共享规范与价值，需要参与审美与仪式实践”。意识形态的力量显而易见，正所谓“思想的力量胜于利剑”。在现实生活中，“与意识形态狂热相融合的群体远比缺乏意识形态的群体更有力量”。①

意识形态关系到国家的稳定和凝聚力。意识形态会针对国家的历史、现在和未来给出一套叙事逻辑，界定了国家追求的目标及其意义。现代社会不止一种意识形态，不同意识形态对国家和世界政治的规范和演化方向有不同的理解，彼此处于竞争状态。国内的意识形态（包括同一意识形态家族内不同流派）之间的斗争会引发最血腥和激烈的混乱与杀戮，甚至是内战。问题的关键不是消除意识形态分歧（因为根本无法实现），而是存不存在一种主流意识形态，政府要么能主导它的发展，要么与之相契合。

意识形态关系到国家如何认识世界，如何与世界打交道。同是俄国，苏维埃政府与沙俄政府对世界的认知和外交方式是完全不同的。沙俄政府

① 〔英〕迈克尔·曼：《社会权力的来源》第3卷上，郭台辉等译，上海人民出版社2018年版，第9、10页。

要捍卫帝制和殖民体系，将革命力量视为根本威胁，苏维埃政府则欢迎世界范围内的革命，提出了“民族解放”目标，是旧殖民体系的瓦解力量。意识形态对美国外交行为的影响也非常明显：“美国的意识形态导致美国外交的核心目标之一就是在全世界传播美国式的自由理想，为此要按照美国的价值观和制度模式来改造其他国家和国际秩序，这一目标与对权力、利益和荣誉的追求一起共同构成美国对外政策的动力。”①

意识形态对国家权力的影响是辩证的。一个国家掌握有吸引力的意识形态可以提高它在国际上的影响力。但是意识形态也可能会削弱国家实力。

其一，意识形态可能会导致决策者对世界政治事实的理解失真，从而作出错误的决策，而且在实践遇到挫折之后无法及时调整和改变自己的行为。比如，第二次世界大战后斯大林认为美欧为了争夺市场，迟早还会发生冲突和战争，资本主义经济体系的全面危机也必然会发生。但是，美国主导的西方秩序已经发生了根本变化，淘汰了殖民体系，开始构筑统一跨国市场，这就消除了西方列强原本爆发矛盾和冲突的一个重要诱因——争夺殖民地。罗斯福新政之后，美国事实上已经将“看得见的手”（政府）与“看不见的手”（市场）进行了很好的融合，不再是原教旨的资本主义，克服和解决危机的能力大大加强。

其二，意识形态激情可能会挥霍国家实力，引发其他国家的反感，从而削弱国家权力。意识形态会驱使领导人和国家将关于未来的理想付诸实践，试图让未来的天堂在短时间由想象变成现实，为了实现这一“高尚”的目标，国家可能会调动起巨大的资源在国内外推行自己的主张，造成国家资源的极大浪费，而且因为要颠覆其他国家的政治和社会秩序，势必会引发对象国及其所在地区的混乱，招致其他国家民众的反感与厌恶。比如，“9·11”事件后，美国开始在中东用武力“输出民主”，特别是不顾国际社会反对发动了伊拉克战争并改变该国政权，宣称要将伊拉克建成

① 王立新：《意识形态与美国外交政策：以20世纪美国对华政策为个案的研究》，北京大学出版社2007年版，第390页。

中东的“民主样板”，最终结果是导致伊拉克陷入混乱，大量平民伤亡，恐怖主义势力坐大。美国在伊拉克投入了大量的人力和财力，不仅没有达成目标，反而招致国际社会的广泛批评，国力和国际形象都因此受到损害。

最后，政治实力。政治是对“社会生活的集中规制与领土管辖。政府的基本功能是为这块领地提供秩序”。政治实力可以区分为专制性和基础性两种，专制性实力是掌握国家政权的政治精英单独做出决策，而不需要与其他社会力量相协商。基础性实力需要政权组织向社会渗透，从而在管辖领土内推行政策主张。①

国家的政治实力往往取决于政府的能力。政府的国际主张能否得到国内民众支持，能够动员多少社会力量和经济财富支持自己实现在世界政治中追求的目标，直接影响着国家政治实力，甚至就是国家政治实力在世界政治舞台上的体现。比如，内战结束后，美国的经济快速发展，到1870年左右，美国的GDP总量已经位列全球前列，但是美国在世界舞台上非常不活跃，对国际政治议题的参与度不高，军队建设也非常落后。“南北战争结束之后，美国海军的发展在十几年的时间内基本处于停滞状态。随着老旧舰艇不断退役，美国到1880年时只剩下48艘军舰，且基本都已过时，维修费占用了大量经费，其总体实力排在世界第12名，位于丹麦、中国清朝和智利之后。”② 1890年之后，美国的军费投入开始增长，更加积极地参与国际政治，赢得了与西班牙的战争，占领了菲律宾，围绕“中国问题”提出了“门户开放”的创新性（相对于老牌帝国的殖民政策）主张。有研究者指出，美国外交政策发生重大转变的关键驱动力之一就是，1890年左右，国会对总统及其团队的掣肘减少了，政治实力得到加强，美国政府推行政策主张的能力得到提升。③

---

① 参见〔英〕迈克尔·曼：《社会权力的来源》第3卷上，郭台辉等译，上海人民出版社2018年版。

② 徐弃郁：《帝国定型：美国的1890—1900》，广西师范大学出版社2014年版，第39页。

③ 参见 Fareed Zakaria, *From Wealth to Power: The Unusual Origins of America's World Role*, Princeton: Princeton University Press, 1999。

### （二）外交能力

外交能力有物质的一方面，也有非物质的一方面。物质的一方面包括国家是否有足够的资金支持外交行为，比如开设使领馆、援助其他国家建设与发展、支持国际组织的各种倡议等都需要资金。非物质的一面包括最高领导人对外交事务的关注和熟悉程度，外交团队的常规业务和应急事务处理能力等。

一国的外交能力主要体现在以下几个方面：首先，国家在国际社会表达国家利益、说服其他国家接受、捍卫本国利益的能力。本国需要有能力界定和识别国家利益，向国际社会表明自己所主张的利益具有合理性和合法性。更重要的是，要说服其他国家认同和接受本国的国家利益，否则就会损害国家形象，甚至可能会引发矛盾、摩擦、冲突。

其次，引领其他国家解决国际公共问题的能力。国际社会面临着各种各样的公共问题，包括和平与战争、贫困、环境保护、人道主义灾难等，国家是否能够就这些问题提出预防或解决方案，是否有能力采取行动并获得其他国家的支持。

再次，提供公共产品并吸引其他国家参与的能力。世界政治要摆脱无政府状态（anarchy）可能引发的混乱，就需要有国家提供国际制度、国际组织等公共产品，以便协调政策、交流信息乃至共同行动。霸权稳定理论认为国际公共产品主要依靠霸权国提供。霸权国需要保证国际公域的开放，确保国际社会的整体稳定和福利改善。有多少能力做成这些事，是检验霸权成色的重要指标，也是其霸权地位合法性的主要来源。但是，国际公共产品是可以分层次的，包括全球、区域和双边等，全球性公共产品主要由霸权国提供，其他大国和区域强国可以提供其他层次的公共产品。

最后，提出更符合公平正义的国际价值和规范，感召其他国家参与实践，共同构建更加美好世界秩序的能力。现代战争的破坏性越来越大，但是，战争也在教育人类，客观上促进人类建构更加美好的国际社会。在进步力量的努力下，人类社会的整体走向是更加趋向于和平发展与公平正义，“二战”后建立的以联合国为核心的世界秩序让越来越多的人从中受惠。因此，能够提出更具吸引力的价值规范和秩序主张的国家或国家集团，外交能力就越强。

## 三、国家权力在世界政治中的作用

在世界政治中，国家拥有权力才能捍卫自己的利益，实现理想。国家围绕权力展开的争夺是引发国际冲突的重要原因，但是也在推动着世界政治向着更加民主和平等的方向演进。国家间权力的对比奠定了世界政治的格局，影响世界秩序的形成与存续，甚至会决定世界政治的主题。

第一，国家如何运用国家权力来维护国家利益会影响世界政治的运行。国家利益是指国家相对于其他国家而言的需求，有的国家在满足自身利益需求的同时可能会侵犯、损害别国的利益，对后者来说就出现了如何维护国家利益的问题。此外，恐怖组织等非国家行为体也可能会威胁和挑战主权国家的利益。捍卫国家利益需要运用国家权力。国家利益具有动态性，国家实力越强大，国家利益的内容越多，空间分布越广泛，国家需要更多的权力来保护和捍卫这些利益。在保护国家利益时，如果国家偏好使用军事实力，那么战争就会频发，世界政治就动荡不定。反之，世界政治就相对稳定。有很多人错误地将国家权力与军事实力画等号，比如有人主张国家利益拓展到哪儿，军事力量就要延伸到那里。这一主张极具诱惑力和煽动性，但无疑是错误的。作为防御性力量，军事力量在国家遭遇安全威胁和分裂危险时是最后的依仗。但是想将军事力量当作进攻性力量来保护、拓展国家利益，即便是作为所谓世界霸主的美国也很难做到。这一点在阿富汗战争中体现得最为明显。

第二，权力能够让国家在内部和国际社会实践关于人类社会秩序与前进方向的方案主张，从而对世界政治产生影响。从国内角度来看，国家权力能够保护国家安全，免遭其他国家的胁迫，保证本国在国际上的地位和威信，给民众带来情感上的自豪和满足。正确运用国家权力可以拓展国际市场，获取更多的国际资源，提高民众的物质生活水平。从国际角度来看，国家之间的权力比较将直接决定世界秩序的状况。塞缪尔·亨廷顿认为，民族国家的存在本身就意味着差异性，不同的国家在政治制度、价值观和世界秩序构想上肯定会存在差异，国家掌握的权力越大，把自己的偏好植入世界秩序的能力就越强，世界秩序就越倾向于符合这个国家的理想。[①]

第三，国家间围绕权力的争夺是推动世界政治演化的核心动力之一。人是天生的政治动物，由人聚合而成的国家也是如此，而围绕权力的争夺是政治的母体。汉斯·摩根索认为，国家间政治就是权力政治。“在摩根索的理论预设中，寻求权力的动机根源于人性，围绕权力分配而展开的竞争与合作是国际政治的核心。”[②] 历史上，国家围绕权力及其要素的争夺是引发国际冲突乃至战争的重要原因。比如，为了让其他国家屈服而发动战争；为了获得原材料和产品销售市场而寻求建立殖民地，进而进行殖民战争；为了拓展本国意识形态和政治制度而在其他国家进行政权颠覆而导致暴力冲突；等等。但是，权力的辩证法也是推动国际关系民主化的内在动力之一：权力一开始意味着不平等、强制和压迫，这必然会激起弱势一方的反抗，由于现代技术的发展与扩散，反抗能力是可获得的，结果就是强国对权力的滥用受到的制约越来越多。因此，在世界政治中，国家追求权力的动机没变，但是获取权力的策略，施展权力的方式以及权力的具体组成却在发生变化。在国际关系民主化这一历史趋势中，世界政治中的权力内涵和使用方式总体而言越来越“文明化”了：从种族关系来看，社会达尔文主义已经被扫进了历史的垃圾堆，虽然仍然有一些国家的少部分人鼓吹某种形式的种族主义，但是种族平等已经成为全球范围内被广泛认同的价值规范，系统性的种族歧视和奴役已经不存在了；从国际关系来看，武力的使用越来越谨慎，国家间关系相比较而言越来越平等化，要想成为主导国，不仅要看该国的强制性实力，还要看其创造财富的能力和分享财富的意愿，也就是说国际关系越来越倾向于“收买”、交换和吸引而不是征服和强迫。

---

① 参见 Samuel P. Huntington, “Why International Primacy Matters,” *International Security*, Vol. 17, No. 4, 1993, pp. 68 - 83。

② 王梓元：《道德与声望：摩根索的权力政治学说再探讨》，《国外理论动态》2020 年第 5 期。

第四，国家间权力对比奠定了世界政治的格局，影响世界秩序的形成与演化，甚至会决定世界政治的基本主题。世界格局主要看的就是大国之间的权力对比，一个大国掌握的权力遥遥领先，那就是单极；两个国家旗鼓相当并遥遥领先，就是两极格局；多个国家掌握差不多的权力，世界政治就是多极格局。在不同的世界格局下，国家的互动方式是不一样的：在单极格局中，由霸权国提供公共产品，维持秩序；在两极格局中，比如冷战，两个主导大国相互竞争，介入和干涉世界其他国家和地区的事务，左右着世界政治走向；在多极格局中，由三个及以上的实力差不多的国家组成，它们之间围绕特定的议题分化组合，协调处理国际问题。

国家是缔造和参与世界秩序的主要行为体，不同国家设计秩序的方案是不同的，权力大的国家能够让国际秩序更多地反映自身的利益和意志，比如冷战时期，美国和苏联以自己为中心设计了彼此分离、竞争和对抗的两套秩序。因此，世界秩序的形成与演化深受国家间权力分布的影响。在单极世界，世界秩序往往是最强大国家意志的反映，尽管这并不意味着它能实现自己的所有目标。比如在西方到来之前的东亚，中华帝国依照儒家的价值体系建立了朝贡秩序；冷战后，美国在全球范围内拓展自由贸易体系和“自由民主”的价值观。在两极格局中，两个最强大国家之间的关系决定了世界秩序的走向，它们之间如果能够进行合作，世界秩序就会比较稳定。否则世界秩序就会陷入动荡。在多极格局中，世界秩序是由多个国家博弈平衡的结果，当国家之间的权力平衡被打破，世界秩序就会陷入不稳定。

世界政治在不同时期拥有不同的主题，主题的变化与国家间权力分布的变化有密切关系。“二战”后，美国和苏联是最强大的国家，它们之间的矛盾冲突直接将世界拖入了冷战对抗。在冷战中，美苏都高度重视发展军事实力，搞军备竞赛。到了冷战后期，“五大力量中心”形成，美苏虽然还是超级大国并决定着两极格局仍然存续，但它们之间的对抗性已经大为减弱，爆发世界大战的可能性明显减弱，于是，和平与发展时代主题显现出来。冷战结束后，和平与发展时代主题进一步深化，大国更加重视综合国力的竞争，经济实力在国家实力中的地位大大提升，军事实力的地位明显下降。

## 四、世界政治中国家权力变化的新动向

作为世界政治的核心要素之一，国家权力的变化肯定会受到世界政治总体状况的影响。实际上，世界政治的许多方面、领域的发展变化都在塑造着国家权力。比如，全球化就使得经济实力的地位提升；和平与发展时代主题导致军事实力的地位下降，外交能力的作用日益凸显。近年来，世界政治趋于不稳定，大国竞争使得权力政治愈演愈烈。不少地区和国家的军费处于上涨态势，经济和意识形态“武器化”的一面更加凸显。其中如下四个新动向尤其值得关注。

大国外交能力的比拼会更加激烈。冷战结束后，美国综合国力遥遥领先，国际社会也被乐观进步的情绪所主导，大国权力政治淡化。但是，“进入21世纪以来，尤其是2008年国际金融危机爆发后，世界不稳定性、不确定性空前上升，大国竞争的范围和烈度持续加剧”。[①] 大国政治中最引人注目的是中美关系的走向。2017年，特朗普政府将中国定位为“战略竞争对手”，并且依据这一定位全面调整对华政策，导致中美关系逆转。拜登政府上台后基本上延续了前任的对华政策。中美战略竞争首先比拼的是外交能力。中美关系的转变会从以下几个方面考验两国的外交能力：首先，怎么将两国关系引入对自己更加有利的互动领域和节奏。中国在经济发展速度和潜力上占据优势；美国在盟友数量和质量、军事能力、科技创新上具备优势，但是也受到诸多制约，比如需要承担维持全球秩序的成本、国内政治内耗严重、将力量投送到亚太地区难度较大。中美两国在较量中如何“扬长避短”，考验着各自的外交智慧。其次，怎么争取更多的伙伴和朋友支持自己的主张。对于美国来说，多数盟友在冷战结束后与中国已经形成了经济上的高度相互依赖关系，重回冷战时代并不符合它们的利益；那些非盟友国家，更是不愿意在中美之间选边站队。对于中国来说，面对美国的战略压力，可以依靠的国际力量不多，而且美欧等发达

① 王存刚：《大国博弈的新动向与新变量》，《人民论坛》2020年第22期。

国家掌握的资金、技术和管理经验是任何国家都无法替代的，怎么争取更多国际力量予以支持至关重要。最后，在百年未有之大变局的背景下，中美两国谁能拿出更好的理念和价值观，更好地解决全球公共问题，建立更加公平正义的世界秩序，谁就能获得最终的胜利（或者共同赢得胜利）。美国是现有世界秩序的主导者，要想继续领导世界，就必须对现有世界秩序进行改革，以便更好地解决气候变化、贫富差距拉大等公共问题和人类面临的各种挑战。对于中国而言，成功崛起的关键就在于能够提出被其他国家接受的新的地区和全球性秩序安排、更加先进的理念和问题解决方案。

在大国竞争激烈化、领土争端复杂化、恐怖主义呈现新趋势等多重因素的作用下，不少国家和地区对军事实力的重视程度正在上升。冷战结束后，全球军费开支一度处于低速增长状态，有时甚至零增长。但是近年来，全球军费开支的总量在走高。“大国之间竞争加剧，核动力航母和高超声速武器等新的军事技术快速发展，以及乌克兰、叙利亚和利比亚等地地区冲突持续不断，全球军费支出不断攀升。2020 年 4 月 27 日斯德哥尔摩国际和平研究所（SIPRI）发布的最新数据显示，2019 年全球军事总支出增至 19170 亿美元，比 2018 年增长了 3.6%。”①

世界第一军事大国美国的军费开支状况对全球军费开支状况影响巨大。2010 年至 2017 年，美国的军事开支有较大幅度下降，从而导致全球军费开支几乎是零增长。但是特朗普政府上台后，重新对军事实力加大投资。2020 年美国军费预算接近 7780 亿美元，比 2019 年上涨 4.4%，占全球军费开支的 39%。在大国竞争的大背景下，东亚地区的安全环境正趋于紧张，与 2011 年相比，该地区的军费开支上涨了 53%。② 除了东亚，持续不断的武装冲突也在推高撒哈拉以南非洲地区的军事支出。中东地区军费增长也非常强劲，该地区 2019 年军事支出为 1470 亿美元，是全球最大的武器进口地区，2015 年至 2020 年“武器进口量占全球市场份额的

① 臧雪静、黄莉茹：《大国竞争时代下全球军费支出趋势分析及启示》，《国防科技工业》2020 年第 7 期。

② 参见“Trends in World Military Expenditure, 2020,” *SIPRI Fact Sheet*, April 2021。

35%，全球十大武器进口国的五个国家在这一地区，分别为沙特、埃及、阿联酋、伊拉克和卡塔尔”①。

在大国竞争中，科技实力的地位明显提升。在中国科技实力尚弱之时，美国只是将科技作为经济因素的一部分。随着中国科技实力的增强，在美国心目中，科技越来越成为中美战略竞争中一个相对独立的因素，而且重要性不断提升，因为科技不仅决定一国经济的质量，还是决定军事实力的关键因素。由于中美在科技上相互依赖度较低，美国在科技上打压中国可以更加无所顾忌。伴随对华大国竞争战略的推进，特朗普政府发起对华“科技战”，“着重打压中国科技企业和关键产业的国际竞争力，遏制中国的发展势头，是对华‘脱钩’政策的核心步骤”。② 拜登政府上台后，总体上继续了特朗普政府的科技“脱钩”政策，而且注重与盟友开展沟通，协调对华政策立场。美国之所以在对华“科技战”上如此出重拳，就是因为科技实力在当今时代的大国竞争中越来越发挥关键作用。

---

① 臧雪静、黄莉茹：《大国竞争时代下全球军费支出趋势分析及启示》，《国防科技工业》2020 年第 7 期。

② 张薇薇：《美国对华“脱钩”：进程、影响与趋势》，《当代美国评论》2021 年第 2 期。

# 第九章

# 当代世界政治中的全球治理

随着国际政治转变为世界政治，全球治理便成为世界政治的重要内容。冷战结束后，伴随全球化新一轮高潮，全球性问题越来越突出，同时由于各国同外部世界的联系越来越紧密，国家内部、国家之间以及地区的事务都越来越具有全球性的影响，特别是随着世界政治的主体与议题日益增多，全球治理的重要性日益凸显。

## 一、全球治理概念及发展历程

要认识当代世界政治中的全球治理，首先要了解何为全球治理，它经历了怎样的发展历程。

### （一）全球治理的基本含义

所谓全球治理，顾名思义，就是各种行为主体共同参与，对关涉人类福祉的全球性问题进行综合整治与调理。“全球治理”这个概念中有两个词语，即“全球”与“治理”。全球比较好理解，就是指向全世界，而不是可以限于区域范围的“国际”，也不是仅仅指向主权国家之间。“治理”一词早已有之，比如中国古代有治理黄河之说。在语义上，“治理”就是整治、统治、管理、调理的意思。中医治病讲究“治”与“理”相结合。“治”就是在得病后进行救治，“理”则是在未生病之前对身体进行调理，防止生病。现在常用的“治国理政”一词也体现了“治”和“理”既有区别又相通的关系。目前在国家治理、全球治理等语境中使用“治理”一词，主要是强调其跟“统治”“管理”等带有强烈自上而下和强制色彩的行为方式不同，“治理”更多的是通过民主和法治的方式，强调全社会和全球各种主体共同参与。尤其是全球治理，带有强权政治或“统治”色彩的治理模式已经越来越不受欢迎。

### （二）全球治理的实践及理论研究

全球治理是主客观因素综合作用的产物。从客观上看，全球治理是全球化的产物，全球化推动全球治理的产生。全球化，特别是与现代化进程结合在一起的全球化，[①] 一方面极大地促进了各民族各国家的相互交往、融合，并形成越来越广泛的共同利益；另一方面催生了许多全球性问题。两方面结合，使全球呈现出一种各主体之间既相互依存又相互伤害的局面。全球问题的频繁出现致使仅限于各国政府参与的“国际治理”捉襟见肘。为弥补治理赤字，非政府组织、全球公民网络等非国家行为体不断涌现并参与治理，国际治理演变为全球治理。

虽然全球治理直到20世纪晚期特别是冷战结束后才成为国际社会高度关注的事情，但是全球治理的实践伴随着全球化进程早已存在并不断演进。1865年成立的国际电信联盟，1875年成立的万国邮政联盟，可算是某些专业领域的全球治理实践；1864—1949年签署的日内瓦四公约旨在约束战争行为，保护平民和战争受难者，可算是全球安全治理的实践；英国主导的金本位制可算是金融领域的全球治理，为“英国治下的和平”奠定了经济基础；“一战”后成立的国际联盟是历史上第一个从事全球安全治理的全球性政治组织，它虽然在防止新的世界大战上苍白无力，但却为“二战”后建立联合国提供了十分有益的经验教训。

---

① 全球化开启于地理大发现，而现代化开启于工业革命。两者相辅相成，互相促进。正是在全球化进程中所形成的世界市场为大工业的产生创造了条件，而大工业为工业现代化以及其他方面的现代化奠定了物质基础。当然，现代化进程反过来也促进了全球化。全球化因为与现代化相结合才成为不可逆转的大趋势。而大工业出现之前的全球化进程，如果没有同现代化结合在一起，就很有可能成为一种会随时中断甚至逆转的欧洲文明扩张过程，如同古代中世纪时期许多帝国的扩张一样。

全球治理在第二次世界大战后卓有成效。国际社会在全球治理上的成就至少体现在两个方面。

首先是在战争与和平问题上。处理战争与和平问题实际上就是安全治理，准确地说是传统安全治理。随着全球化的演进，战争也逐步全球化，成为全球性问题，特别是战争规模不断扩大，被卷入的人口越来越多，再加上武器的不断升级换代，战争造成的生命、财产损失越来越严重。特别是核武器出现后，人类被战争特别是核战争毁灭的危险越来越迫近。如果说常规战争通常是以牺牲一部分国家的安全利益来满足另一部分国家安全利益的话，那么核战争则将使所有国家的安全利益都受损害。前者是零和博弈；后者是负和博弈。面对战争全球化及其灾难性后果，国际社会也开始探索限制战争、维护和平之道。“二战”后，形成了以联合国为主要载体的战后世界秩序，世界各国，无论何种社会制度、发展阶段、民族种族、文明宗教，都在联合国这个集体内共存，共同维护世界和平。后来的美苏两大政治军事集团尖锐对抗也没有颠覆联合国秩序，不仅世界大战没有爆发，就是大国之间的直接战争也极少发生。传统安全治理的成效为各类国家实现现代化提供了良好的国际环境，特别是为小国、弱国生存与发展创造了外部安全环境。

其次更为重要的是在发展问题上。随着全球化的演进，发展也成为重要全球性问题。处理全球发展问题实际上就是全球经济治理以及以此为基础的全球发展治理。“二战”后形成的以现行世界经济秩序为核心的全球经济治理体系虽然存在着不公正不合理性，但是在维护全球经济稳定上却发挥了重要作用，这可算是全球经济治理成效的体现。中国改革开放后不断融入经济全球化进程，对接全球经济治理体系，分享全球经济治理的成果，同时也为全球经济治理作贡献。可以说，全球经济治理为中国推进社会主义现代化提供了良好的条件。从总体上的现代化进程来看，全球治理一方面为资本主义现代化进一步提升创造了条件，另一方面也为经济相对落后、综合实力较弱的社会主义国家实现发展并推进社会主义现代化提供了机遇，进而形成两种模式的现代化齐头并进的局面。与此同时，社会主义与资本主义两种制度国家在和平与发展这两个时代主题上还形成了深厚的共同利益，也担负着共同的责任。

全球治理在冷战结束以后更为引人注目，成为世界政治中最为重要的问题之一。这与冷战结束后世界政治的演进有着密切关系。首先，冷战期间，由于美苏两大政治军事集团尖锐对抗，第三次世界大战甚至核大战的威胁始终笼罩着世界，战争与和平问题是国际社会关注的压倒一切的核心问题，对比之下，全球治理其他领域的问题都相形见绌，或者说都被战争与和平问题压制着。试想，在战争威胁挥之不去的情况下，诸如发展不平衡、气候变化等问题怎么能够提上日程呢？即使有些国家或政治力量关注这些问题，但同维护世界和平相比则显得非常次要了。两大集团对抗终结后，情况就大不相同了，人们开始关注更宽广范围的全球治理议题。其次，冷战结束为经济全球化演进创造了良好的条件。冷战期间存在着两个平行的国际经济治理体系，一方是西方主导的以布雷顿森林机构为主要载体的体系，另一方是苏联东欧主导的以经济互助委员会为主要载体的体系。二者实行不同的经济体制，相互隔绝。这实际上是被割裂的经济全球化。冷战结束后，以市场经济体制为基础的经济全球化进程得以再次扩展到全球。那些因全球化而导致的一系列全球性问题，开始得到世界各国的共同关注，世界各国的共同利益也凸显出来。最后，冷战结束后，借助着和平与发展时代主题深化所带来的世界政治总体状况的改善，全球化加速发展。与之相伴随，现代化也上了新台阶。随着全球化和现代化的演进，诸如气候变化、网络安全、恐怖主义、核安全、海洋安全、太空安全、大规模传染病与全球卫生安全等全球性问题日益突出，成为全球治理的重要领域，世界各国在这些问题上利益攸关、命运攸关，必须携手共同应对。无论哪种模式的现代化都必须紧密结合全球治理的现实与进程，而不是与之相反的。那种脱离全球治理，只顾本国或本集团的利益，而漠视他国利益特别是世界整体利益的现代化道路已经难以为继。

从主观上看，全球治理是近代以来人类对自身和社会发展的一次理性反思后的成功超越。人类经历了中世纪黑暗，个体理性被神权压制。文艺复兴吹响了个体理性觉醒的号角，启蒙运动扛起了破除封建迷信的大旗。之后，个体理性和科学技术与资本充分结合释放出巨大的生产力。正如马克思所言，“资产阶级在它的不到一百年的阶级统治中所创造的生产力，比过去一切世代创造的全部生产力还要多，还要大”。[①] 在此过程中，个体理性被科学技术无限放大，疯狂逐利。实际上，这是个体理性被技术理性强化的结果。随着人类社会不断发展，个体理性通过合法渠道强势上升为民族国家意志，表现为民族国家理性。民族国家特别是资本主义国家在理性支配下打着传播文化或文明的旗号对其他民族实施殖民侵略。为追逐本国利益，早期资本主义强国之间战争不断。直到20世纪，两次世界大战爆发，个体理性的神话被彻底打破。世界大战特别是“二战”后，民族国家共同努力制定了一系列维护世界和平与发展的制度体系，实现了人类历史上第一次真正意义上的全球安全治理和全球发展治理。恩斯特·卡西尔认为，“从人类意识最初萌发之时起，我们就发现一种对生活的内向观察伴随着并补充着那种外向观察。人类的文化越往后发展，这种内向观察就变得越加显著”。[②] 世界大战后，人类再次掀起了对个体理性的思考与反思，在有意无意中从关注个体命运逐渐过渡到关注共同命运。全球治理以人类命运共同体理念为价值核心，是对个体理性的成功超越。

全球治理实践唤起全球治理理论的自觉。在全球治理实践不断发展的情势下，特别是冷战结束后大发展的形势下，全球治理的理论应运而生。1992年，时任德意志联邦共和国总理勃兰特与瑞典首相卡尔森等28位国际知名人士在联合国发起成立“全球治理委员会”，正式提出全球治理的概念。[③] 此后，学者们从学理层面不断丰富和发展全球治理的内涵。著名国际关系学者詹姆斯·罗西瑙和罗伯特·基欧汉等学者侧重于从制度主义层面将全球治理阐释为实现特定全球目标的一系列规则和制度体系。劳伦斯·芬克尔斯坦则认为，全球治理只是将国家治理扩展至国际上而已。国内学者在批判继承国外学者论断基础上对全球治理进行了更加明确的界定。俞可平指出，全球治理是通过具有约束力的国际制度解决全球性冲突、生态、人权、移民、毒品、走私、传染病等问题，以维持正常的国际

① 马克思、恩格斯：《共产党宣言》，人民出版社2018年版，第32页。
② 〔德〕恩斯特·卡西尔：《人论》，甘阳译，上海译文出版社2004年版，第6页。
③ 蔡拓、杨雪冬、吴志成主编：《全球治理概论》，北京大学出版社2016年版，第4页。

政治经济秩序。① 蔡拓更加具体明确地将全球治理定义为：以人类整体论和共同利益论为价值导向的，多元行为体平等对话、协商合作，共同应对全球变革和全球性问题挑战的一种新的管理人类公共事务的规则、机制、方法和活动。②

虽然学界对全球治理的认识仍处于百花齐放、百家争鸣之势，但也形成一些普遍的共识。（1）全球治理是超越国界的多边治理。（2）全球治理的主体多元化，除国家之外，还有很多非国家行为体。（3）全球治理旨在实现全球可持续发展。（4）全球治理需要一系列制度化保障。

## 二、全球治理的成就与困境

全球治理发展到今天，一定有值得肯定的成就，问题是如何评估。同样，全球治理的现状又不尽如人意，让人感到困难重重，问题是如何改进。

### （一）全球治理的主要成就

全球治理因其先进的治理理念而迅速被运用到各个领域。当前全球治理理论广泛运用于六大领域：全球经济治理、全球发展治理、全球环境治理、全球安全治理、全球公域治理与全球区域治理。③ 全球经济治理是以主权国家为主要主体参与的经济合作和共治，包括合作行动、建立治理机制、提出新的各种经济理念和构想。④ 它关注的主要内容有全球宏观经济、金融、贸易、产业、会计治理等方面。⑤ 全球发展治理的中短期目标

① 参见俞可平：《全球治理引论》，《马克思主义与现实》2002 年第 1 期。

② 参见蔡拓：《全球治理的中国视角与实践》，《中国社会科学》2004 年第 1 期。

③ 参见蔡拓、杨雪冬、吴志成主编：《全球治理概论》，北京大学出版社 2016 年版。

④ 参见周宇：《全球经济治理与中国的参与战略》，《世界经济研究》2011 年第 11 期。

⑤ 参见陈伟光、申丽娟：《全球治理和全球经济治理的边界：一个比较分析框架》，《战略决策研究》2014 年第 1 期。

以落实“华盛顿共识”[1] 为核心，长期目标是践行《联合国千年宣言》，致力于从根本上解决全球贫困和可持续发展问题。全球环境治理指各行为体，主要是国家、主权国家国际组织和非主权国家国际组织，通过谈判、协调与妥协等方式进行合作，应对全球环境挑战，进而保护全球生态环境与资源的治理进程。[2] 全球安全治理是指全球治理主体解决全球安全问题的系统方式和过程。主要涉及两个方面：一是确定全球安全威胁与挑战；二是制定全球安全治理的制度，并采取相应的战略、决策和行动。[3] 全球公域治理主要由四部分组成：网络安全治理、太空治理、极地治理和公海治理。全球区域治理是区域一体化形成的治理实践，比较典型的是欧盟的区域治理。它是全球治理发展完善的必要阶段，但其存在排外性特点可能会阻碍全球治理的发展。以上六大治理领域是全球治理在目前的重点领域。因为各领域治理之间存在复杂的联系，所以在进行具体领域治理时须秉承全球治理的价值理念，全面系统地推进全球治理的发展。

对全球治理成就的认识，学界存在着很大的差异，有人认为乏善可陈，也有人认为全球治理是在曲折中前行，成就可圈可点。认识全球治理成就的关键是认识全球治理的有效性，而要深刻、全面地认识全球治理的有效性，首先要建立一个合理的分析模式。

全球治理有效性主要指全球性问题的解决或部分解决。众所周知，解决全球性问题是全球治理的直接动力和基本目标。全球治理能否解决全球性问题、应对全球性挑战是我们分析全球治理有效性的重要参考。具体而言，全球治理包含问题的解决与治理的进程。因此，我们可以建构出全球治理有效性分析的两个模式。

第一，“结果导向型”分析模式。此模式以治理结果的好坏评判治理效果，即全球治理在多大程度上解决了全球问题。结果导向型分析模式遵循的内在逻辑是因果论。因为全球治理主体采取了各种有效行动，所以全

① 田春生：《“华盛顿共识”及其政策评析》，《南开经济研究》2004 年第 5 期。

② 参见卢静：《透析全球环境治理的困境》，《教学与研究》2010 年第 8 期。

③ 参见李东燕：《全球安全治理与中国的选择》，《世界经济与政治》2013 年第 4 期。

球治理必将产生一定的结果，至于结果的好坏需要参照具体指标。比如评估治理效果的善治，它强调从追求经济增长和效率转向追求更多自由、真实的参与和实现可持续的治理。[①] 经济治理方面更注重效率，以最小的成本达到最好的效果。涉及政治评价，我们可以采用公平正义的标准。在环境治理和安全治理上，分别可以直接观察和感知到治理的效果。这些标准未必能够全面准确地判断全球治理效果，但足以发现全球治理中存在的主要问题。

第二，“过程导向型”分析模式。它强调从治理的过程观察、分析治理的有效性，即在全球治理进程中分析治理行为是否或者多大程度上发挥了治理作用，重点关注治理行为。这一模式关注全球治理中的限制性因素及问题的复杂性。也正因为全球性问题的长期性和复杂性，全球治理注定是一个漫长的甚至是永无止境的进程。当然，并不是所有全球性问题都不能快速得以解决。同样，过程导向型分析模式也需要相应的评价指标。比如治理主体的合作性，合作性越高治理效果越好。再如治理制度的遵约度，遵约度越高制度落实可能性越大，治理效果越好。

事实上，采取任何单一分析模式评价全球治理效果均存在局限性。因为某一全球性问题的消失或缓解并不必然证明是全球治理的功效。反之，某一问题并未在全球治理后消失，也不能证明治理没有发挥任何作用。如果一味追求以解决问题为根本来分析全球治理效果，可能失之偏颇。同时，片面强调以过程的有效性判断全球治理效果，则可能会陷入无尽的细节，导致分析无从下手。因此，结果导向型分析模式和过程导向型分析模式应相互配合使用，既注重问题的解决，又不忽略过程的重要性。只有这样才能更加全面客观地呈现全球治理的效果。[②]

结合上述两种分析模式，对全球治理的有效性可以做出如下几点评估。

---

① 参见〔美〕托马斯·G. 怀斯：《治理、善治与全球治理：理念和现实的挑战》，张志超译，《国外理论动态》2014 年第 8 期。

② 参见郭秋梅：《国际组织与全球问题治理：功能、模式与评价》，《东南学术》2013 年第 6 期。

首先，各领域的全球治理都有所推进，但是不尽如人意，部分问题反而持续恶化。从治理结果分析，全球治理六大领域所对应的全球性问题均未消失。实际上，如果某一治理领域的问题被彻底解决了，那么由这一问题所引起的全球治理也必将随之消亡。由此反证，六大领域的存在表明相应的全球性问题依然存在。甚至由于治理失当等原因导致某些问题趋于复杂化。例如，在全球经济治理方面，当前最突出的问题是逆全球化现象。多哈回合谈判停滞不前，全球经济治理陷入僵局，一些西方大国大行贸易保护主义，主动挑起对多国的贸易战，使问题更加严重。再如，在全球发展治理方面，解决全球贫困问题是实现全球可持续发展的内在要求。[①] 虽然联合国确立了“千年发展目标”并为此作出巨大努力，使全球贫困问题一度得以控制，但 2008 年以来，金融危机与地区冲突以及部分中东国家政局动荡三乱叠加，全球发展问题呈恶化态势。在贫困的威胁下，全球公平正义难以实现。又如，全球安全治理面临严峻考验，效果不佳。在传统安全领域，阿以之间的跨世纪争端依然存在，巴勒斯坦问题的和平解决遥遥无期成为中东地区动荡的重要根源之一。近年来，中东地区政局不稳，“伊斯兰国”极端恐怖组织活动猖獗，袭击频发，局部陷入前所未有的安全失序状态。[②] 尤其是 2022 年 2 月爆发的俄乌冲突，更是加剧了大国战争的风险，同时造成能源和粮食供应紧张，有导致相关危机的风险。

其次，部分治理领域取得了较明显的效果，但曲折反复。从治理过程分析，一些领域的全球问题没有彻底根除并不表明所有的治理行动都是失败的，尤其体现在全球治理的制度建设方面。例如，2015 年 12 月 12 日，巴黎气候变化大会通过了《巴黎协定》。该协定是继《联合国气候变化框架公约》《京都议定书》之后，第三个里程碑式的国际法律文本。虽然《巴黎协定》在气候治理实践层面还未发挥作用，但它将促进在未来形成全球气候治理的新格局。然而，2017 年 6 月，美国特朗普政府宣布退出

① 参见吴宇:《全球贫困治理的困境及其创新发展的中国贡献》,《天津社会科学》2017 年第 6 期。

② 参见王林聪:《中东安全问题及其治理》,《世界经济与政治》2017 年第 12 期。

《巴黎协定》，给全球气候治理增添了诸多不确定性。[①] 美国退约是全球气候治理的一大退步。尽管如此，全球范围内并未诱发“多米诺骨牌”般退约效应，全球气候治理在曲折中缓慢发展。

最后，全球区域治理问题与效果并存。全球区域治理是全球治理的重要组成部分，其中最为典型的是欧盟区域治理。欧盟一度被认为是最成功的区域一体化组织，是其他区域治理的经验来源。在 2008 年国际金融危机的影响下，欧盟爆发了债务危机。随着欧元区部分国家主权评级相继调低，欧元区债务危机愈演愈烈，区域经济复苏前景阴霾重重。欧盟在区域治理中暴露了很多问题，如成员国协调难度大、主权让渡存在争议等，使一些成员国对欧盟区域治理能力产生怀疑，成员国之间矛盾增多。英国脱欧是对欧盟的一次沉重打击，使欧盟的综合实力下降，也使欧洲政治舞台出现了新的变数。凡此种种，虽然让欧盟一体化遭遇打击，但不能因此就否定欧盟在区域治理上的成绩。《里斯本条约》的稳步落实强化了欧盟区域治理的结构框架。欧盟坚持经济、社会改革和调整也取得初步成效。

总之，全球治理在积弊中曲折缓行，虽然不尽如人意，但还是有值得肯定的成就。试想，如果没有全球治理的推进，人类社会恐怕不会是现在这个局面，绝大多数人类的生活可能要比现在悲惨得多。

### （二）当前全球治理面临的主要困境

全球治理虽然取得了不小的成就，但毕竟还是不尽如人意，诸多领域的治理效果欠佳，前景堪忧。决定全球治理效果的五大要素，即目标、主体、客体、制度和反馈，均存在不同程度的治理困境。

首先，全球治理的目标层级之间存在冲突。全球治理目标是指全球治理倡导者在全球范围内期望实现的愿景。有学者认为，全球治理目标是具有普遍性的全球价值。[②] 它是全球治理努力的方向，具有较强的引导性。在国际社会无政府状态下，全球治理更需要目标或价值的支撑，

① 参见赵斌：《全球气候治理困境及其化解之道——新时代中国外交理念视角》，《北京理工大学学报》（社会科学版）2018 年第 4 期。

② 参见俞可平：《全球治理引论》，《马克思主义与现实》2002 年第 1 期。

但目前，全球治理价值混乱，一些价值相互冲突，难以在短期内得以统一。

全球价值体系中存在不同层次的价值理念，大致有两层：第一层是全球基本上有共识的价值，例如，民主、平等、自由、合作共赢、可持续发展等。它们得到国际社会的普遍认同。第二层是特定领域的价值，比如，全球气候治理中的责任共担原则、全球发展治理中的能力原则、全球金融治理中的公开透明原则等所蕴含的价值。这些原则在不同治理领域已成为具有内在约束力的价值共识。尽管如此，不同国家在全球各治理领域中对一些价值的重要性认知不同。即使同一个价值，不同治理主体也会有各自的理解。比如在全球气候治理中，发达国家坚持共同责任原则，但大部分发展中国家将能力原则和发展原则注入其中，强调共同而有区别的责任。[①] 可见，全球价值体系蕴含着统一性和差异性，是一个矛盾的价值体系。

全球治理目标在全球价值共识支配下引导全球治理发展。换言之，“全球治理是价值支配下的全球协调行为。”[②] 然而，全球价值共识与各治理领域中的价值存在冲突，表现为全球治理长期目标与短期目标之间的矛盾。全球治理的长期目标强调实现人类社会可持续发展，而短期目标旨在解决具体的全球性问题，二者在实践层面往往存在矛盾。例如，在全球气候治理中，一味强调减排，降低温室气体排放，这有损发展中国家的发展权，最终难以实现可持续发展。再如全球海洋治理，如果过分追求保护海洋生态环境可能会陷入人海分离的困境，即人不能对海洋施加任何影响；但是如果过于追求人对海洋的开发利用，又有可能导致海洋生态环境的破坏。总之，全球治理长期目标与短期目标之间的层级冲突会制约全球治理的效果，严重扭曲全球治理的发展方向。

其次，全球治理主体间合作面临困境。全球治理客观上要求加强治理主体的合作。然而，全球治理主体间合作并不是常态。实际上，全球治理

---

① 参见蔡拓、杨雪冬、吴志成主编：《全球治理概论》，北京大学出版社 2016 年版。

② 胡键：《全球治理的价值问题研究》，《社会科学》2016 年第 10 期。

主体间合作存在各种阻力，主要包括三个方面：一是治理主体集体行动失灵，二是治理主体二重身份认同混乱，三是治理需求紧迫性非均匀分布。[①] 这三种阻力一直困扰全球治理主体间合作。

全球治理主体的集体行动时常失灵。从全球公共产品角度看，全球治理是全球公共产品提供过程。由于全球公共产品具有非排他性和非竞争性特点，全球治理主体在提供治理产品过程中存在搭便车的可能。特别是当全球治理主体数量足够大时，治理主体更容易产生逃脱治理责任的消极心理。奥尔森认为，庞大的治理组织获得公共产品的数量离最优值越远，它就越不太可能采取任何行动去获得最小数量的这类产品。简而言之，全球治理主体越多，越不可能实现其共同利益。[②] 在缺乏治理权威的全球治理体系中，多元治理主体间很容易发生不合作博弈，使全球治理陷入集体行动的困境。

全球治理主体存在着双重身份认同混乱问题。温特认为，“如果确定了类属的身份特征是先于社会的，角色身份则不是基于内在属性，因此只能存在于和他者的关系之中，一个行为体单凭自己是无法获得角色身份的”。[③] 个体身份需要在系统交互中通过他者来塑造。在全球化背景下，同一行为体在不同体系中会形成多重身份。全球治理主体除了“治理者”身份，在世界政治权力体系中，早已形成“逐利者”身份。逐利冲动源于行为原初理性。“治理者”身份往往要求全球治理主体克制逐利冲动以全球利益为重。表面上看，全球治理在利他中利己与“逐利者”身份并不矛盾，但实际上二者存在冲突。因为身份对应着利益，利益驱动行为。“治理者”身份对应着全球利益和长远利益，“逐利者”身份对应着局部利益和短期利益，二重身份分属天平的两端。行为体总是在二者之间疲于游走。身份认同的摇摆与混乱抑制了全球治理的效果。

---

① 参见袁沙、郭芳翠：《全球海洋治理：主体合作的进化》，《世界经济与政治论坛》2018年第1期。

② 参见〔美〕曼瑟尔·奥尔森：《集体行动的逻辑》，陈郁等译，上海人民出版社2014年版。

③ 〔美〕亚历山大·温特：《国际政治的社会理论》，秦亚青译，上海人民出版社2014年版，第222页。

全球治理主体在需求紧迫性上的差异制约着合作的开展。治理需求紧迫性在全球治理主体间非均匀分布使得治理难以形成合力。全球性问题对全球行为体的影响不同，导致治理需求紧迫性各异。此外，很多全球性问题不像小行星撞击地球、火山喷发那么剧烈，对行为体的影响较为缓慢，不够明显。全球治理需求的紧迫性还受制于行为体的认识能力和承受力。同样是某一全球性问题，一些行为体很快意识到其对自身的危害，而另一些行为体却不以为然。可见，全球性问题造成的影响既存在客观效应，又具有主观认识偏差。所以，全球治理主体的治理需求紧迫性差异导致很难开展有效的合作。

再次，全球性问题的复杂性与频发性交织且相互作用。全球性问题是指在规模上具有全球性，超越社会制度和意识形态，关系到全人类根本利益，且极具有危机性、挑战性的重大问题，[①] 主要包括人口问题、资源问题、生态问题、环境问题、经济增长问题、南北经济差距问题等。全球性问题复杂性注定了其存在的长期性和解决的艰巨性。这种复杂性主要体现在全球性问题的产生和解决过程中。有学者认为，人与自然的不协调引发人口膨胀与生存空间有限性之间的矛盾，进而导致全球资源短缺、环境污染和生态失衡等问题。许多全球性问题的出现都与人口增长有莫大关系，人口膨胀加深了问题的严重性。从某种意义上说，正是人口快速增长加速了全球化进程，因人口爆炸带来的局部问题也随之全球化了。[②] 无怪乎罗马俱乐部成员将对全球性问题的研究称为人类困境的研究。更为重要的是，人与人之间关系不协调也会导致各种全球性问题，尤其表现为人们为追求狭隘的个体利益置全人类整体利益于不顾，如全球恐怖主义、“公地悲剧”、世界大战等。这些问题本质上是人与人关系冲突的结果。总之，导致全球性问题出现的原因是复杂的。正因为如此，全球性问题的解决也是一个复杂的系统工程。

除复杂性外，全球性问题的频发使得推进全球治理更加困难。全球性

---

① 参见蔡拓：《全球问题的哲学思考》，《马克思主义与现实》1997 年第 5 期。

② 参见朱国宏：《全球问题与全球化》，《复旦学报》（社会科学版）1996 年第 6 期。

问题频发表现为同类问题重复发生和新问题不断涌现。同类问题重复发生说明全球治理并未从根本上消除问题的根源。例如，国际金融危机、全球环境污染、全球恐怖主义等问题，这类问题要么具有周期性，要么伴随其他问题发生而重复发生。此外，自 20 世纪 90 年代以来，新的全球性问题频繁出现暴露出全球治理的脆弱性。深海问题、网络冲突、太空安全等新问题对全球稳定和发展构成新的威胁，同时，也对国际秩序构成新挑战。一个基本判断是，全球治理已经严重滞后于全球性问题的发生。现行全球治理体系已无法满足治理的需求。

当前，全球性问题复杂性和频发性交互影响加剧了全球治理的困境。一般而言，全球性问题间存在复杂的内在联系，任何问题都不是孤立的，需要与其他相关问题联动解决，这无疑增加了解决问题的难度。同时，旧问题没有解决，新问题不断涌现，严重挑战了现行全球治理体系。

复次，全球治理机制的合法性与代表性有待加强。全球治理机制是治理主体在治理实践中制定并实施的关于治理的价值、主体、客体、方式、成效评估等的规范要素（正式或非正式）的集合。[①] 在无政府状态下，全球治理以治理机制为主要平台逐渐展开。虽然全球治理机制在实践中不断调整、改革和发展，但仍然无法满足治理的需要，尤其是全球治理机制合法性和代表性不足严重制约了全球治理的有效性。

“二战”后，西方大国构建了以联合国为主要机制的全球安全治理体系和由布雷顿森林体系为主要机制的全球经济治理体系，二者都是以大国协调为主、中小国家参与为辅的国家中心治理范式，呈现“中心—边缘”结构。大国或发达国家位于治理中心，中小国家或发展中国家处于边缘。从权力结构看，中心国家是实质上的治理者，边缘国家在治理中的话语权很小，而且还常常成为被治理者。由西方大国主导建构的全球治理机制自然体现了他们自身的意志和利益，大部分发展中国家只能被动接受制度的约束。很显然，现存全球治理机制有失国际公平正义。也正因为如此，全

① 参见于军、王发龙：《全球治理的制度困境与中国的战略选择》，《行政管理改革》2016 年第 11 期。

球治理机制的合法性遭到广大发展中国家的质疑。最为明显的是世界银行、国际货币基金组织等一系列全球治理机制中存在明显的不公平条款。全球治理机制面临合法性危机。

现行全球治理机制明显带有霸权印记，缺乏普遍的代表性和民主性，无法体现全体治理主体尤其是发展中国家的权利，反而固化了“霸权治理”格局。[①] 随着经济全球化、政治多极化、文化多样化深入发展，国际权力格局逐渐发生深刻变化。一方面，新兴大国群体性崛起促使国际权力从传统大国向新兴大国转移。西方大国在国际事务中的控制力相对下降，以“金砖国家”为代表的新兴大国的全球治理能力明显提升。另一方面，国际权力由国家行为体向非国家行为体流散。正如斯特兰奇所说：国家权力正在衰弱，非国家行为体的权威正在加强。权力正在从国家向市场进而向非国家行为体转移。[②] 非国家行为体利用全球治理网络积极参与全球治理，一定程度弥补了全球治理赤字。虽然国际权力格局正在发生结构性改变，但现行全球治理机制并未发生相应调整，滞后于国际权力格局的演变。当前全球治理机制显失代表性，难以保障发展中国家和非国家行为体的权利，打击了其参与全球治理的积极性。

最后，全球治理缺乏全面系统的评估体系。全球治理评估是全球治理中至关重要的一环，是对全球治理效果的分析和反馈，也是全球治理能够在不断调整中丰富和发展的动力机制。没有全面系统的全球治理评估体系，全球治理很难沿着正确的方向发展。当前，国际上关于治理的评估体系多种多样，比较知名的有联合国千年发展目标评估体系、世界治理指标（The Worldwide Governance Indicators）、国家政策和制度评估项目（The Country Policy and Institutional Assessment）、治理和反腐败国家调查（Governance and Anti－Corruption Country Survey）、联合国开发计划署的治理指标项目（Governance Indicators Project）、自由之家的“自由指数”（Freedom Index）、透明国际组织的腐败识别指数（Corruption Perception Index）

---

① 参见卢静：《当前全球治理的制度困境及其改革》，《外交评论》2014 年第 1 期。

② 参见〔英〕苏珊·斯特兰奇：《权力流散：世界经济中的国家与非国家权威》，肖宏宇、耿协峰译，北京大学出版社 2005 年版。

等。其中除了联合国千年发展目标评估体系外，其他大部分评估体系重点关注的是国家内部治理。虽然联合国千年发展目标评估体系涉及一些全球性问题，但是并不全面，难以涵盖整个全球治理的评估。

目前，全球范围内缺乏一个全面系统的评估体系是全球治理出现异化的重要原因。从应然层面来看，全球治理评估体系既要具有宏观指导性，又要具有微观可操作性。这决定了构建全球治理评估体系的复杂性和挑战性。全球治理评估体系主要包括评估主体、对象、工具及指标等。首先，由谁来担当评估主体才能保持评估的客观性，其中包含循环监督的难题。其次，评估对象是重点关注治理主体的行为，还是只考虑治理制度的落实情况？评估治理主体的行动将耗资巨大，效果难测。仅评估制度落实情况虽具有较强的可操作性，但恐难发现问题的本质。再次，选取评估工具和方法具有很大挑战性。不同的全球治理领域可能选取的评估方法不同。不同的方法和工具可能相互矛盾且难以兼容，如何选取合适的、科学的评估方式提高全球治理效果的可信度是一个重要问题。最后，评估指标的选定较为复杂。因为全球治理包括各种不同的治理领域，所以选取指标要根据不同治理需求选择合适的评估指标。在指标选取中涉及选取定性指标与定量指标之争的难题。虽然定量指标能够更加直观地判断治理效果，但并非所有方面都能够使用定量分析，在有些治理领域须进行定性分析。总之，在构建全球治理评估体系中，会遇到一系列困难。这在一定程度上也说明了全球治理评估体系缺位的原因。全球治理评估体系相当于治理的反馈机制。没有准确的反馈，全球治理必将走向异化。为保障全球治理沿着正确方向发展，构建全面系统的全球治理评估体系势在必行。

上述五个困境形成的根本原因是现有的核心治理主体——西方大国——在全球治理的理念和方式上存在误区。自全球治理开启以来，西方大国一直是全球治理的核心主体。随着全球化所带来的全球性问题不断增多并趋于复杂化，全球治理的客体越来越复杂，需要加强国际合作，特别是充分发挥新兴国家的作用，调整治理主体的结构。比如全球金融治理，2008 年国际金融危机凸显出西方大国的治理能力不足，西方大国单凭自己的力量已经难以应对，这正是二十国集团崛起的直接动因。然而，在国际货币基金组织和世界银行等主要国际金融治理机制中，仍然是西方国家居主导地位，掌控着规则制定权，它们不愿意让新兴国家分享它们的固有权力。这种局面如果不加以改变，国际金融治理不可能有效推进。

## 三、全球治理发展的主要趋势

全球治理是世界政治和人类社会发展所必需，但目前又面临着困境，存在着严重赤字。辩证地看，全球治理面临的困境也是其自身发展的动力源。全球治理的内在矛盾不断演变必将推动全球治理不断发展。深刻把握全球治理内在矛盾，不难发现全球治理存在以下四个发展趋势。

### （一）人类命运共同体逐步成为全球治理的伦理追求

全球治理目标层级矛盾本质上是全球价值与特定领域价值的冲突，具体表现为全球治理短期与长期目标的不协调性。比如全球环境治理，如果过分强调以解决全球性问题为核心的短期目标，则很容易造成人与自然的二元对立，从而忽视以人为本的治理理念；如果只单纯聚焦人类社会可持续发展的长期目标，而不以推动解决全球性问题为基础，又将会使全球治理沦为“空洞的口号”。事实上，解决全球性问题是人类发展的迫切要求，解决这些问题需要站在人类可持续发展的角度稳慎推动。此外，全球治理的短期目标与长期目标之间的层级矛盾，还扭曲地体现在全球治理进程中发达国家与发展中国家围绕发展权的斗争方面。还以全球环境治理为例，少数发达国家站在人类可持续发展的道义制高点，指责发展中国家是全球性问题的主要制造者，须承担更多治理责任，进而达到抑制一些新兴发展中国家发展的目的。多数发展中国家为争取自己的发展权在不逃避全球治理责任的前提下，与发达国家展开谈判，积极争取更加公平地参与全球治理。实际上，在全球治理中，发达国家应该承担更多的治理责任。从历史维度看，全球性问题的出现并非“一日之功”，而是人类不合理活动长期累积的结果。回顾资本主义 500 年发展史，我们不难发现，资本主义的积累“一直靠全球环境不断被系统地剥夺其自然财富得以维持。环境被蜕变成了索取资源的水龙头和倾倒废料的下水道”。[①] 尤其在资本主义工业革命时期，资本主义生产方式造成了非常恶劣的海洋生态环境问题。为维护生存环境，发达国家民众纷纷游行示威，反对本国政府以牺牲环境为代价的发展模式。在民众压力之下，发达国家将环境污染类产业转移至发展中国家，让发展中国家承担起发达国家消耗资源带来的后果和责任。发展中国家大多处在现代化初级阶段，落后的技术和粗放型生产必然会对生态环境造成不良影响。表面上看，一些全球性问题在发展中国家表现得更加明显和突出。但我们不能武断地认为发展中国家应该对当下全球治理负主要责任，相反，发达资本主义国家应该负更多责任。总之，全球治理短期目标与长期目标之间的不协调主要是治理主体之间的认识差异所致。不同治理主体对短期与长期目标的态度不同使二者本应统一的关系发生异化。

随着全球治理短期目标与长期目标层级冲突的不断演变，前者必将服从于后者，而后者也必将引领前者，从而实现统一。在此过程中，新的全球伦理或将成为调和二者矛盾的关键。从层级上看，全球治理短期目标要低于长期目标，但对二者的追求却具有统一时空性，没有先后之分。换言之，只要逐步实现全球治理短期目标，也等同于在向长期目标迈进。长期目标的实现过程具有隐蔽性，很难像短期目标那样让治理者直观地感受到。调节全球治理短期与长期目标之间的矛盾需要新的全球治理伦理加以指引和调和。

中国提出的人类命运共同体理念为全球治理提供了新的伦理支撑。人类命运共同体理念蕴含共治、共享以及世界责任的价值伦理，主张各类治理主体放下利益矛盾，共同参与全球治理，构建一个休戚与共的共同体，“在真实的集体的条件下，各个个人在自己的联合中并通过这种联合获得自由”。[②] 共享价值注重在全球治理中利益分配的均衡性。人类命运共同

---

① 〔美〕约翰·贝拉米·福斯特：《生态危机与资本主义》，耿建新译，上海译文出版社2006年版，第74页。

② 《马克思恩格斯选集》第1卷，人民出版社1972年版，第82页。

体就是要试图推动全球治理体系的不断完善，使治理主体能够在参与全球治理中感受到满满的获得感和主体参与的公平性。同时，世界责任价值能够让治理主体逐步放弃主权国家中心主义，摒弃治理主体狭隘的民族国家治理认知，从而站在增进人类利益的角度去思考自己参与全球治理的价值意义。事实证明，人类命运共同体理念正在逐步成为全球治理的伦理共识。2017 年 2 月 10 日，人类命运共同体理念被写入联合国社会发展委员会“非洲发展新伙伴关系的社会层面决议”；3 月 17 日，被写入联合国安理会关于阿富汗问题的第 2344 号决议；3 月 23 日，被写入联合国人权理事会关于“经济、社会、文化权利”和“粮食权”两个决议。2021 年 12 月 6 日，第 76 届联合国大会全会高票通过了联大第一委员会提交的“不首先在外空部署武器决议”。决议序言部分强调，应达成防止外空军备竞赛条约，努力构建人类命运共同体。这是联大决议连续第 5 年写入“人类命运共同体”理念，充分表明“人类命运共同体”理念深入人心，成为各类全球治理主体所追求的价值伦理。

### （二）发展中国家全球治理话语权不断提升

当今世界具有影响力的全球治理体系要么由发达国家主导，要么受其影响较大。比如，联合国、世界贸易组织、世界银行、国际货币基金组织等全球治理体系在利益和责任分配上更有利于发达国家，广大发展中国家的话语权相对较弱。话语权与治理责任的不匹配让广大发展中国家感到明显的不公平。随着全球化的深入发展，越来越多的发展中国家抓住全球市场带来的机遇，不断增强自身实力，尤其是 2008 年国际金融危机爆发后，新兴经济体和发展中国家群体性崛起，同时发达国家实力相对衰弱，全球格局正发生微妙变化，但全球治理体系未随之发生根本性调整，出现失灵现象。IMF 统计，新兴经济体和发展中国家作为一个整体，2008 年首次在经济总量上超过了发达国家，2016 年对全球经济增长的贡献率达到 80%。[①] 全球经济实力对比发生改变是发展中国家努力奋斗的结果，必将

---

① 参见卢静：《全球经济治理体系变革与中国的角色》，《当代世界》2019 年第 4 期。

推动全球治理体系的变革。实际上，发展中国家变革全球治理体系与发达国家维护既有治理体系或主导体系变革的斗争已成为推动全球治理体系向更加合理方向发展的主要矛盾。

发展中国家与发达国家之间的斗争是长期的、复杂的和反复的。近年来，双方的斗争异常激烈。越来越多的发展中国家敢于直接指出全球治理体系的弊病，敢于对抗发达国家的霸权行径。比如，在 2012 年第 67 届联大辩论中，时任埃及总统的穆尔西指出，由于不合理的贸易规则以及对发展中国家在技术转让和融资方面的限制，广大发展中国家首当其冲地遭受了现有决策机制给经济增长、贸易、环境、社会带来的负面影响。他呼吁建立“一个以人为本的新全球经济治理体系，它以在共同利益的基础上加强伙伴之间的合作为目标”。2021 年 9 月 21 日，菲律宾总统杜特尔特在联合国大会上批评富裕国家囤积新冠疫苗，导致许多发展中国家面临疫苗短缺，并称这是“既不合理也不道德的自私行为”。2022 年由美国主办的第九届美洲峰会缺席比例达到三分之一，甚至许多国家派低级别代表团参会，这是对美国主导会议议程的强烈不满和抗议。随着发展中国家全球话语权意识的觉醒，发展中国家在全球治理中不断走向协作给发达国家造成巨大压力，一些发达国家面对发展中国家的强烈攻势，选择消极应对——“不合作就退群”。比如，仅 2017 年至 2021 年，美国退群多达 10 个，涉及国际贸易、气候、教科文、移民、伊朗核问题、人权、外交、导弹、主权、世界卫生等多方面。综上所述，全球治理体系的弊病和发达国家在全球治理中不负责任的表现，客观上加剧了全球性问题的危害性。全球性问题迟迟得不到有效解决，最终损害的是所有国家的切身利益。解决全球性问题的唯一路径是国家和非国家治理主体的团结协作。其中，发展中国家和发达国家作为全球治理最重要治理主体间合作尤为重要。未来，随着发展中国家实力和全球治理的紧迫性压力持续增强，发达国家将不得不做出妥协，发展中国家全球治理话语权也将得到全面提升。

### （三）非国家治理主体参与全球治理积极性不断增强

尽管主权国家是全球治理最重要治理主体，但是国际关系现状决定世界各国无法形成治理合力，导致严重的治理赤字。加之，近年来全球经济复苏乏力，逆全球化浪潮再起，很多国家自顾倾向加剧，国家间协调困难不断增大。为弥补治理赤字，推动全球治理向前发展，国际组织、非政府组织、基金组织、国际协会等非国家治理主体如雨后春笋相继出现，并不断发展壮大。

治理失灵催生大量国际组织投身全球治理。面对主权国家间合作的困境和全球治理的紧迫性，人们开始对主权国家治理失灵进行深刻反思。主权国家除了难以超越本位主义外，还存在强者对弱者的控制与剥削，整体上呈现出“斗争与合作”相互交织的状况。主权国家从一开始就缺乏将全球利益放在首位的战略考量。对此，各类国际组织以维护全球利益为宗旨，并以相对中立的身份纷纷出现。目前，国际组织以每年平均 1200 个的速度增长。包括有主权国家参加的政府间国际组织、民间团体成立的非政府国际组织，既有全球性的，也有地区性、国家集团性的。国际组织积极参与全球治理，成为全球治理的重要补充。国际组织数量快速增长恰恰说明全球治理需要新的治理主体参与其中，也说明全球治理的现实紧迫性。

从非国家治理主体的发展看，一些国际组织从小到大、由弱到强，在全球治理中发挥着越来越重要的作用。比如，世界自然保护联盟（IUCN）历经 70 多年成长为全球治理的重要主体之一。1948 年 10 月 5 日，在法国枫丹白露组织的会议上，18 个国家政府、7 个国际组织和 107 个民间组织共同发起成立了世界自然保护联盟。截至 2018 年初，IUCN 会员增加到 1334 个，已成为世界上最大、最多样化的环境网络，是政府、非政府组织、科学家、企业和当地社区应对保护与发展面临的挑战，寻找系统的解决方案的一个中立的国际组织，在世界上具有很强的影响力。又如，绿色和平组织官网显示，绿色和平组织在 1971 年成立时只有 12 人，1985 年支持者达到 140 万人。截至 2021 年底，该组织已经在 55 个国家和地区设有分部，拥有支持者超过 300 万人。经过不懈努力，绿色和平组织坚信以行动促改变。同时，通过研究、教育和游说工作，推动政府、企业和公众共同寻求环境问题的解决方案，对保护地球生态作出突出贡献。可见，这些非国家治理主体在全球治理中发挥着越来越不可替代的作用。此外，一些私人基金会在全球公共卫生治理中有着不俗的表现。比如，比尔及梅琳达·盖茨基金会、苏珊汤普森·巴菲特基金会等积极推动艾滋病、疟疾等疾病防治等公益事业，不断改善贫穷落地地区的医疗卫生条件。[①] 无论从质还是量的层面来看，非国家治理主体都将成为全球治理的一支重要力量，同时也将倒逼主权国家调整自身行为，形成合力共同参与到全球治理之中。

### （四）全球治理结构呈现扁平化趋势

国际社会无政府状态是导致全球治理结构非均衡化的根本原因。主权国家之间，尤其是发达国家对发展中国家以及其他治理主体的剥削和压制使治理主体间关系呈现霸权逻辑，治理主体关系的非民主化进一步影响了全球治理的效率。主体多元化是推动全球治理体系改革的主要动力之一。治理主体多元化将冲击全球霸权治理结构，加速全球治理话语权的分散化。随着全球治理的发展，多元治理主体使全球治理领域趋于精细化和专业化。不同治理主体为深入参与全球治理，将不断向自己所擅长的领域增加投入，形成对特定领域治理的话语权，从技术、经验和治理模式上挑战霸权国在全球治理中的权威，依靠绝对硬实力的治理模式将被弱化，治理主体间的关系由原来的层级化逐步走向网络化。换言之，全球治理结构将不再以硬实力排位进行治理话语权的分配，而是通过全球治理专业化业务分工形成一个非权力的治理网络，这也是全球治理民主化进程的必然结果。此外，全球治理需要全球参与的理念在全球范围内传播，使治理理念深入人心，推动了全球公民社会的发展，也从根本上推动了全球治理结构的调整。治理结构的网络化趋势是国际社会在实现和增进全球公共利益的过程中，主权国家、政府间国际组织、非政府组织、公民社会等众多治理主体之间的关系逐渐趋于平衡，所形成的结构不是等级制的，而是一种相互依存、协作扁平化的治理网络。[②] 这种治理网络本质上对应的是一种多元

① 参见薛安伟、张道根：《全球治理的主要趋势、诱因及其改革》，《国际经济评论》2020年第1期。

② Michael Barnett，Martha Finnemore，*Rules for the World：International Organizations in Global Politics*，New York：Cornell University Press，2004，p. 126.

向度的治理模式。它与纵向结构的全球政府有本质区别，治理主体之间不存在强制关系。治理主体参与全球治理是治理网络系统整体运转的需要。整个治理活动实际上是一项系统工程。

未来，全球治理结构网络化、扁平化将发挥三方面作用。一是强化治理的民主化。在治理网络中，每个治理主体功能的发挥，都是治理网络正常运转的必要条件。[①] 单一治理主体功能再强大也需要依靠治理网络中其他主体的协作才能发挥最大效能。因此，治理网络的内在约束力，将成为全球治理民主化的重要保障。二是协作将成为全球治理的主流底色。在治理网络中，多元治理主体将不得不在相互沟通中确立共同目标，研究探讨解决全球问题的路径，通过协作推进某一领域全球治理的进程。同时，治理主体在频繁互动中，增信释疑，不断强化合作意识和协作效率。三是网络化治理有助于增强治理效果。随着治理主体多元化发展，治理网络的扩展将进一步放大治理主体的效能，进一步促进治理主体间优势互补，从根本上解决全球问题。[②]

---

① Christoph Knill, Dirk Lehmkuhl, "Private Actors and the State: Internationalization and Changing Patterns of Governance", *Governance*, 2002 (1).

② 参见石晨霞：《全球治理机制的发展特点和趋势》，《中共天津市委党校学报》2014 年第 1 期。

# 第十章

# 当代世界政治中的国际法治

国际法治是法治概念在国际社会的延伸，是治理国际事务的一种方式。国际法治意味着在国际社会中追求和建设法治，它的核心表现是世界政治的法律化和全球治理的法治化，世界政治和国际法的互动影响着国际法治的演进。世界政治是国际法治建设的社会基础，国际法治是世界政治发展的内在需求。与世界政治早期表现为“国家间政治”一样，国际法治早期表现为“国家间法治”，它的历史发展也追溯至威斯特伐利亚体系的建立。“二战”后，特别是冷战结束以来，随着世界政治因全球化的发展而呈现出许多新的特征，国际法治也获得了较大发展，同时面临诸多严峻挑战。行为主体日益多元化，关切事项日益多样化，国际法在世界政治中发挥着越来越重要的作用。当今世界正处于深刻而复杂的大调整、大变革进程中，全球治理深入发展，全人类共同利益得到极大关注，这些都会反映在国际法治的现状和未来发展中。

## 一、国际法治的概念与基本特征

简而言之，国际法治是治理国际事务的一种方式，它的目标是世界政治的法律化和全球治理的法治化，因而是一种在无政府状态的世界政治中追求法治的限权政治，它最主要的治理依据是国际法。

### （一）国际法治的核心要素

自 20 世纪后半叶以来，“国际法治”（international rule of law）这一

用语在国际社会中的使用频率不断提高。然而，无论是学界还是实务界，对国际法治都未能提出一个权威、清晰、具体的定义。很多国际法学者、国际政治或国际关系学者，对国际法治都有不同的理解和解释。但总体上都认可国际法治是发轫于国内的“法治”在国际社会的延伸，简单地说就是“国际领域的法治”。法治概念的三大核心要素，即法律至上、法律面前一律平等和依法而治，同样适用于国际法治，但与国内法治的内涵和外延都有所不同。

首先是法律至上。国际法治中的法律至上是指：第一，承认和接受国际法的权威性和有效性。这要求在国际关系中遵守国际法，抛弃霸权主义和强权政治，杜绝单边主义和例外主义。第二，确认国际法适用于所有国际法主体，包括主权国家、国际组织和其他实体，以及在一些国际法律制度中承受了权利义务的个人和非政府组织。第三，加强国际法对不断涌现的新的全球性问题的适应性。例如，针对2008年以来的国际金融危机，有研究提议应树立法律优于经济体系的观念，建立一个全新的全球法律体系，全面规制全球资本主义。

其次是法律面前一律平等。国际法治中的法律面前一律平等是指：第一，国家主权平等，具体包括两点：所有国家无论大小、贫富、强弱，法律地位一律平等；任何国家的领土完整和政治独立不容侵犯。第二，重要的是，要在国际生活（尤其是世界政治实践）中落实上述原则。当然，也必须承认权利相同的不同主体之间行为能力存在差别的事实，这也是国际法的正常运行需要有相应的政治共识的原因。第三，法律面前一律平等并不意味着世界政治（国际法）不同层级的主体之间法律地位的同等，各主体只能在各自的层级内彼此平等。例如，作为国际法派生主体的国际组织同国际法的基本主体——国家之间当然不存在类似于国家主权平等这样的关系。

最后是依法而治。国际法治中的依法而治要求世界政治（国际法）主体，尤其是国家不得任意行使权力。第一，原则层面，这首先体现在“有约必守”（pacta sunt servanda）的基本概念中；其次是应当维护《联合国宪章》和国际法基本原则的权威，如国家主权平等原则、禁止使用武力或以武力相威胁原则、和平解决国际争端原则和不干涉内政原则等。第二，实施层面，重点是国际法的遵守和适用。其一，严格遵守国际条约和习惯国际法规则，以及安理会通过的有约束力的决议。善意行使权利和履行相应义务，并承担因此产生的法律责任。其二，确保国际法的统一适用。不能工具性地选择适用国际法，也不能在适用国际法时采取双重标准，单方面作出对本方有利的解释，尤其不能像美国年度《人权国别报告》那样用国内标准替代国际法标准。其三，国际组织（机构），包括联合国安理会和各种国际司法机构，同样应该遵守《联合国宪章》和国际法，在自身的授权范围内善意审慎行使相应职能。

总的来说，国际法治是发轫于国内的“法治”在国际社会的延伸，它要求世界政治（国际法）主体在国际关系中遵守国际法，在国家主权平等的基础上，维护国际法的权威性和有效性，并推动国际法不断适应新的全球性问题和挑战，建立以国际法为基础的公正、合理的世界秩序。

### （二）国际法治的目标、内容与作用

国际法治意味着在无政府但有秩序的世界中追求和建设法治，其核心表现是政治关系的法律化和治理方式的法治化。从政治的角度来看，国际法治是为了对抗霸权主义和强权政治；从法律的角度来看，国际法治是为了摒弃弱肉强食的“丛林法则”。简单地说，国际法治追求的是国际社会、世界政治由规则而非实力导向，因而它在当代世界政治中发挥着重要作用。

国际法治的直接目标是将世界秩序构建为国际法律秩序。在这一秩序中，国际事务都依照法律规范、按照法定程序和法治的精神来处理。当然，这种秩序并不是单向度的，而是分层次、分领域、分程度的秩序。它的理想状态是，全球范围内建立起了一套表述明确、内容合理、结构妥当的规范体系，这套体系得到国际社会的普遍遵守；对于偶尔违反规则的行为存在着公正而有效的监督和纠正机制，世界政治主体和全球民众形成了对这种规范的信赖。

毫无疑问，国际法治是一种发展中的事物，它的建设是一个渐进、缓

慢且曲折的过程。这一过程包括两部分内容：首先是国际事务的法治化。原本是通过政治、外交或军事途径解决的国际事务，进入法治化的轨道。例如维护世界和平问题、领土问题、国际贸易问题等。这是国际法治的主要层面。其次是法律事务的国际化。原本是国内的法律事务，后来进入国际领域，相关事务在跨越国界的地域范围中通过法律的途径加以解决。例如，刑事问题、人权问题、知识产权保护、环境资源保护等事项。

国际法治的思想和实践由来已久，不同时期法治的程度、范围有所不同。与世界政治相同，在国际法治框架中，国家是基本行为体，国际组织、非政府组织和个人也发挥着重要的作用。国际法治体现在政治、经济、社会、环境、人权、安全等各个领域。它的关键在于约束国家，尤其是强国大国的行为，使之遵守国际法，并可对它们的违法行为予以有效制裁。

在当代世界政治中，国际法治对维持世界秩序、世界政治力量相互之间的调整组合以及国家在政治、军事、经济和贸易等各方面的发展，始终发挥着相当重要的作用。它让世界政治各主体之间关系更具稳定性和可预测性。首先，国际法治有利于和平与安全的世界秩序的巩固和完善。国际法治促使世界各国以法律来规范国际交往行为，依法解决国际争端，巩固并进一步深化、发展既有世界秩序。其次，国际法治能够推动世界新秩序的构建。一方面，通过国际法可以将建立世界新秩序的目标以法律的形式加以确认，使之具有权威性和约束力，成为指导国家行为的准则，另一方面，将具体的、多领域的法律规范与相对抽象的世界新秩序的目标相结合，能够使建立世界新秩序的目标分解为一个个具有实际操作性的国际行为规范，有利于不断推动世界新秩序的构建。当前，由于霸权体制的衰弱以及全球化不断加深的相互依赖，国际法治具有较大的发展空间。

### （三）国际法治的基本特征

世界政治和国际法是影响国际法治发展的两大决定性因素，二者的互动塑造了国际法治的历史与现状。在世界政治和国际法的相互作用下，国际法治呈现出如下基本特征。

1. 国际法治是限权政治

世界政治是权力政治，而国际法治的本质是限权政治，是限制世界政治主体权力及其行使的方式。一方面，国际法植根于、服务于且受制于世界政治，世界政治的发展状况通常都会在国际法治上得到反映。世界政治环境宽松，国际法治就能得到较好的发展，反之国际法治则可能遭遇挫折，出现反复。这一点在特朗普上台以后美国所采取的诸多有违国际法治的“退群”或威胁“退群”行为而体现得尤为明显和深刻。另一方面，国际法治可对世界政治进行规范与指引，推动和促使世界政治朝着有序、公平、合理的方向发展。当然，随着世界政治经济的发展和人类文明程度的提高，国际法服务于世界政治的方式和世界政治制约国际法的形式都会发生变化。

国际法对世界政治的影响突出体现在对国家使用武力自由的限制上。自 1648 年威斯特伐利亚体系建立以来，使用武力就是主权国家的自由，也是国家间最终处理或解决冲突的惯用方式。第一次世界大战第一次大规模释放了国家的战争权所具有的破坏力，促使人们开始反思国家行使武力的权力。为限制使用武力的自由，《国际联盟盟约》尝试建立机制化的集体安全体制，1928 年《巴黎非战公约》禁止将战争作为推行国家政策的工具。第二次世界大战后，《联合国宪章》将禁止使用武力或以武力相威胁规定为一项基本原则，只有在自卫或联合国安理会授权的情形下，一国才能合法使用武力，否则就是违反国际法的行为。同时，在承认战争的爆发有时不可避免的事实前提下，规范各交战国或武装冲突各方交战行为的原则、规则和制度也发展起来，称为国际人道法。现在的国际人道法主要是在“二战”后形成的，如 1949 年的《日内瓦第四公约》和 1977 年的两个附加议定书。依据这些规定，即使是在交战过程中，作战方法和手段、攻击目标等都是有限制的。这些进展，都是在国际社会对禁止战争和规范交战行为达成政治共识的基础上通过法律方式所取得的。

因此，国际法是规范和衡量世界政治行为体行为的标准。一国在制定对外政策或采取行动时必然要考虑可适用的国际法规则。为达到某个目的，国家或许会违反国际法规则，但事先要考虑被国际社会认为是违法者而必然产生的法律和政治后果，并可能因此承担相应的责任。

2. 国际法治是无政府状态下的法治

无政府的国际社会是国际法治存在的基础。国际法治概念虽然源自国内法治，但二者植根的政治基础完全不同：国内是有政府的社会，而国际社会并不存在这样一个类似的世界政府。国内社会是垂直结构，由自上而下的立法机关、行政机关、司法机关来保障法律的实施，监督社会成员遵守法律；而国际社会是一个平面结构，各成员法律上处于平等的地位，没有超国家的立法机构，没有实施法律的中央机构，国际性法院对国家间争端并不当然享有管辖权。国际法治因而表现出与国内法治完全不同的特征。

首先，国内法治是一种强制型法治，而国际法治是一种合意型法治。国际法的效力来自国家的同意。这种同意并不是每个国家的同意，也不是所有国家的“共同同意”，而是各国的意志经过协调而达成的合意。条约规则是国家的明示同意；习惯国际法是一种“不成文”法，来自国家的一般和一贯实践并被各国当作法律义务遵守。

其次，与国内法治是一种一元型法治不同，国际法治是一种多元分散型法治。在国内社会，政治体系是集中和等级制的，低层级的政治权威服从高层级的政治权威，法律自下而上大体上是统一的。即使联邦制国家的各邦或州有相对独立的法律体系，这些法律也不得与联邦的宪法和法律相抵触。而国际社会则是无中心、分散的，各个国家在形式上处于平等地位，很多国际组织也互不隶属。相应地，在国际社会存在着相当数量的彼此独立的国际规则体系。这些国际规则体系分别是由不同的国际社会成员所创建的，也仅对那些创建规则体系的国际社会成员有效；不同国际规则体系之间彼此冲突的情形不时发生。国际法治分散于国际社会的各个事项领域，如国际贸易法治、国际环境法治、国际海洋法治或国际人权法治等；国际社会还不存在类似国内法治那种整体意义上的法治。不同领域的国际法治进展也不完全相同。当然，在国际社会各种力量的共同推进下，越来越多的国际事项领域会走向法治，从而不断提升国际社会的法治化程度。

3. 国际法治表现为“国际法之治”

国际社会秩序的维持手段有强权、均势、外交等，也有法律。在国际关系中，“文明的进展可以认为是从武力到外交，从外交到法律的运动”。[①] 法治是基于法律的治理方式。这种法律不是各国或者大国强国的国内法，不是理论上所谓的“跨国法”或者“全球法”或者“世界法”，而是国际法。[②] 国际法治建立的秩序是以国际法为基础的公正、合理的国际（世界）秩序。

国际法是关于国家相互间或与其他国际法主体之间关系的法律规范的总和，是国际（政治）关系的产物。它产生于近代欧洲，特别是西欧国家相互间的外交实践。国际法的成立形式（渊源）有国际条约、习惯国际法和一般法律原则。国际法原则、规则和制度主要通过前面两种形式而取得法律的拘束力，一般法律原则多为国际司法机构所适用。此外，国际司法机构的判决及国际法学家学说可用来帮助找到国际法规则；国际组织（特别是联合国大会）的决议有时也被认为是国际法的确立形式。目前，国际法在国际社会已经无所不在，从传统的外交和战争，到新兴的人权、环境、外空、网络、深海和极地等领域，几乎囊括了人类生活的各个方面。

国际法主要由国家（群体）所制定，反映的是国家群体的利益和主张。一个国家的国际法权利和义务，在国际层面优先于其在国内法上的权利或义务。国际法不允许一国以本国法律为由来拒绝履行条约义务。如果一国通过本国法律程序已经批准、加入并成为一个有效条约的缔约国，就必须履行其在国际法上的义务。这是国际法的一项基本原则。如果一国被认为经常违反了国际法规则，它在国际关系中就可能会被其他国家疏远。从一时一事来看，个别或少数国家有时会因违反国际法而获得短期利益；但从长远看，遵守国际法会更符合国家的根本利益，也更符合国际社会的根本利益。如果很多国家仅从自身利益出发而损害国际社会的整体利益，

---

① Louis Henkin, *How Nations Behave: Law and Foreign Policy*, 2nd ed., Columbia University Press, 1979, p. 1.

② 参见刘衡：《国际法之治：从国际法治到全球治理》，武汉大学出版社 2014 年版。

就可能使世界政治陷入混乱，只有基于国际法的国际法治才能恢复、维持、建立秩序。

## 二、国际法治的演进与现实方位及地位

国际法治的历史可追溯至威斯特伐利亚体系的建立。与世界政治早期表现为“国家间政治”一样，国际法治早期表现为“国家间法治”。此后，国际法治历经了相当漫长的演进过程。与国内法治相比，国际法治目前还处于相对初级和比较粗放的阶段，而且时有反复。但毫无疑问，国际法治在当代世界政治中的重要性和比重都越来越大。

### （一）国际法治的发展历程

法治由国内走向国际始于1648年的《威斯特伐利亚和约》，国际法治早期因而表现为欧洲法治。《威斯特伐利亚和约》是近现代国际法发展的源头，国际法治的发展历程是国际法在国际（世界）政治中日益发挥重要作用的演进过程，大致可以划分为三个阶段。

1. 萌芽阶段

《威斯特伐利亚和约》在欧洲大陆形成了一个以主权国家为主体、以国际法为国家间关系的规范以及实力均衡为秩序基础的国际体系。此后两百多年内，国际事务主要由主权国家通过举行国际会议、进行多边协商、缔结国际条约的方式来协调处理，这是国际法治早期的主要表现形式，也是直至目前国际法治的基本表现形式。

拿破仑战争后形成的维也纳国际体系在威斯特伐利亚体系基础上更进了一步，出现了欧洲大国协调机制。从1815年至1914年第一次世界大战爆发，欧洲国家在维也纳、巴黎、柏林、海牙及日内瓦约平均每两年就要召开一次国际会议。以国际会议处理国际问题是当时国际政治生活的一种惯例。在这一过程中，不仅国际习惯法得到不断积累，而且制定了特别是战争法、外交与领事关系法等国际法各部门法，使近现代国际法形成了一个比较完整的独立体系；国际法的这些发展反过来又促进了国际政治的制

度化。乐观者甚至认为17、18世纪的启蒙运动之后，国际关系建立在国际法的普遍制度之上的认识已得到广泛接受。

2. 曲折起步阶段

通过两次世界大战，国际事务的地域范围从欧洲扩展至全球，国际事务的议题从传统的安全争端解决逐渐延伸至包括政治、经济、社会、文化、环境、人权、外空等几乎人类生活的所有方面。在这一阶段，维持世界和平与促进世界发展不仅依靠主权国家，由主权国家共同创立的国际组织也开始在其中发挥重要作用，其中最著名的是国际联盟和联合国。

国际联盟和联合国是人类建立一个在和平、安全和法律基础之上的国际（世界）秩序追求的一部分。国际联盟是现代世界集体安全机制化的第一次认真尝试，虽然在维护世界和平上很失败，但在国际法治上留下了宝贵遗产，为创建联合国提供了经验。

“二战”结束后成立的联合国是一个独特且十分庞大的全球性政治组织，拥有广泛的职权，包括维持国际和平与安全、促进国际友好与合作等；它设有六大主要机关以及执行其职能所需要的各种辅助机构，近20个与之建立特殊关系的专门机构，另外还有与之建立联系的为数众多的与其所涉事务有关的国际组织、非政府组织和个人团体。联合国据以成立的《联合国宪章》不仅是一份普遍性的国际条约，也是国际社会的宪法性文件。联合国成立以后，形成了一个由以联合国为中心的联合国组织体系和以《联合国宪章》为核心的现代国际法律体系组成的全球治理体系。

“二战”结束后最大的政治现实是美国和苏联两个超级大国成为世界体系的首要行为体，以及随之而来的以它们为首的两大政治军事集团之间数十年的对峙。两极格局下的冷战极大地挤压了刚刚起步的国际法治的生存与发展空间，承担重要职能的联合国在一些领域无法正常开展工作，国际法在很多时候，特别是在一些事关国际和平与安全的重大问题上常常被弃之一旁。

尽管如此，国际法治还是在两个重要方面取得了进展。（1）为确保意识形态冲突可以和平解决，调整两极及其集团内部关系的程序和规则得到大力发展，国际法被界定为和平共处的一种形式，称为“共存国际法”。(2) 在两大对立体系缓和的间隙，从20世纪60年代开始，在联合国体系内，促进经济、社会、文化、教育、卫生等国际合作的“新”国际法或传统国际法的“新”内容不断兴起并快速发展，如国际经济法、国际人权法、国际环境法、国际海洋法、外层空间法等，战争和安全领域也不断推出新的规则。新的“合作国际法”意味着为促进世界的发展，各国应承担彼此合作的法律义务。在这一过程中，世界政治的基本行为体——国家仍然保有首要的权力，包括制定国际规则的权力，但是此种权力越来越多地通过国际组织提供的协调与合作框架来行使。

3. 初步发展阶段

冷战的结束开启了一个全球化时代。交通和通信技术的迅猛发展加速了生产要素的跨国流动，将全世界更为紧密地联系在一起；政府间和非政府间国际组织功能不断扩大，跨国公司蓬勃发展，它们成为当代世界体系运转的积极参与者。全球化给世界政治带来的深刻变化也包括它所不可避免地产生和加剧的一系列问题，如人口、环境、毒品等问题，以及恐怖主义、网络安全、重大传染性疾病、气候变化等非传统安全威胁。这些全球性问题的解决非一个或几个国家力所能及，国际合作的呼声越来越高。所有这一切充分表明，世界体系正发生着历史性变革，人类正进入一个不同于以往的治理新时代。

自1990年代早期开始，“法治”的表述开始在世界政治话语中兴起。1992年在里约热内卢举行的联合国环境与发展会议通过了有关应对气候变化和保护生物多样性的两个框架公约，以及一个雄心勃勃的处理环境与发展问题的21世纪议程，并设立了一整套机构，包括联合国可持续发展委员会。作为乌拉圭多边贸易回合谈判（1986—1994年）的结果，具有一个常设统一的、以法律为基础的、具有强制管辖权的争端解决机制的世界贸易组织（WTO）于1995年正式成立。同年在纽约召开了为庆祝联合国成立50周年而组织的联合国国际法大会，名为“国际法——我们共同的语言”。

这一时期，国际性司法机构日趋增多，陆续建立了前南斯拉夫国际刑事法庭（1993年）、卢旺达国际刑事法庭（1994年）、国际海洋法法庭

（1996 年）、国际刑事法院（1998 年）等。越来越多的条约规定了以司法手段解决争端的义务和程序，主权国家接受国际司法机构管辖的压力增大，在人权、环境、海洋法领域尤其明显。普遍司法管辖权趋于扩大，对侵犯人权的追诉也趋于国际化。

在区域层面，欧洲一体化继续前行，虽然有时颇费周折。直接效力和最高效力法律原则以及由欧洲法院阐释的“基本宪章”法理，开启了将欧盟理解为不仅是一个商业联盟，而且是有着共同价值观的“法治共同体”的大门。《马斯特里赫特条约》（1992 年）、《阿姆斯特丹条约》（1997 年）和《尼斯条约》（2001 年）做出了重要变革，包括了延伸欧洲联盟的国际能力和共同外交与安全政策的协调。虽然《欧洲宪法条约》折戟沉沙，《里斯本条约》也几经波折，但它终于在 2009 年 12 月 1 日生效，成功地将国际组织中的“欧洲共同体”（European Communities）替换为“欧洲联盟”（European Union）。

但是另一方面，刚刚展现出蓬勃发展势头的国际法治也遭遇了前所未有的挫折与危机。国际社会未能对索马里和海地的国内战争，尤其是对卢旺达的种族屠杀和南斯拉夫解体后新独立国家之间的战争作出有效反应，引起了有关人道主义干涉的激烈争论。在联合国安理会似乎不能作出有效行动阻止科索沃形势恶化的情况下，北约对塞尔维亚的轰炸使这种争论达到顶点。依据《联合国宪章》，轰炸无疑是不合法的。但一些西方观察家认为这是正当的，或者“非法但必要的”。一些人认为人道主义战争的产生是西方选择性政治的一种工具，体现了西方无孔不入、无处不在的持续干涉的现实。2001 年 9 月 11 日纽约和华盛顿的恐怖袭击发生后，美国及其盟国立即决定在国际规则和国际机构之外单方面实施“全球反恐战”，2003 年的伊拉克战争使有关武力使用规则受到了严峻考验——《联合国宪章》生效以来，这本是世界秩序和国际法中争议最小的部分。2011 年美英法三国空袭利比亚，公然践踏国际法中的禁止使用武力原则。

另外一系列的挫败来自发展中国家特别是最不发达世界持续的经济和社会问题。尽管世界经济条件得到改善，全球化的利益却未能公平地分配。这使得在非洲和其他一些地方，形成了经济贫困、社会不公和公共卫生危机的恶性循环。西方领导的经济和金融货币机构的政策——特别是世界贸易组织、世界银行（World Bank）和国际货币基金组织（IMF）——集中体现于所谓的“华盛顿共识”，被广泛认为应为第三世界的持续贫困和社会不公负责。随着环境的持续恶化，最终形成了强大的反全球化运动，它们将世界贸易组织和世界银行等作为不公正的世界秩序的标志加以攻击。这些促成了一个“全球公民社会”的形成。

这一阶段，非政府组织的大量兴起与蓬勃发展成为世界政治和国际法治中的一个明显现象，有人甚至预言其已经或将对威斯特伐利亚体系形成根本性冲击。非政府组织的存在代表了政治压力的另一种来源，如果与某些议题或国家赞助者相联系，它们就有可能成为一种潜在的政治权力。妇女议题在当今国际议程中的突出地位和一些条约（如《禁止杀伤人员地雷公约》和《国际刑事法院规约》）的通过，都是非政府组织——国家战略联盟——进行了非常高效的政治游说的典型案例。一些法律人士认为，非政府组织已成为国家权力的重要抑制因素。

### （二）国际法律文件中的“法治”

虽然国际法治的发展可追溯至1648年的《威斯特伐利亚和约》，但“法治”这一表述在国际法律文件中的第一次出现是在整整三百年后。联合国大会于1948年通过的《世界人权宣言》序言第三段称，“复鉴于为使人类不致迫不得已而铤而走险以抗专横与压迫，人权须受法律规定（法治）之保障（protected by the rule of law）”。《联合国宪章》中并没有“法治”或“国际法治”之类的用语，但通常认为当代国际法治之滥觞应追溯至《联合国宪章》。例如，宪章的核心思想包括国际层面的法治理念，如尊重人权、禁止使用或威胁使用武力、发展国际法以促成政治上的国际合作等；尊重法治是联合国每天都在追求的目标，国际法处于联合国工作的绝对中心地位；体现于宪章的法治原则，包含了关于国家和国家间关系的基本要素，国际法院、联合国大会和联合国安理会在这方面发挥着重要作用等。

1970年《关于各国依联合国宪章建立友好关系及合作之国际法原则

之宣言》（简称《国际法原则宣言》）是第一份使用“国际法治”这个词语的法律文件。该宣言序言“重申据联合国宪章之规定……复念及联合国宪章在促进国际法治上至为重要”。该宣言不仅第一次明确提到了“国家间法治”（rule of law among nations），而且确认了联合国和国际法治之间的内在关联；此外，宣言没有局限于宣布法治这一概念，而是通过确立七项国际法原则致力于建立一个国际法治框架。

此后，尤其是冷战结束以来，法治的表述在联合国的重要法律文件中已屡见不鲜。1992 年，法治议题首次被列入联合国大会议程。2000 年《联合国千年宣言》中多次提到法治。2005 年联合国成立 60 周年时的《世界首脑会议成果》在推进国际法治上强调：“认识到需要在国家和国际两级全面遵守和实行法治”，将法治和国际法界定为国际秩序的两大基础，重申决意维护《联合国宪章》的宗旨和原则以及国际法的重要性，认为这是国家间和平共处及合作所不可或缺的。2012 年联合国大会《国内和国际的法治问题高级别会议大会宣言》指出：“重申致力于法治，重申法治对于各国间政治对话与合作来说具有极为重要的意义……一致认为，我们面临着众多复杂的政治、社会和经济变革带来的种种挑战和机遇，我们要共同应对这些挑战和机遇就必须遵循法治，因为法治是各国间友好平等关系的基石，是公正、公平的社会得以建立的基础。”

在诸多涉及国际法治的文件中，最值得强调的是 2004 年联合国秘书长在向安理会提交的名为《冲突与后冲突社会中的法治与过渡司法》报告中，对“法治”的含义进行了全面系统的阐述：“在联合国使命中，法治是一个核心概念。法治意味着一个治理原则，在这个原则中，所有个人、机构和实体（无论公私），包括国家本身，都应对法律负责；这些法律是公开发布的，可平等适用和独立裁判，并与国际人权规范和标准相一致。法治要求坚持法律至上原则、法律面前平等原则、法律问责原则、法律的公正适用原则、分权原则、决策参与原则、法律明确原则、非武断原则和透明度原则”。联合国的法治概念体现了国际法律秩序最经典和最基本的原则，运用这些原则可以应对国际共同体当代最紧迫的关切。

### （三）国际法治的现实方位以及在当代世界政治中的地位

“二战”后，特别是冷战结束以来，世界政治格局和力量对比发生了巨大变化，世界事务愈加复杂、主体更加多元、国际局势的变更与演化更是瞬息万变。国际法治在曲折反复中推进，为维护世界和平、促进共同发展提供了重要制度保障。《联合国宪章》为国际法真正普遍适用于世界各国、建设国际法治奠定了坚实基础。各领域国际合作蓬勃发展，国际规则日臻完备，约束力不断增强。从外层空间到大洋底土，从南极科考到北极合作，从气候变化到环境保护，国际规则几乎无所不在，深刻影响着我们的生活。放眼当今世界，按国际法办事是普遍共识，违反国际法不得人心。一方面，国际法治努力塑造、支撑、维护、稳定着国际社会的基本秩序；另一方面，世界政治也在不断推动着国际法治的进步与发展。在当代世界政治中，国际法治的重要性和比重都越来越大。

现实中，一个国家基于政治的、经济的、军事的或其他方面的因素，在国际关系中采取这样或那样的政策。然而，一旦其政策在国际上受到质疑或挑战时，该国通常都会利用国际法来为其辩护。不同的国家可能会就某个特定的国际法规则的性质和适用范围产生严重分歧，但几乎没有哪个国家会承认自己违反了国际法，更没有哪个国家公开主张其具有违反国际法的权利。比如，美国未经联合国授权在 2003 年 3 月单方面进攻伊拉克、2011 年 5 月在巴基斯坦不知情的情形下在其境内击毙基地组织领导人拉登、2020 年 1 月使用无人机在伊拉克境内袭杀伊朗将军等，其竭尽全力强调其军事行为符合国际法。

当然，国际法治目前还处在初级阶段，分散于国际社会的各个事项领域，不同领域的国际法治进展也不完全相同，国际社会还不存在类似国内法治那种整体意义上的法治。虽然有国际法治，但要实现国际社会的“法治”仍然任重而道远。

还要看到，即使是法治化程度相对较高的领域在一定时期也可能因世界政治的影响而出现停滞甚至退步的情形。例如，国际贸易法相对完备，国际贸易是法治化程度较高的领域，但由于特朗普治下美国的单边主义，导致世界贸易组织争端解决上诉机构停摆，给国际贸易法治带来较大负面影响。事实上，在特朗普执政期间，美国的这轮以“退群”或威胁“退群”为主要操作方式的单边主义，使得国际贸易、气候变化、国际安全、外交与领事关系等多个领域的国际法治出现明显停滞或退步，甚至较大退步。这表明国际法治建设具有艰巨性、曲折性和长期性。

与国内法治相比，国际法治目前还处于相对初级和比较粗放的阶段。然而，毫无疑问的一点是，国际法治已成为世界政治不可或缺的一部分。国际法治极大地限制了国家在国际法之外任意行动的自由裁量权。鉴于主权是几个世纪以来定义现代国家的特征之一，国际法治的兴起被视为20世纪现代国家最根本的变革之一。①

## 三、国际法治的挑战与未来

当前，世界正处在大发展大变革大调整时期，挑战层出不穷、风险日益增多。世界经济增长乏力，金融危机阴云不散，发展鸿沟日益突出，兵戎相见时有发生，冷战思维和强权政治依然猖獗，恐怖主义、网络安全、难民危机、重大传染性疾病、气候变化等非传统安全威胁持续蔓延。同时，世界多极化、经济全球化深入发展，社会信息化、文化多样化持续推进，新一轮科技革命和产业革命正在孕育成长，各国相互联系、相互依存，大国间合作与竞争并存，且竞争日益聚焦于重塑国际规则。推进国际法治既存在诸多困难和挑战，也面临难得的机遇，国际社会法制化、国际治理法治化、国际法治程度不断加深的整体趋势不会改变。

### （一）国际法治面临的挑战

国际法治面临的挑战来自影响其发展的两大决定性因素，即世界政治和国际法。世界政治给国际法治带来的挑战是根本性的，国际法存在的挑

① Bernhard Zangl, “Is There an Emerging International Rule of Law?” *European Review*, 2005, Vol. 13, Supp, No. 1, p. 89.

战很大程度上是应对前者所凸显出来的法律不足，或者是前者在国际法上的反映。

1. 世界政治带来的挑战

国家是世界政治的基本行为主体，主导着世界政治实践。但是，各主权国家在世界体系中的地位极不平等，它们的权利义务是不平衡的。欧美西方发达国家掌握着全球议程的设定和全球规则的制定权，在世界政治中享有制度性特权。一批新兴市场国家和发展中国家尽力追赶，有一定的能力分享全球化带来的好处，但很多国家面临着日益被边缘化的危险。作为冷战后世界上唯一的超级大国，美国经常奉行单边主义的国际战略，对公正而有效的全球治理造成直接伤害。“9·11”事件以后，美国推行更具进攻性的对外战略，包括“先发制人”战略，世界政治中的霸权主义、强权政治和新干涉主义都明显上升。特朗普政府执政期间，推行“美国优先”的单边主义外交政策，情况进一步加剧，冷战思维死灰复燃，影响和平与发展的因素不断增加。2019 年新冠肺炎疫情暴发以后，欧美国家自私自利、各自为战的表现表明世界政治的现实依然非常残酷。总体上，现有的世界政治结构很大程度上仍然是极少数西方国家占支配地位，不合理、不公正的世界秩序尚未发生根本性改变；但一些新兴经济体和发展中国家开始成为世界政治格局中的新生力量，数百年来西方国家主导世界政治的情形开始发生变化，守成力量和新兴力量之间的博弈加剧，挑战和风险频发。

国际组织通常从全球角度致力于全球性问题的解决，而非追求由一个或几个国家利益推动的政策。然而，一方面，国际组织的授权非常有限，实践中在需要国家配合的治理领域，各国的行为也往往不一致。2019 年新冠肺炎疫情中的世界卫生组织就面临此种窘境。另一方面，由于经费依赖于大国政府的捐献，国际组织也经常受到大国政治的影响。如美国因对联合国教科文组织接纳巴勒斯坦为会员国不满而拖欠会费数年，并于 2018 年再次退出该组织。又如联合国专门机构领导人的竞选被美国视为限制中国的政治舞台，在世界知识产权组织总干事的竞选中，美国提出“只要不是中国，谁都行”的口号。此外，一些国际组织很大程度上受西方国家所左右，短时间内难以彻底摆脱。加上各个国际组织目的和宗旨及相应的职能都不同，它们之间的协调同样存在着严重问题，这些缺陷与不足侵蚀着国际组织的正当性和有效性，影响到国际法治的推进。

以非政府组织为代表的全球公民社会的兴起一定程度上是为了应对世界政治的前面两个挑战。但是它们在解决某些问题上的作为，在有助于一些问题解决的同时，也带来了很多新的问题。除了自我宣称，它们的代表性、权威性、正当性与合法性大多无法得到国际机制的正式确认。公民社会也并非团结一心，剔除诸如恐怖组织等之类的极端势力，2000 年前后开始出现的全世界声势浩大的反全球化运动和支持全球化运动的针锋相对，表明它们本身的利益取向相当多元。

除了主权国家、国际组织和全球公民社会各自内部的不一致，它们相互间更有着极不相同的价值取向和利益诉求，要求它们共同在一些重大的全球性问题上达成共识，很多时候远比协调它们各自间的立场更为困难。这些都对国际法治的推进形成阻碍。

2. 国际法带来的挑战

国际法自 17 世纪在欧洲诞生以来，呈现出从区域法到全球法、从战争法到和平法、从实体法到程序法、从共处法到合作法、从任意法到强行法、从国家间法到人类法的主要发展脉络和趋势。这一演进是世界政治发展在国际法上的体现。另外，世界政治的各种冲突和风险放大了国际法在立法和适用方面存在的缺陷，也给国际法带来了许多新的有待解决的前沿问题。

首先，国际规则的制定大大滞后于世界政治的发展现实。网络安全、恐怖主义和气候变化等全球性问题上的规则亟待完善，国际规则制定和运用中的南北失衡问题依然突出。在绝大多数情况下，国际规则都是国际社会通过谈判和协商达成一致意见，最后形成对各方具有约束力的法律文本。在缺乏相应的政治意愿和政治共识的情形下，各方很难达成合意，从而使得国际立法举步维艰，阻碍国际法治进程。

其次，国际法的适用受到诸多因素的干扰。在国际法的适用方面，霸权主义、强权政治和形形色色的“新干涉主义”直接挑战尊重国家主权、领土完整、不干涉内政等国际法基本原则。有的国家对国际法采用合之则用、不合则弃的实用主义态度或双重标准，或者按照有利于本国的原则随意单方解释国际法。以美国为例，对于其他国家，美国总是强调应无条件遵守和履行条约义务，并常常以国际法执法者自居，动辄使用制裁和其他强制手段，强迫他国履行条约义务；对于本国，则常常以维护国家利益为由明目张胆地从事违反条约义务的行为，并通过制定国内法或采取行政措施，逃避其在国际法上的义务和责任。美国还将国内立法置于国际条约或约定之上，扩大本国法的域外效力，推行“长臂管辖”。

再次，当代国际法的“碎片化”也给国际法治建设造成了诸多困扰。国际法被划分为一些特别法（如欧盟法和世界贸易组织法），这些特别法被阐释为不断演进的自足性法律秩序。它们服务于特定的领域，包括贸易、安全、人权、环境、社会发展、投资、外交等。这本身不是问题，问题来自不同的领域法之间缺乏协调一致的价值取向。现实通常是，基于不同目的创立的特殊制度损害或偏离了一般国际法。作为更有效应对全球化的新挑战所作努力的一部分，新设立的国际性法庭或仲裁庭、新委员会和新的专家机构之间彼此交叉，甚至相互竞争和冲突。在这里得到豁免，在那里却要承担责任。国际法的碎片化不只是一个技术问题（虽然通常都把它当作一个技术问题来处理），而应将其理解为一套为少数人利益服务的机制，它试图将少数人的特殊喜好界定为普遍利益。这使得各种功能性制度彼此间产生冲突：贸易制度与环境或人权制度相冲突；国际法院的法理与联合国“前南刑庭”的法理相冲突。在这种情形下，传统国际法已经无法为现实提供足够的理论支持。

最后，美国是当前国际法治的最大挑战者。后冷战时代，唯一的超级大国美国扮演了国际法治的挑战者角色，频频在国际法和国际组织框架外采取单边行动，而且相当高调。美国拒绝加入《禁止杀伤人员地雷公约》和《全面禁止核试验条约》；拒绝《生物和有毒武器公约》以及《化学武器公约》的核查机制，认为它们是对美国工业的侵害。美国也拒绝了大部分人权条约和所有的人权监督机制，包括《消除对妇女一切形式歧视公约》《儿童权利公约》。美国虽然签署了《京都议定书》，但在正式生效前就退出了，且于2019年11月宣布退出后京都时代的《巴黎协定》；它也不是《生物多样性公约》或者其他有关生物安全附加议定书的缔约方，没有加入《巴塞尔危险废物公约》；迄今为止，美国还没有批准《联合国海洋法公约》。特朗普政府任期内，美国“退群”或威胁“退群”可谓史无前例，美国退出的国际条约或国际组织包括应对气候变化的《巴黎协定》《全球移民协议》《伊核协议》（有关伊朗核问题的《联合全面行动计划》）《维也纳外交关系公约关于强制解决争端之任择议定书》、美俄《中导条约》和联合国教科文组织、联合国人权理事会，并启动了万国邮政联盟退出程序，威胁退出世界贸易组织和《武器贸易条约》等。至于美国以各种名义在全世界随意使用武力的单边行动不一而足，最新的实践是使用无人机未经授权和允许在他国境内进行军事行动，包括2020年1月在伊拉克境内袭杀伊朗将军，以“法治”之名行反法治之实。这些都表明国际法治的发展之路绝非坦途。

需要澄清的是，国际法缺乏集中及有效的立法、执法或司法体系，使得违反国际法的行为时而得不到惩罚，这点经常被认为是不利于国际法治建设的重要原因。然而，这只是一种从国内法和国内法治角度出发作出的评价。实际上，国内政治和世界政治结构根本不同，决定了国际法和国内法、国际法治和国内法治不能简单类比，国际法治不会也不可能追求在国际社会建立类似国内的立法、执法或司法体系。当然，国际社会一直在探索加强国际法更有效发挥作用的方式和机制。

### （二）国际法治的未来

国际法治是人类的共同追求，倡导国际法治是国际社会当前的重要议程。它是一种规则至上的国际（全球）治理形态，强调国际法对国际主体的约束。这种约束力不仅来自权力政治的威势，也来自法律对主体行为的路径设定和对正义观念的塑造。以法律为依据缔造秩序、维护效率、保障自由、实现正义，是国际法治的使命，也是国际社会中至少是多数成员的共同愿望和共识。因此，尽管世界政治复杂多变，当前的世界政治现实也与国际法治的目标相距尚远，但是国际社会法制化、国际治理法治化、国际法治程度不断加深的整体趋势不会改变。

冷战结束以来，世界政治格局和力量对比发生了巨大变化，随着科技的进步与全球化的不断推进，国际法与国际关系基本准则也得到了新的发展，其内涵与外延不断丰富和充实。晚近国际社会发生的一系列变化，都表明总体上国际社会的组织化、法治化不断加强。“总的来说，国际法治使原来相对孤立自足的国家逐渐形成相互联系、彼此依赖的关系。”①

在现代国际社会中，已经很难想象，如果没有国际法中的大量对国家和国家之间行为进行规范的规则，跨国界的人员、产品、资本和技术的正常交流该如何进行。事实上，国家与国家之间方方面面的关系，如政治、军事、经济贸易、文化、教育、科学技术等方面的关系，都是由规定这些交流的国际法规则构成的。

当前，在世界处于“百年未有之大变局”这一重要时期，国际法治的发展呈现五大新变化：第一，全球治理体系和世界秩序变革加速推进，制度性权力和未来秩序主导权之争成为大国博弈的主战场；第二，国际竞争从传统陆地疆域向包括海洋、极地、外空、网络在内的新疆域拓展的态势愈发明显，海洋领域规则制定和实施持续走深走实，外空国际治理提上重要议程；第三，网络空间战略地位不断上升，在国际议程中的位置加速前移，制网权之争已拉开帷幕；第四，气候变化谈判进入转折期，各方加紧谋划未来全球环境治理体制；第五，国际法日益成为对外斗争和扩大国际影响的重要抓手，世界政治中的法律战更趋激烈，法理之争成为塑造世界秩序、赢得制度性权利的重要方面。②

近期及未来相当长的一段时期内，世界政治的演变将主要围绕世界新秩序问题展开，核心或焦点是国际法规则的制定和实施。一方面，国际力量对比的格局和重大的国际事件将直接或间接地影响国际法规则的形成或改变；另一方面，新国际法规则的形成包括现行规则的修正或改变，将使演变中的国际关系在法律上得以确立和巩固，从而形成新的国际法律秩

---

① 何志鹏：《国际法治论》，北京大学出版社 2016 年版，第 46 页。

② 参见黄惠康：《中国特色大国外交与国际法》，法律出版社 2019 年版。

序。因此，法律斗争将成为世界政治中有关世界新秩序斗争的重要组成部分。长期来看，这有助于推进国际法治，建立更加公平合理的世界秩序。当然，也要看到另一面，即短期内，霸权主义、强权政治以及形形色色的单边主义很可能在这一法律斗争中占据上风。国际法治绝不是一蹴而就的事情。无论如何，世界政治中权力的变动将会反映到国际法治上，而国际法治也会进一步影响世界政治中权力的分配。

# 第十一章

# 当代世界政治的主要影响因素

世界政治的运行有它自身的逻辑，但是会受到其他因素的影响，因此要想全面理解世界政治，就必须认识一些重要影响因素，探讨它们是如何与世界政治互动的。本章选取了安全、经济、科学技术、文明与文化、意识形态、国内政治这六项因素，考察它们对世界政治的具体内容和整体走向产生了哪些重要影响。

## 一、安全

世界政治环境（如和平还是动荡）决定了安全是不是稀缺品，各种行为体围绕安全的竞争与合作又是推动世界政治演化的重要动力之一。从世界政治的发展历史看，第二次世界大战之后，战争和冲突的数量在减少，人和国家变得越来越安全。国际社会的“安全观”是不断变化的，“人的安全”越来越重要，安全的内涵在不断深化，外延在不断扩大，非传统安全越来越受到关注。

安全与世界政治的相互影响可以通过四类问题来考察。

第一，国家是不是安全的优先指涉对象。国家是世界政治最核心的行为体，因此安全总是先与国家挂钩。主权国家在欧洲诞生后，逐步掌握了比其他政治行为体（部落、城邦和帝国等）更强大的能量，欧洲诸强一方面围绕国际权力展开争夺，另一方面向非西方世界殖民扩张，因此安全是欧洲诸强和非西方世界最为关心的问题。对于欧洲诸强来说，不讲安全就可能在国际竞争中被击败，国家的领土和海外殖民地就可能被瓜分；对非西方国家来说，不讲安全就意味着被侵略、征服，沦为欧洲列强的殖民地或半殖民地，没有安全就无法实践自主发展道路，不能在世界舞台上争取平等地位。

西方列强（先是欧洲强国，以后有美国、日本加入）之间以及非西方国家和西方列强之间围绕安全展开的竞争构成了理解世界政治的重要线索。首先，安全竞争使得欧洲国家一度强盛，但也造成了它们的最终衰落。为了在安全竞争中占据优势，国家必须释放社会活力，刺激经济增长，同时提升从社会中汲取资源的能力与技巧，构建良性的国家—社会关系。因此，欧洲国家日益强大。但是，安全竞争使得欧洲强国之间战争不断，引发了两次世界大战，欧洲的力量被掏空，从世界政治的核心位置退出。其次，非西方国家为了获得独立自主地位，持续反抗西方国家的殖民统治，殖民体系逐步崩溃、瓦解，现代世界体系在“二战”之后真正地全球化了。这个过程实际上就是非西方国家追求自主安全同西方列强维护殖民体系安全之间的较量。最后，在安全竞争的驱动下，军事技术和国家动员能力越来越强，战争的代价越来越大，国家越来越寻求通过非暴力的形式解决分歧和矛盾（国际制度竞争、经济胁迫、科技竞争、相互隔离等），以维护国家安全。与此同时，世界秩序已经无法通过暴力征服的方式实现，而是需要主导国在提供公共产品的基础上获得其他国家的认可。

随着时代进步，“人的安全”越来越受重视，国家安全已经同本国公民安全紧密联系在一起，或者说公民安全已经成了国家安全的重要内容。然而，有时候国家不能保护公民安全，甚至反而是公民安全的侵害者。有两种情况十分突出：一是现实世界中有一些国家无法向公民提供安全，即所谓的“脆弱国家”，生活在这类国家的民众的生命安全难以得到保障，比如前不久的索马里、海地或者刚果民主共和国；二是国家往往会对本国国民的安全造成威胁，如恐吓、拘留和杀害本国守法公民，某些决策以牺牲民众的健康、财富，甚至生命为代价，将国民引入不必要的战争和冲突之中，比如纳粹德国实施的种族灭绝、美国的麦卡锡“红色恐怖”等。

因此，“人的安全”这一概念在世界政治中越来越重要，虽然国家仍然是个体安全的最好保障，但毕竟人本身才是所有价值的最终关怀。在中国则体现在“人民安全”这一概念上，“人民安全高于一切，既是总体国家安全观的精髓所在，也是总体国家安全观的根本目的所在。坚持以民为本、以人为本，坚持国家安全一切为了人民、一切依靠人民，是唯物史观和党的性质宗旨在国家安全领域的必然要求和集中体现”。① 在总体国家安全观中，人民安全（人的安全）同国家安全是统一的。

第二，是否应当同时将内部威胁和外部威胁纳入国家安全的考虑范围。国家安全一般是指国家免遭外部的入侵和胁迫，但是在全球化时代，物理空间的界限日益模糊，国内事务与国外事务之间的关系越来越紧密，问题和挑战呈现出内外高度联动的特征。

国家安全已经不能孤立地从国内或者国外来看。“总体国家安全观要求‘既重视外部安全，又重视内部安全’，蕴含的就是一种系统性战略安排。”“当今世界，安全问题的跨国性更加突出。安全问题早已超越国界，任何一个国家的安全短板都会导致外部风险大量涌入，形成安全风险洼地；任何一个国家的安全问题积累到一定程度又会外溢成为区域性甚至全球性安全问题。”②

第三，是否应当将国家安全扩大至军事领域及武力使用之外。安全首先与军事和武力联系在一起。冷战时期，在美苏竞争的大背景下，军事安全居于国家安全的核心位置，武力平衡与威慑是安全的核心问题。冷战结束后，整个世界从两极对抗的束缚中解放出来，更多地区和全球性问题浮出水面，安全的范围扩大。

在此背景下，“非传统安全”议题成为国际社会关注的热点。“非传统安全的‘问题领域’虽然很广，但基本上可以分为五大类：一是人类为了可持续发展而产生的安全问题，包括环境安全、资源利用、全球生态问题以及传染性疾病的控制和预防；二是人类社会活动中个体国家或者个体社会失控失序而对国际秩序、地区安全乃至国际稳定所造成的威胁，包

① 全国干部培训教材编审指导委员会：《全面践行总体国家安全观》，人民出版社 2019 年版，第 19 页。

② 同①，第 24 页。

括经济安全、社会安全、人权、难民等问题；三是跨国界的有组织犯罪，如贩卖人口、毒品走私等；四是非国家行为体对现有国际秩序的挑战和冲击，最典型的是国际恐怖主义；五是由于科技发展以及全球化所产生的安全脆弱性问题，例如网络安全、信息安全以及基因工程安全。”①

中国的国家安全体系包括了传统安全与非传统安全，具体内容包括政治安全、经济安全、军事安全、社会安全、国土安全、文化安全、网络安全、资源安全、科技安全、生态安全等各个方面。随着全球化的深入推进，人类面临的全球性非传统安全威胁会越来越严峻，比如气候变化、金融危机、难民等，为国家之间的合作创造了新的契机。在目前地缘政治回归、民族主义情绪高涨的大背景下，非传统安全或许是国家在世界政治中保持沟通与合作的重要支点。

第四，安全是否必然与威胁、危险和紧急事态相关联。安全如果总是与紧急事态相挂钩，意味着生命、财产和价值正遭受迫在眉睫的威胁与挑战，因此需要国家迅速采取强有力的行动，而这往往伴随着对不同意见的忽略、对个人权利和法制规范的破坏。因为紧急事态意味着国家和社会进入“例外状态”，国家有权力以非常规手段迅速果断地集中资源和动员民众，以克服和战胜危机。由此，安全问题常常成为某位领导人或某届政府强化自身权力和统治的借口。

因此，需要对安全问题进行仔细的甄别，区分哪些是可以接受的风险，哪些是会产生无法承受的严重负面影响的威胁。现代社会本来就是“风险社会”，科学技术发展、人员跨境流动、知识文化广泛交流等都意味着风险的存在，而且往往是蕴含在国家内部的。比如，人员跨境流动为本国带来了新思想、新主张，个体诉求更加多元化，管理难度提高；科学技术进步意味着个体追求自我表达和实现的手段更加多样化，科技企业对国家社会的影响力大幅度提高，国家在科技竞争中落后会引发系统性危机等。但是，国家必须接受这些风险的存在，能做的就是做好风险管理，想杜绝风险只能是限制发展，从而会导致社会活力、科技创新能力和企业生

① 朱锋：《“非传统安全”解析》，《中国社会科学》2004 年第 4 期。

产动力下降。

同时，承认和接受风险还是国家在世界政治中与其他国家进行合作的前提。经济合作意味着贸易、投资形成跨境流动的复杂网络，这代表着本国经济会对其他国家的市场、产业和资本形成一定程度的依赖，其他国家可能会在未来某个时刻将其变成胁迫自己的武器。但是，国家不能因为这种风险的存在而放弃经济合作。相反，意识到风险存在却仍然接受它们，是在向其他国家释放合作的意愿和信号，表明在长远的未来本国仍然会坚持合作政策。比如社会主义国家向西方国家开放市场是存在巨大风险的，本国产业受到冲击、意识形态面临挑战、治理方式需要作出重大调整等等，但是代价越大，承诺的可信程度就越大。中国坚定地推进改革开放向世界释放出这样一种信息：中国融入全球经济体系的决心是坚定的，因此中国的贸易和投资环境是长期稳定的。

在“百年未有之大变局”的背景下，世界政治中国家安全概念的内涵在不断丰富，外延在不断扩大。不过，虽然“人的安全”越来越受重视，但是并没有超越“国家安全”。在主权国家仍然为世界政治基本行为主体的时代，能够对世界政治构成重大影响的是国家安全。就人的安全来说，国家仍然是安全最核心的承担者，比如新冠肺炎疫情暴发后，大家首先想到的是寻求国家的庇护。如何实现人的安全与国家安全的统一，是许多国家推进安全治理的重要任务。当然，随着国家安全内涵和外延的变化，国家需要避免“泛安全化”，不能让维护安全成为国家相互交往的障碍。国家之间只有加强相互理解和合作才能促进世界政治的和平与发展。

## 二、经济

经济冲动导致现代世界经济的产生，进而推动现代世界政治的形成。经济财富生产和分配的变化、经济周期的出现与扩散、产业链和市场的全球化态势等都拥有改变世界政治内容走向的力量。经济财富是国家参与和塑造世界政治的基础性力量，在大国战争受到严重制约的核时代，国家间竞争往往是创造经济财富能力的比拼，经济上的破产意味着国家失败。

相比军事力量，经济是塑造世界政治更柔软但是更加持久的力量。货币、贸易和市场的主导权是建构地区和世界秩序的重要武器，因此也是大国之间竞争的对象。首先，经济制度对国家在世界政治中的竞争力有着重要影响。先进的金融制度是英国崛起的秘籍，英国人也是最早认识到“货币可以成为国家间竞争的工具”，“人们容易看到，英国人如何用舰炮来维持其统治，却忽略了在更多的时候，英国通过适时牵动国际货币网络的细线来完成自己的统治。英国对欧洲大陆的控制，主要是通过金本位制的货币杠杆。它利用资本的力量，扫除欧洲阻碍工业资本主义发展的政治和地理障碍，为蒸汽时代的工业资本在欧洲以外世界的扩张扫清道路”。[①] 其次，能够缔造、维持和扩大贸易网络的国家就能够制造和分享财富，从而确立在世界政治中的有利甚或主导地位。比如美国更新了英国的自由贸易体系，促进了“二战”之后西方世界的经济恢复与繁荣，作为它的核心盟友经济繁荣，英国能够给美国在与苏联的竞争中提供有力支持。最后，国家拥有的市场越大，塑造其他国家偏好的能力越强。进口可以在对象国内形成依赖于本国市场的产业，这些产业的从业人员和利益相关方会倾向于采取有利于两国关系的政策。

经济因素对世界政治的塑造作用主要体现在如下三个方面。

第一，经济发展水平影响一国国内社会的稳定，进而影响世界政治的走向。一个国家的经济发展水平决定了该国民众的生活水平。民众的生活水平越高，对国家、政治制度和政府的信任度与忠诚度越高，国内社会越稳定。反之，民众的信任度和忠诚度越低，会要求国家寻找新的发展路径，甚至是建立新的政治制度，有的国家还会出现分离倾向，国内社会便趋于不稳定。法国大革命、俄国十月革命、苏联解体等重大政治事变都同经济有着密切关系，它们不仅改变了本国的政治进程，还深刻地影响了世界政治。

经济发展水平决定着一个国家的综合实力。在两次世界大战中，最后的胜利者都是经济实力更强的国家或国家集团。特别是在和平竞争中，经

① 王湘穗：《币缘政治的历史与未来》，《太平洋学报》2017 年第 1 期。

济因素的重要性更加凸显出来。冷战的开始和终结方式都充分说明了经济因素对于世界政治的重要性。第二次世界大战结束后的欧洲是一片“野蛮大陆”，民生凋敝，政局混乱，未来笼罩在绝望的阴影之下；共产主义在欧洲，尤其是在意大利和法国的吸引力快速上升。为了遏制这一趋势，美国实施“马歇尔计划”，通过援助来促进欧洲的复兴，从而实现稳定民生和发展经济，进而削弱苏联和共产主义的魅力。“两个世界”由此诞生。苏联将大量的经济资源用于发展军事能力，导致工业结构严重畸形，民众日常生活所需的消费品难以得到满足。里根上台之后，美国更加突出强调利用美国在经济方面的优势获取在与苏联竞争中的总体优势，美国诱导苏联在安全上投入更多的资金与精力，导致其经济情况越来越糟糕。苏联的教训是，如果政治体制和意识形态不能改善人民的经济福利，那么当它遇到危机时，人民不会起来捍卫它，而是抽身离开。

在核时代和全球化时代，在和平与发展主题下，大国经济竞争已经超越军事竞争成为大国竞争的核心领域，经济因素对世界政治的影响趋于增大。

邓小平正是意识到了大国竞争逻辑的根本变化，才义无反顾地实施改革开放。世界政治实际上已经变成以经济为基础、科技为先导的综合国力的竞争，据此邓小平预言苏联肯定会出事，只是时间问题。在中国，“文化大革命”对国民经济的破坏给中国政府敲响了警钟，如果经济仍然得不到发展，那么政权稳定肯定会受到威胁。中国和苏联、东欧的不同命运，以及如今取得的成就证明了邓小平的判断是正确的。

第二，经济实力是国家参与世界政治的基础性力量。经济实力有双重含义：其一，一国的经济总量规模，现在通常用国内生产总值（GDP）来表达；其二，一国的经济构成，农业、工业和服务业在经济体系中所占比重，尤其是高科技产业的规模。因此，一国经济规模并不直接等同于经济实力，比如中国清朝的 GDP 长期居于世界第一位，但是英国的工业化水平更高，所以能在鸦片战争中击败清朝。

经济实力作为国家参与世界政治的基础主要体现在三个方面。首先，只有拥有经济财富，国家才有资金用于国防和军队建设，维护国家安全；

才能增加教育投入，充分挖掘和发挥本国的人力资源潜力；才能在科研领域有足够的投入，保持国家竞争力。其次，掌握经济财富的国家可以进行对外援助，提升国际地位和影响力，从而在世界政治中获取更多的支持。对外援助需要解决的一个重要问题是：怎么能让经济援助产生长期的正向效应？对受援国而言，正向效应意味着经济援助需要产生“造血”能力，推动受援国的经济发展，而不是助长贪污腐败。对于援助国而言，经济援助让国家背上沉重的负担。对此，要么援助国经济能保持增长，并且将经济援助控制在特定比例；要么有能力将受援国纳入经济循环圈，让它成为本国经济发展的助推力量。美苏冷战时期的经济援助是典型案例。苏联对东欧、中东等地区的经济援助削弱了苏联的经济能力；美国对日本、西欧的援助获得了成功，组建了世界上最发达的经济圈，成为美国最终赢得冷战胜利的基石。对外援助还需要解决另一问题：怎么做才能让经济援助国收获受援国的“长期友谊”？援助国往往会得到受援国的好感，在一些重大问题上给予援助国以支持。但是，随着地区和国际形势变化、政府轮替等情况的发生，援助国和受援国的关系可能会变差。美欧的策略是提出附加的政治条件，干预受援国的国内社会和政治局势，但这往往侵犯了受援国的主权，对其发展造成严重的负面影响，引发受援国民众的怨恨。最后，掌握经济财富越多的国家塑造国际规则的能力越强。经济发达的国家可以向既有的国际组织提供资金，获取更多的影响力，从而使其左右国际规则的能力更强。经济发达的国家有资金和平台培养更多的国际性人才，比如能进行更多的知识和语言培训，能获取更多的国际组织岗位和实习机会等。掌握经济财富的国家还可以自己成立国际组织，利用资金吸引其他国家参与进来，制定和推广符合本国利益的国际规则。

第三，围绕经济发展所需的资源、市场和人才的争夺是世界政治的重要内容。经济利益是现代世界体系拓展的原始动力。葡萄牙和西班牙为了香料和丝绸等奢侈品不断寻求开拓海上商道。工业革命开始之后，英国、法国、德国和俄罗斯等国为了原材料和市场等对殖民地展开了激烈的争夺，这些都是影响国际关系走向的重要驱动力。

现在，除了少部分地区尚未被纳入，以自由市场为导向的经济体系已经拓展至全球。在这样一个全球性体系中，国家之间的竞争仍然十分激烈，只是改变了竞争方式和内容。首先，基于资本主义的全球经济体系存在中心—外围结构，中心国家在价值分配中占据核心地位，非常富有，外围国家贡献了资源和市场，但是仍然比较贫穷。因此，需要建立更加公平合理的国际经济秩序。其次，既然经济是国家实力的基础，那么国家之间就会围绕工业制造能力等开展竞争，都想在其中占据有利地位，积累更多的财富。最后，冷战后的全球化浪潮中，经济体系已经高度全球化了，但是财富在国家间的分配是不平衡的，经济民族主义在欧美国家的影响力上升，他们呼吁政府将更多的就业岗位留在国内，出台更多的产业支持政策，提升在国际舞台上的竞争力。

经济全球化是不可逆转的，但是其规范和范围则是不断变化的，国家、企业和个人都想在其中占据有利位置而展开竞争与合作，由此对世界政治产生了深刻影响。目前，新自由主义主导的全球化进程受挫，大国之间的经济竞争更加激烈，自由贸易和相互依赖等原本被视为有利于和平的因素正在被一些国家“武器化”，这可能会改变冷战后世界政治的整体走向，全球经济体系将带有更强的地缘政治和意识形态属性。

## 三、科学技术

现代社会以前，科学与技术的发展主要依靠世代经验积累和个人实践，那时科技对政治几乎没有什么影响。但是在现代社会，科技对一个国家的发展越来越重要，于是国家越来越深度地介入科技研究的制度建设和路径选择中。在世界政治中，科技已经成为国家特别是大国之间的一场竞赛，在这场竞赛中领先的国家将掌握更大的塑造世界政治的力量。科技对世界政治的影响涉及诸多方面，其中比较重要的有如下三个。

第一，科技是塑造人类社会的重要力量，科技进步改变了世界政治的运作逻辑。首先，交通和通信技术的进步使得人类更加紧密地结合在一起。“在 19 世纪，通讯（信）技术和交通方式的各种重大变革（如轮船、铁路、电报等）使得世界上的联系更加紧密，但是，人们生活的某些方面仍然未受到什么影响。而在20世纪期间，各种获得定型的通讯（信）技术和交通方式（如电话、无线电、电视、电影、汽车、飞机、因特网）等所具有一个巨大的特征，则在于它们改变了数十亿人的日常生活，扩大了人们实践活动的范围和获取信息的途径”。“大体上讲，通讯（信）交往的技术革新有三次高潮。虽然电话的发明是在19世纪70年代，汽车在19世纪90年代，无线电大约在19世纪与20世纪之交，但是迟至20世纪20年代，这些发明才得以广泛传播开来，而且主要是在美国国内。后来才陆陆续续地传播到世界各地。第二次高潮兴起于20世纪40年代和50年代，当时在美国，电视（发明于20世纪30年代）和商务航空已经司空见惯，不久以后，其他更多的国家开始对它们习以为常。就像电话和无线电一样，飞机运用于商业目的之前，首先是在战争中得到充分运用，并发挥了重要作用。第三次高潮即网络计算机的应用。网络计算机起源于20世纪60年代，但广泛应用则是迟至20世纪90年代的事情了。”① 通信和交通技术的进步使得原本遥不可及的人们可以迅速地联系在一起，“地球村”出现了。

其次，技术的进步使得人类思想和文化的碰撞提速了。人类文明自诞生起就处于相互沟通交流的过程之中，比如中国古代的丝绸之路从长安出发，经甘肃、新疆，到中亚、西亚、欧洲，并连接了地中海各国，在这条道路网络上，货物（丝绸、瓷器、农产品等）、技术（中国造纸术西传入欧）、宗教思想（佛教、拜火教、摩尼教和景教等）往来传播，推动了文明的交流互鉴。

但是在现代社会之前，人、物和思想的流动与碰撞是间接的、缓慢的。随着通信和交通技术的进步，人员流动提速了。“19世纪革命的冲击，不是在运输和通讯的范围上——因为帆船早已实现了环球航行，而是在速度上”，“到了1812年，在蒸汽技术影响产生之前，运输和通讯的范

① 〔美〕约翰·R. 麦克尼尔、〔美〕威廉·H. 麦克尼尔：《麦克尼尔全球史》，王晋新等译，北京大学出版社2017年版，第370、371页。

围大大扩展了，但速度只提高了一点点……对欧洲的旅行者而言，可以到世界几乎任何地方旅行了，但单程就要花费 5 个月的时间。一个世纪后，互动能力的第二次革命从根本上改变了这个时间表”，“绕地球半圈在 16 世纪要花费 1 年或者 16 个多月的时间，在 1812 年要用 5 个月时间，在 1912 年为 1 个月，而现在则不到 1 天”。①

人员流动的提速对非西方文明的打击一度是致命的，因为它首先意味着军队移动能力的提高。西方列强以坚船利炮为后盾逐一敲开了非西方世界的大门。建立殖民地的过程，也是思想征服的过程。在此过程中，非西方国家必须接纳、消化和吸收西方思想，才能焕发出新的生机。网络时代，世界政治中思想的碰撞仍然在继续，这种碰撞甚至不需要人员和物品（书籍）的流动就可以发生，而且速度更快。

最后，技术进步使得人类掌握的能力越来越强，破坏力也越来越大。科技的进步给人类社会带来了巨大的福利，但也因此带来了巨大的危机。“人类的平均寿命在 20 世纪有了极大提高，而战场上血腥的杀戮也被新技术改变了。两次世界大战本身推动了科技革命，而自身也为科技革命所改变。”②

人类手中握有巨大能力之后，产生了需要人类共同面对的公共问题，这给国家间的合作创造了契机。其一，防止大规模杀伤性武器扩散。大规模杀伤性武器，尤其是核武器如果落入私人武装或恐怖组织的手里，引发的灾难性后果难以想象，即便他们不会真的使用这些武器，但是也获得了要价的“筹码”。其二，环境保护问题。科技的进步使得人类开发和使用自然的能力空前提升，加上全球资本主义体系深度运转，人口数量膨胀，自然资源和生态环境已经被人类过度消耗和破坏。其三，防止国内和国家间战争。随着可获武器数量及杀伤力的提高，内战和国家间战争的破坏力是惊人的。埃塞俄比亚内战（1974—1991 年）造成至少 140 万人死亡，

① 〔英〕巴里·布赞、〔英〕理查德·利特尔：《世界历史中的国际体系：国际关系研究的再构建》，刘德斌等译，高等教育出版社 2004 年版，第 246、247 页。

② 〔意〕埃尼奥·迪·诺尔福：《20 世纪国际关系史：从军事帝国到科技帝国》，潘源文、宋承杰译，北京大学出版社 2016 年版，第 285 页。

利比亚内战（2014—2020 年）导致商业活动几乎全部停止，有数据显示利比亚大约三分之一的人口已经逃往突尼斯成为难民。①

第二，科技是现代国家实力增长的核心驱动力。第一次工业革命在英国爆发，诞生了蒸汽机、珍妮纺纱机、抽水马桶、电报机等一系列对后世影响深远的发明，英国国力扶摇直上，成为全球霸主。第一次工业革命的成果随后扩散至欧洲大陆和北美，法国、德国、俄罗斯和美国等崛起，对英国霸权形成挑战。1870—1914 年的第二次工业革命以电力的大规模应用为代表，英国仍然是先锋，比如法拉第发现了电磁感应现象，成为电动机科技的基础，查理斯·帕森斯发明了蒸汽涡轮发动机等。

美国和德国借助第二次工业革命成为国际（世界）体系中的崛起者。在镀金时代（1870—1900 年），美国的制造业生产超过英国，华尔街金融市场开始崛起，“托拉斯”出现，弗雷德里克·温斯洛·泰勒（Frederick Winslow Taylor）提出了“科学管理的原则”，美国在应用科学方面领先全球，乔治·威斯汀豪斯发明了铁路空气制动，西奥多·韦尔建立了美国电话电报公司，托马斯·爱迪生建立了通用电气公司，约翰·洛克菲勒建立了标准石油公司。德国统一之后，在科研方面，尤其是化学、电机和电力等投入比英国更多的资金。到 1900 年，德意志帝国的化工业靠染料主导全球市场，知名企业包括巴斯夫、拜耳和赫斯特公司等。

第三次科技革命又被称为信息技术革命、数字化革命等，重点领域包括原子能、航天技术、电子计算机等，美国在这场革命中处于引领者位置。冷战结束后，美国科技能力独步全球，成为它维持和拓展全球霸权的基础。有学者将美国定义为“科技帝国”，“该内涵实际上指向一种价值观、发展模式的输出。美国通过其内政外交，其在科技上的垄断，以及其在世界金融体系的霸权地位，为世界其他国家指明发展方向”。②

第三，科技竞争是大国竞争的核心领域之一。在总结苏联解体原因

---

① 参见 Jon Lee Anderson，“The Unraveling：In a Failing State，an Anti – Islamist General Mounts a Divisive Campaign，” *The New Yorker*，The 90th Anniversary Issue，2015。

② 〔意〕埃尼奥·迪·诺尔福：《20 世纪国际关系史：从军事帝国到科技帝国》，潘源文、宋承杰译，北京大学出版社 2016 年版，第 287 页。

时，有学者认为苏联的战略失败是高估了安全竞争在决定国家前途命运中的重要性，低估了科技竞争，尤其是民用科技的决定性意义。

“苏联的解体，表明了新技术在国际政治中的重要地位。苏联的科技发展始终是服务于国防军工的，民生领域的科技发展严重滞后，这决定了苏联的经济过度依靠粗放式生产。失去了对科学技术的垄断，苏联注定失去世界霸权。”①

科技竞争的重要性在于：首先，一国一旦在关键技术领域获得突破，它就有可能引领下一阶段的发展趋势与潮流，确立起在某一领域的优势，甚至将国家的整体实力拉上一个台阶。正如习近平所说：“16 世纪以来，世界发生了多次科技革命，每一次都深刻影响了世界力量格局。从某种意义上说，科技实力决定着世界政治经济力量对比的变化，也决定着各国各民族的前途命运。”②“近代以来，中国屡屡被经济总量不如我们的国家打败，为什么？其实，不是输在经济规模上，而是输在科技落后上。”③

其次，科技竞争是整体发展模式的竞争。科技发展需要教育、经济、政策等全方位的支持，在科技竞争中居于下风往往引发民众对该国发展模式的怀疑。1957 年 10 月 4 日，苏联成功发射了斯普特尼克 1 号，引发了美国国内的震动，美国政府成立高等研究计划局，即后来的国防部高等研究计划局，实施培育新一代工程师的教育计划，发展出新数学（New Math）的概念，向科学界投入大量资金，最终维持和扩大了在科技领域的优势，为后来“不战而胜”赢得冷战打下重要物质基础。

最后，科技是美国进行霸权护持的核心领域。从美苏竞争，到美日经济较量，再到现在美国推行对华竞争战略，争取和维护科技霸权是美国外交战略的一条主线。对于中国来说，是否能够顶住美国的科技打压，培育自主的科技创新能力是关系到能否顺利实现“中国梦”的核心问题。“当

① 〔意〕埃尼奥·迪·诺尔福：《20 世纪国际关系史：从军事帝国到科技帝国》，潘源文、宋承杰译，北京大学出版社 2016 年版，第 285 页。

② 习近平：《在中国科学院第十七次院士大会、中国工程院第十二次院士大会上的讲话》，人民出版社 2014 年版，第 3 页。

③ 中共中央文献研究室编：《习近平关于科技创新论述摘编》，中央文献出版社 2016 年版，第 23 页。

今新一轮科技革命将有助于能积极抓住科技革命机遇的那些国家的科技发展、经济增长、军力增强及相对实力地位的提高，并使错失科技革命机遇的国家实力地位相对下降，从而以‘量变到质变’的渐进方式深刻影响世界各国特别是大国之间的实力对比变化，其结果必将导致整个国际关系逐渐发生根本性变化。”①

2017 年，美国《国家安全战略报告》将中国正式确认为战略竞争对手，② 与中国开展长期战略竞争成为美国战略界的共识。特朗普政府和拜登政府都将科技作为对华战略竞争的核心领域之一。2018 年 11 月，美国商务部发布涉及人工智能和机器学习技术、先进计算技术、数据分析等 14 项新兴和前沿技术的对华出口管制框架；2019 年 4 月，美国智库大西洋理事会发表题为《利用国家技术与工业基础委员会应对大国竞争：整合关系密切盟国的工业能力势在必行》的报告，提出美国应该联合盟友，在前沿技术领域对中国实施封锁。拜登政府上台之后，试图以科技创新为核心打造一个“更加强大的美国”。拜登政府更加注重提升美国自身的科技创新能力并联合盟友采取行动。2021 年 5 月 27 日，美国参议院通过《2021 年美国创新和竞争法》，授权约 1900 亿美元用于增强美国科技，并拨款 540 亿美元用于半导体、微芯片和电子通信设备生产。在中美技术竞争的压力下，美国的科技战略正经历一场深刻的变革，从强调技术的社会经济属性转向强调技术的国家安全属性，力求通过调整科技创新体系、调整科学创新与市场经济的关系来维持科学技术的全球领先，并通过技术的全球领先维持美国的大国地位。

科学无国界，正是社会的开放、人员的流动和思想的碰撞推动着科学及技术进步，而科技进步又促进经济繁荣以及社会其他许多方面的变化。技术特别是科技是现代经济的引擎，直接关系到国家间的实力对比，是国家安全的重要支柱，国家之间围绕一个时期科技的制高点展开争夺，甚至可能会以国家安全的名义阻滞科技交流与合作，因此在当代世界，科学家

① 冯昭奎：《论新科技革命对国际竞争关系的影响》，《国际展望》2017 年第 5 期。

② 参见 The White House，*National Security Strategy of the United States of America*，December2017.

和发明家是有祖国的。如何让科技冲破主权国家的束缚，更好地造福于人类，是当代世界政治中的一个重大问题。各国应该多从解决人类面临的共同问题、增进人类福祉出发，推动科技的交流合作，促进科技进步。

## 四、文明与文化

文明间的交流互鉴与冲突对抗是世界政治的重要内容。在现代世界政治中，西方文明获得了相对优势。冷战结束后，有学者将文明作为分析世界政治的主导范式。“9·11”之后，文明冲突的预言似乎成为现实，但是文明对世界政治的影响并未超越安全、经济和科技。从人类文明史来看，文明多样性才是人类社会发展进步的动力，因此积极推动文明之间的和谐共存、交流互鉴才是世界政治应有的发展方向。

“文明”通常有两种含义，一是跟落后、粗野、原始、未开化等相对立的状态，如与“野蛮社会”相对立的“文明社会”；二是指人类社会历史发展过程中所创造的物质财富和精神财富的总和，尤其是包括文学、艺术、教育和科学等内在的精神财富。在第二种含义中，文明与文化有近似性，也有差别：人类创造出器物和仪式等就有了“文化”，但是文化达到一定高度才能出现“文明”，文明具有体系性，因此，每个时代的文明屈指可数；文明通常指文化的精华部分，尤其是同价值观、伦理道德和信仰等有关的东西。

1993年，塞缪尔·亨廷顿（Samuel Phillips Huntington）发表文章《文明的冲突?》，目的是为理解后冷战时期的世界政治提供一个新的范式。1996年亨廷顿将该文拓展成书——《文明的冲突与世界秩序重建》，在世界范围内产生了巨大反响。在亨廷顿看来，冷战期间，人们通过政治意识形态和经济意识形态来划定阵营，冷战结束后，意识形态不再重要，人们需要一个新的框架来理解世界政治。

在亨廷顿的学生弗朗西斯·福山（Francis Yoshihiro Fukuyama）看来，冷战结束意味着自由民主和资本主义已经获得最终胜利，也标志着历史不同前进方向与意识形态之间的斗争走向“终结”。与福山不同，亨廷顿认为不存在历史终结，进而提出了“文明冲突”的分析框架。亨廷顿相信，在冷战结束后的世界中，世界政治在历史上第一次真正成为多极和多文明的。“二战”前，西方的民族国家——英国、法国、西班牙、奥地利、普鲁士、德国和美国以及其他国家在西方文明内构成了一个多极的国际体系。西方文明扩张、征服和殖民，决定性地影响了其他文明的演进。冷战时期，世界政治被美苏两个超级大国主导，意识形态、政治、经济和军事上的竞争成了世界政治的主旋律。在冷战后的世界中，民众之间最重要的区别不再是意识形态的、政治的和经济的，而是文化的。如果说，冷战时期，大家主要通过意识形态来回答“我们是谁”这个问题的话（比如，苏联人认为自己是马克思主义者或者生活在社会主义国家，美国人相信自己是自由主义者，生活在资本主义国家等），苏联解体后，界定身份的主要依据是民族主义，而决定“民族”的又是文明：“人们用祖先、宗教、语言、历史、价值观、习俗和体制来界定自己。他们认同于部落、种族集团、宗教社团、民族，以及在最广泛的层面上认同于文明。人们不仅使用政治来促进他们的利益，而且还用它来界定自己的认同。我们只有在了解我们不是谁、并常常只有在了解我们反对谁时，才了解我们是谁。”

按照亨廷顿的理论，民族国家仍然是世界事务中最主要的行为体，对它们最重要的分类是世界上的七八个文明，包括西方即基督教文明、儒教文明（主要是中华文明）、日本文明、伊斯兰文明、印度教文明、斯拉夫即东正教文明、拉丁美洲文明，以及可能的非洲文明。他认为：“非西方社会，特别是东亚社会，正在发展自己的经济财富，创造提高军事力量和政治影响力的基础。随着权力和自信心的增长，非西方社会越来越伸张自己的文化价值，并拒绝那些由西方‘强加’给它们的文化价值。”①

亨廷顿的“文明冲突论”反映了以下几个问题。

第一，身份政治是影响世界政治的重要因素。身份政治是指人群以性别、人种、民族、宗教等来划定群体，界定共同利益从而一起开展政治活

---

① 〔美〕塞缪尔·亨廷顿：《文明的冲突与世界秩序的重建》，周琪等译，新华出版社2017年版，第6页。

动。文明是影响身份认同的重要因素。“当来自不同文明的其他国家和集团集结起来支持它们的‘亲缘国家’时，这些不同文明的国家和集团之间的暴力就带有逐步升级的潜力。索马里部族的流血冲突没有造成更广泛的冲突威胁。卢旺达部落的流血冲突波及了乌干达、扎伊尔、布隆迪，但是没有广泛的蔓延。波黑、高加索、中亚，或克什米尔境内的文明之间的流血冲突，可能演化为更大的战争。在南斯拉夫的冲突中，俄罗斯向塞尔维亚人提供外交支持，而沙特阿拉伯、土耳其、伊朗和利比亚向波斯尼亚人提供资金和武器，但他们这样做不是由于意识形态，或者权力政治或经济利益的缘故，而是由于文化亲缘关系。”①

第二，美国和西方已经出现对自身优势逐渐丧失的担忧。在现代世界体系中，西方文明一直占据优势地位，但是亨廷顿表达了一种担忧：随着非西方文明（尤其是东亚的中华文明和日本文明等）掌握工业能力，西方文明的优势会逐渐消失。与此同时，非西方文明的人口远远多于西方文明，人口增长速度（尤其是伊斯兰文明）也快于西方，于是出现了这样一种前景：“西方把现代化教给了世界，然而其人数在世界总人口中的比例却越来越萎缩，不但已远远被非西方的人口所超过，而且除非发生常情无法预料的激变，还有最后被淹没的危险。这样的一个前景不能不使西方文明最敏感的卫士，如亨廷顿这样的人从内心深处感到忧虑甚至恐惧。”②

第三，对世界政治的思考不能局限在民族国家这个层次上。其一，文明是超越民族国家的更大单元。比如，美国与欧洲国家在价值观、政治制度上存在显著差异，但是亨廷顿将他们统称为“西方文明”，而且美国是以西方文明的领导者与捍卫者自居的，因此在推行对华竞争战略时，美国称中国是对整个西方的挑战，想以此动员盟友配合美国采取对华行动，而不少国家的思想家或政客也怀有一致的看法。

2019 年，时任美国国务院政策规划办公室主任的斯金纳（Kiron Skinner）在谈到美中竞争为什么与冷战不同时说道：“这是与一个很不

① 〔美〕塞缪尔·亨廷顿：《文明的冲突》，周琪等译，新华出版社 2017 年版，第 7 页。

② 李慎之：《数量优势下的恐惧：评亨廷顿第三篇关于文明冲突论的文章》，《太平洋学报》1997 年第 2 期。

同的文明和不同的意识形态之间的争斗，而且美国以前没有经历过这种情况”。在斯金纳看来，种族也是美国眼下与中国之间的争斗同冷战相比的另一个不同之处：“这是第一次我们将面临一个强大的竞争对手不是高加索人种（Caucasian）”，相比之下，“当我们想到苏联以及与它展开的竞争时，在某种程度上那是西方内部的一场争斗”。① 这里，斯金纳将东正教文明也纳入了“西方文明”，因为它们都信仰同一个上帝，原本是一家。

其二，文明也可以是国家之内的更小单元，如果国家整合不成功，国家认同就会出现问题，甚至是爆发内部冲突。比如，有学者就认为与其说亨廷顿是用文明来分析国际政治，不如说文明的分析框架表达了亨廷顿对美国前途命运的担忧：“亨廷顿以文明为‘范式’立说，而在诸文明因素中又特别强调宗教，实际上他认为文明—宗教—种族是三位一体的。明眼人一望而知，他最深刻、最核心的范式恰恰是他不愿意多谈的种族界限，原因就在于，在美国当前的政治—文化气氛下，这是一个最危险的题目”，“文明的范式也许也能适用于美国，……美国已经变成了一个肤色意识强烈的社会，……美国正在变成族群和种族（ethnically and racia1ly）问题上越来越殊异的社会。据国情调查局估计，到二〇五〇年，美国人口中将有23%是拉美裔人，16%是黑人和10%是亚裔人”，“如果新移民不能融入迄今为止支配美国的欧裔文化……那么美国人口的非西方化是否会意味着它的非美国化”。②

亨廷顿将文明因素纳入世界政治的研究范围，一定程度上反映了冷战后世界政治的新变化。文明之间的差异确实会导致国家之间在许多问题上思维方式的差异，甚至造成误解和矛盾。但冲突并不是文明的宿命，国际社会应该搭建更多的促进文明交流互鉴的平台机制，各种文明只有尊重其他文明，以开放包容的姿态同其他文明相处，挖掘和学习其他文明的优势

---

① Joel Gehrke, “State Department Preparing for Clash of Civilizations with China,” *Washington Examiner*, April 30, 2019.

② 李慎之：《数量优势下的恐惧：评亨廷顿第三篇关于文明冲突论的文章》，《太平洋学报》1997年第2期。

与长处，才能拥有持久的生命力，世界政治才会更好地进化。

## 五、意识形态

现代世界政治中存在自由主义、马克思主义、法西斯主义和民族主义等多种意识形态及其变体，它们之间曾经有过激烈的竞争与较量。第二次世界大战（自由主义和马克思主义 VS 法西斯主义）和冷战（自由主义 VS马克思主义）是世界政治中意识形态角力的典型案例。冷战后，国家间意识形态较量一度“降温”，但是随着美国开始奉行大国竞争战略，意识形态的重要性开始回升。

意识形态是指特定的领导集团试图使其统治主张合法化的原则，以及它所承诺效忠的主要体制、经济和社会目标。可以从五个方面来理解意识形态的内涵：意识形态是一个政治术语，与政权和政治制度紧密联系在一起；意识形态包含对现在的看法以及对未来的规划，相比现在，意识形态所设想的未来在物质上更加丰裕，而且这种未来是可以通过奋斗实现的；意识形态具有行动指向（action - oriented）性，它不仅仅描述现实和提供一个更好的未来，更重要的是，给出了实现美好愿景的具体步骤；意识形态是面向大众的（directed toward the masses），动员民众为共同的目标而努力；因为是面向大众的，所以它经常使用普通人能够理解的简单术语和逻辑。①

意识形态对世界政治的影响主要体现在三个方面。

第一，意识形态影响国家对政治制度和发展道路的选择。首先，不同的意识形态对国家应该采取什么样的政治制度有着不同的设计。政治制度包括：政治的参与主体、权力架构设计、选举安排等内容。不同意识形态有着不同安排，比如在马克思主义理论中，政治参与主体是以阶级划分的，“政体实践徘徊于巴黎公社式平民政体与苏联式精英政体之间”。② 意

① 参见 Leon P. Baradat and John A. Phillips, *Political Ideologies: Their Origins and Impact* (Twelfth Edition), London and New York: Routledge, 2017, pp. 51 - 52。

② 储建国、申建林：《论马克思主义的政体思想》，《武汉大学学报》2003 年第 6 期。

识形态的政体思想也会发生变化，比如在美国，种族和性别曾经是自由主义政治构想的重要内容，选举权只能是拥有财产的白人男性，但是这些限制被逐渐打破，总体呈现出更加平等的趋势。

其次，不同意识形态对国家应该采取何种发展路径有不同的想法。国家的发展规划是未来导向的，对于我们应该建设一个什么样的未来，不同意识形态有不同的回答。在发展过程中，国家会遇到各种各样的问题，不同意识形态对这些问题的重要性排序，偏好的解决方案也是不相同的。比如，自由主义和保守主义对美国目前面临的问题和解决方案给出了不同的回答。美国共和党是一个偏保守主义的政党，倾向于小政府，反对政府权力过大而侵害公民自由，反对枪械管制，支持维持一支强大的军队，呼吁退出一些不必要的国际组织。在社会议题上，反对堕胎，反对同性婚姻合法化，强调以犹太教—基督教信仰和道德为基础的行动。美国民主党偏自由主义，支持提高最低工资水平，对大企业加强管制，主张政府干预建立更加普惠性的医疗保障体系，支持环境保护主义，支持针对全球气候变暖而加强对温室气体排放的严格管制，支持同性恋者的权益，认同堕胎权利等。

最后，意识形态状况会影响国家的政治安全。意识形态之间是存在竞争的，边缘意识形态会向主流意识形态发起挑战，进而谋求政权，推行本意识形态所主张的政策。因此，每个国家都高度重视意识形态工作。中国共产党视意识形态为极端重要的问题，要牢牢把握意识形态工作领导权。

第二，意识形态会对国际关系产生深刻影响。首先，意识形态会塑造领导人和公众对世界的认知。意识形态可以分为个体意识形态和群体意识形态。个体意识形态是个人层面的。个人不一定有完整的思想体系，但是都存在特定的意识形态偏好，或者容易受某种意识形态的感染与动员。对于国际关系而言，能左右国家外交政策的政治精英的意识形态尤其重要。

群体意识形态“能使我们更好地把握某个时代或某个具体的历史——社会集团（如阶级）的整体思维结构的特征和组成，换言之，能使我们从整体上把握属于特定历史状况之社会集团的智力领域或精神世界的内部结构”。[①] 以英国和美国为例，虽然存在各种主义，包括自由主义、保守主义、民主社会主义、种族主义等，但英美两国群体意识形态的底色是自由主义的，被视为同自由主义相对立的保守主义实则是自由主义的一个派别。“这不仅意味着英国人和美国人相比欧洲和世界上的其他国家来说，更愿意也更有能力忍受更具有自由市场形式特色的资本主义带来的压力、不确定性和不平等性，尽管那些都是真实的。”[②]

其次，意识形态会影响国家的外交政策。思想是行动的先导，世界政治充满未知，意识形态会塑造个体的观念，而观念是行动的路线图。“世界观和原则化的信念建构人们对人类生活根本性质以及实践与选择道德的看法”，“因果观念帮助决定在众多的手段中采用哪些来达到渴望的目标，并进而为行为者提供扩大其目标的战略；它们根植于制度之中，形成解决问题的方案”。[③] 比如，希特勒的法西斯主义意识形态是导致第二次世界大战的重要原因。

在美国这样一个拥有稳定政治体系、权力相互制约平衡的国家，领导人尤其是总统的意识形态偏好的影响也非常大。民主党、共和党总统思考世界政治的框架非常不同，倾向采取的外交政策差别也很大。民主党总统更相信国际制度和多边主义，比如克林顿和奥巴马，共和党更强调世界政治的竞争本质，主张美国拥有采取单边行动的权利，比如尼克松、里根和特朗普。在共和党内部，不同的总统也有不同的意识形态偏好，在（小）布什时期，新保守主义的影响非常大，是美国发动伊拉克战争的重要驱动力。到特朗普时期，新保守主义影响力下降，反对海外国家建构的“美国优先”成为共和党的行为准则。

因此，有学者表示，“忽略了意识形态，想重新调整美国外交政策

---

① 张志洲：《深入系统地揭示美国外交的意识形态动因：评周琪主编〈意识形态与美国外交〉》，《国际政治研究》2006 年第 4 期。

② 〔美〕沃尔特·拉塞尔·米德：《上帝与黄金：英国、美国与现代世界的形成》，涂怡超、罗怡清译，社会科学文献出版社 2014 年版，第 16 页。

③ 〔美〕朱迪斯·戈尔茨坦、〔美〕罗伯特·基欧汉：《观念与外交政策：信念、制度与政治变迁》，刘东国、于军译，北京大学出版社 2005 年版，第 14 页。

可能遗漏关键性的一步。……只要试图对美国如何进入国际政治的密林，或者对政策制定者的行为进行深入的探讨，意识形态都占据着显著地位”。①

最后，意识形态对国际关系的影响是不断变化的。随着领导人更迭和国际情势的变化，意识形态的影响力也在发生变化，它对国家间关系的影响强弱在不同的时间段是不同的。冷战是意识形态影响世界政治的一个高峰。“美国和苏联都诞生于革命，两个国家都信奉具有世界意义和目标的意识形态。他们的领导人都认为，适用于他们自己国家的一套制度，也同样适用于世界的其他地方。”②

第三，意识形态是国家间竞争的重要内容之一。其一，意识形态是国家软实力的重要构成部分。约瑟夫·奈认为软实力是“一种依靠吸引力，而非通过威逼或利诱的手段来达到目标的能力。这种吸引力来源于一个国家的文化、政治理念和政策。当一个国家的政策被外界视为合理时，其软实力也会相应增强”，“当你有足够的魅力使人仰慕你的理念，并且追随你之所想时，就无须再动用大棒来驱使他们。诱惑往往比强迫更有效。诸如民主、人权、个人机遇等价值观念都具有很强的诱惑作用”。意识形态是非常重要的“软实力”。“如果一个国家的文化和意识形态具有吸引力，其他国家自然愿意效仿；如果一个国家能够缔造出与其利益和价值观一致的国际规则，那么在别国眼中其行为就更具合法性。”③

其二，意识形态是国际竞争中的有用工具。意识形态可以动员国内社会，使政府获得更好的支持度，政策推行更加容易。通过强调意识形态差异，在外部塑造一个敌人，强调国家面临紧迫的外部威胁可以增强内部的凝聚力，也会被一些政客利用来获取自己的利益。

近年来，在中美战略竞争的新形势下，意识形态对中美关系和世界政

---

① 〔美〕迈克尔·亨特：《意识形态与美国外交政策》，褚律元译，世界知识出版社1999年版，第5页。

② 〔美〕约翰·刘易斯·加迪斯：《冷战》，翟强、张静译，社会科学文献出版社2016年版，第6页。

③ 〔美〕约瑟夫·奈：《软实力》，马娟娟译，中信出版社2013年版，第Ⅻ、ⅩⅢ、15页。

治的影响越来越大。“一些美国学者也开始表示，意识形态竞争是大国战略竞争的题中应有之义；中国的崛起和影响力的上升对由自由主义主导的美国国内秩序和国际秩序都形成了挑战和威胁；意识形态差异使得中美之间不太可能建立真正持久的、相互信任的双边关系；美国的对华战略不能忽视意识形态层面，而应当对双方的经济社会交往保持警惕和进行管理。个别强硬者甚至认为，美国可以考虑利用他们认为的中国内部的脆弱性，在意识形态方面主动出击。”① 还有美国战略思想家认为，在与中国竞争的过程中，美国必须“拥抱意识形态竞争”。他们强调：“纵观历史，大国地缘政治冲突通常是由不同政府体制之间的意识形态驱动的”，“如果不充分利用贯穿美国政治肌体的自由主义意识形态热情，就很难动员美国人进行这样的努力”，“事实上，意识形态竞争应该成为美国在长期竞争中特别有希望的领域（particularly promising area）”。②

世界政治中有多种意识形态，每种意识形态对国家发展路径和国际社会演化方向都有自己的规划，因此它们需要在国内和国际舞台争夺更多的支持者，进而影响和塑造世界政治的具体内容及走向。不过，在和平与发展为主题的全球化时代，意识形态对抗乃至冷战越来越不受欢迎。在国际意识形态竞争中，只有那些符合时代潮流、更加开放包容、有利于世界和平与发展的意识形态才更有生命力和影响力。

## 六、国内政治

国家是世界政治的基本行为主体，其内部状况直接影响世界政治的运行。冷战结束之前，现代世界政治中的国内政治时常处于剧烈的变革之中。现代民族国家首先诞生于欧洲，然后向全球扩散，在这个过程中，传统的政治架构逐渐被摧毁并且往往伴随着暴力革命。在西方殖民帝国瓦解之后，原来的殖民地、半殖民地开始了国家建构过程，其间伴随着社会混

① 节大磊：《意识形态与中美战略竞争》，《国际政治科学》2020 年第 2 期。

② Hal Brands, “The Lost Art of Long - Term Competition,” *The Washington Quarterly*, Vol. 41, No. 4, 2018, pp. 36 - 38.

乱、权力斗争和外部势力干预等。冷战结束后，苏联原加盟共和国和东欧国家进入转型期，政治经济制度经历了变革和重构。自此之后，世界范围内国内政治大致稳定（当然不排除脆弱国家的存在），没有出现浪潮式的崩溃和重建。

国内政治对世界政治的影响主要体现在如下三个方面。

第一，国内政治会影响国家实力。国内政治运转状况影响着国家政治实力，而后者是国家综合实力的重要组成部分，并且直接影响其他方面国家实力的运用。国内政治运转状况主要包括三点。

首先，政府和社会的关系。政府汲取社会资源的能力越强，社会对政府的支持度越高，国家的综合实力就越突出；政府汲取社会资源的能力弱，或者政府汲取社会资源能力强但是激起了社会的反抗，它参与世界政治的能力就会受到限制。

与传统国家形态相比，现代民族国家的典型特征之一就是政府跟社会的关系更加密切，政府的力量渗透至了个人生活的几乎每个角落。在民族主义、民主制度的支持下，国家和政府赢得了域内民众的忠诚与支持，国家和政府则回馈以安全保障、经济发展和生活水平提高。因此，现代政府具有强大的动员能力，掌握着巨大的物质财富，这是它们能够击败传统国家的重要原因。因此，传统国家都面临着转型压力，核心任务就是确立现代的政治体系。除了建立现代的税收和人口管理体制，还要创造良好的商业环境、教育体系、法律制度等，推动经济社会的发展，赢得国内民众对国家和政府的支持。

其次，政府自身的运转情况。政府的治理能力、权力交接情况会影响国内政治稳定。政府的治理能力越强，处理社会民生问题、突发事件和国际危机的能力就越强，国内社会也就越稳定。政府内部的权力斗争、社会对权力交接合法性的认可度会影响到政府的权力交接，这会对国家稳定、政策连续性有着重要影响。

最后，政府与军队、企业等组织力量的关系。政府如果受到其他组织力量，尤其是军队和企业的过大影响，自身的稳定性就会出问题，国家利益会遭受损害。在谈论军政关系时，亨廷顿指出："德国历史的每一篇章都充满了经验与教训。德意志帝国的经验显示出文官控制的优点，而共和国时代的历史则表明在政治的混乱中实现这样一种控制谈何容易。一战展示了当军人承担文官角色时的悲惨后果。纳粹的统治则表明，当来自军方的警告被忽视时，政治领袖粗暴地凌驾于军人之上，结局同样是悲剧性的灾难。”①

企业对政府的影响最具代表性的术语是“军事工业复合体”(Military – Industrial Complex)，指军队与军事工业因政治经济利益过于紧密而形成的共生关系。艾森豪威尔总统在离职演说中讲到对美国军工复合体的担忧：“庞大的军事机构和大型军火工业这种结合在美国的经验中是新的。每个城市、州议会大厦、联邦政府的每一间办公室都能感受到其无处不在的影响——经济、政治，甚至是精神”，“我们必须防止军工复合体获得不必要的影响，无论是否是其主动寻求的”。② 然而，直到今日，军工复合体在美国依然是影响巨大的利益集团之一。

第二，国内政治会影响国家的外交政策。国内政治是外交政策的重要驱动力。国内政治影响对外政策主要是指一国的内部政治结构、政治行为体之间的博弈及其结果影响对外政策的制定和实施。由于决策者制定对外政策是处在一个复杂的国内政治环境之中，对外政策的制定不能不受国内政治的影响。杰克·斯奈德（Jack Snyder）认为，在现代国际政治中，德国、日本、英国、苏联和美国都曾在某个时期出现过度扩张的情况，这一现象是国家安全只有通过扩张才可以获得这一观念引发的，而这一观念的背后根源则是国内政治。他强调：“后工业化造成了一种卡特尔化的政治结构，这种结构使在扩张中拥有集中利益的集团的效力得到放大，有利于扩张主义战略迷思的发展，并且促进了自我包围和帝国的过度扩张。”③

此外，来自国内政治集团以及社会团体的压力，也会使对外政策的实

---

① 〔美〕塞缪尔·亨廷顿：《军人与国家：军政关系的理论与政治》，李晟译，中国政法大学出版社 2017 年版，第 87 页。

② Dwight D. Eisenhower, “Farewell Address,” *Robert T. Hartmann Files*, Gerald R. Ford Presidential Library, Box 11.

③ 〔美〕杰克·斯奈德：《帝国的迷思：国内政治与对外扩张》，于铁军等译，北京大学出版社 2007 年版，第 62 页。

施具有不同的特征。米尔斯海默（John J. Mearsheimer）和沃尔特（Stephen M. Walt）研究了以色列游说集团对美国外交政策的影响："许多为了以色列的利益而追求的政策，现在危害到了美国的国家安全。对以色列不加限制的支持，加上以色列延长对巴勒斯坦人领土的占领，助长了整个阿拉伯和伊斯兰世界的反美主义情绪，从而增加了国际恐怖主义对美国的威胁，也使得华盛顿在应对像停止伊朗核计划那样的其他问题上更加困难"，"这是美国历史上未曾有过的情形，其产生的原因主要归因于以色列游说集团的活动……没有其他哪一个族裔的游说集团，能像以色列游说集团那样使美国的政策偏离得如此之远，以致它与美国原本的国家利益相去甚远。以色列游说集团成功地使许多美国人坚信，美国与以色列的利益根本上是一致的。而事实上并非如此"。①

总之，一国对外政策的制定是决策者根据国家利益在理性选择的基础上制定的。但是，决策者制定对外政策又是处在一个复杂的国内政治环境之中，从而使对外政策不得不受到国内政治的制约。国内政治，特别是大国的国内政治在影响对外政策的制定和实施的同时，不可避免地会作用到世界政治。

第三，国内政治具有外溢效应，从而影响世界政治的走向。首先，如果国内政治处于分裂状态，各股势力围绕权力而相互斗争的话，国外的力量就会介入，将国内政治国际化。国内的政治力量为了获得资源和国际影响力，会在国外寻找支持者，区域和全球性大国出于经济和战略需要也会积极地介入他国国内政治，树立代表自身利益的代理人。"代理人战略（Proxy Strategy）是国际政治重要操作术，属于间接战略方式（indirect approach），是直接干预的补充与替代。"②

其次，国内政治引发的一系列问题可能会演化成为国际问题。具有代表性意义的是难民问题。"联合国难民署将宽泛意义上的难民统称为关注对象（persons of concern），分为难民（根据难民国际公约的难民定义，

---

① 〔美〕约翰·J. 米尔斯海默、〔美〕斯蒂芬·M. 沃尔特：《以色列游说集团与美国对外政策》，王传兴译，上海人民出版社 2019 年版，第 8、9 页。

② 陈翔：《大国竞争时代的美国代理人战略》，《世界经济与政治论坛》2020 年第 1 期。

且已获得国际社会对难民身份承认的个人或群体)、庇护寻求者（寻求难民身份的个人或群体，但其难民身份尚未获得承认)、国内流离失所者(Internally Displaced Persons)、遣返难民、无国家者。因此，如果从生存状态来理解当代世界政治语境中的广义难民，这一群体是指其基本生存权或诸如公民权、政治权、经济权等基本人权遭到侵害而需要得到庇护的个人或集体；如果从生活地点来理解难民，则是指受到天灾、人祸的影响，被迫离开其长期生活家园或区域的个人或集体，无论其是否穿越国际法所承认的国境线。”① 难民问题，特别是由政治原因导致的难民问题，越来越受到国际社会的重视。

最后，大国会将本国国内政治实践向地区和国际社会推广。有学者认为：“国际秩序始于国内”，“领导国率先在国内实现秩序变迁，使得领导国在国内建立了制度、积累了经验、达成了共识与培养了人才。而将该秩序扩展到国际层面，可以进一步确保领导国在世界政治中的优势”。②

国内政治对世界政治的影响是全方位的，从国家的外交政策到世界秩序的形成与变迁，从国内冲突的国际化到国际移民，从价值规范的国际扩散到环境灾害的世界性影响，等等。因此，各国只有找到适合自己的发展道路和治理模式才能为世界政治进步贡献力量，而不是成为世界政治中的“问题国家”。

---

① 严骁骁：《国际难民机制与全球难民治理的前景：叙利亚难民保护实践的启示》，《外交评论》2018 年第 3 期。

② 黄琪轩：《国际秩序始于国内：领导国的国内经济秩序调整与国际经济秩序变迁》，《国际政治科学》2018 年第 4 期。

# 第十二章

# 当代世界政治思潮

政治思潮是时代发展的产物，反映着其所处时代国家或世界的政治现实。政治思潮作为一种社会意识会反作用于社会存在。世界政治思潮在反映世界政治现实的同时，又影响着世界政治的发展。因而，学习、研究世界政治思潮是把握时代脉搏、预判世界政治发展趋势的有益途径。

## 一、当代世界政治思潮概述

当今时代，形形色色的政治观念、政治思想、政治主张层出不穷，但是，能算上政治思潮者相当有限，而能称为当代世界政治思潮者就更有限。认识当代世界政治思潮，首先要明确其内涵，然后在此基础上把握其功能、主要特征和发展趋势。

### （一）当代世界政治思潮的内涵

首先要认清什么是思潮？“思潮”从字面上解释就是“思想之潮流”。《现代汉语词典》对“思潮”的定义是：“某一时期内在某一阶级或阶层中反映当时社会政治情况而有较大影响的思想潮流。”① 其对应的英文词是“Trend of thought”“Ideological trend”。既然为“思想潮流”就不是一般的思想，而是在相当范围内有影响的思想。许多人都有思想，特别是西

① 中国社会科学院语言研究所词典编辑室编：《现代汉语词典》，商务印书馆2002年版，第1815页。

方学者，经常会提出一些冠上“主义”这个词的理论，但是只有相当少的一部分才能够成为思潮。有学者称思潮“既有理论形态，又具有心理形态”，不无道理。“理论形态以一定的学说为主体，表现为概念体系，用理性征服人心；心理形态则以一定的信念为主体，表现为不系统、不定型的观念冲动，用情感激动人心，用非理性的自发性影响人们。任何社会思潮都是理论形态和心理形态的统一。”① 当然，各种思潮在理论形态和心理形态相统一上存在着差异，有些是理论形态强一些，比如马克思主义、自由主义、社会民主主义、全球主义、生态主义，而有一些则是心理形态更强一些，如保守主义、民族主义、民粹主义、霸权主义。奉行保守主义的英国保守党人宣称厌弃一切理论和教条，这反倒成了保守党的一大优势。可以说，轻视理论建设正是保守主义的一大特性。同自由主义、社会民主主义等思潮相比较，保守主义理论家和著作明显稀少，但这并不意味着它没有理论。

在现实社会生活中，有些被冠以“主义”的东西，如恐怖主义、分离主义、极端主义，只是一部分人的“观念冲动”，虽有很强的心理形态，但理论形态明显欠缺，特别是并未反映当下“社会政治情况”，那些实践这些“主义”的人，自己并不认同其行为就是这个名词所代表的定性。特别是“极端主义”，实际上是许多“观念冲动”的集合体。许多意识形态或思潮都有可能出现“极端”的理论，相应地也会有实践这些“极端主义”的政治力量，比如极端自由主义、极端民族主义、极端生态主义，尤其是宗教意识形态，基督教和伊斯兰教都存在过或存在着极端宗派。还有些被冠以“主义”的东西，实际上只是某个特定时期某个国家的内外政策，没有什么“理论形态”，因此也不算思潮。许多美国总统任期内都会产生以其名字冠名的“主义”，如特朗普主义、奥巴马主义、布什主义。但是随着总统任期结束，这个“主义”也就没人关注了，只有极少数除外，如威尔逊主义。而威尔逊主义并非自成体系的思潮，只能算作自由主义在国际（世界）政治中的一种理论。有的思想虽然尚未被冠

① 邢贲思主编：《当代世界思潮》，中共中央党校出版社 2003 年版，第 1 页。

以“主义”，但是却符合思潮的定义，如国际人权思潮、构建人类命运共同体思想，而且实际上它们是以某些思潮为思想渊源和理论基础的，特别是其影响已经超越作为其思想渊源和理论基础的那些思潮。

认清了什么是思潮，政治思潮、世界政治思潮、当代世界政治思潮分别是什么也就容易理解了。

政治思潮是“政治”这个特定社会领域的思潮。2003 年出版的中共中央党校教材《当代世界思潮》分了经济思潮、政治思潮、社会（狭义的社会）思潮、哲学思潮、西方马克思主义思潮共五章。其中，西方马克思主义思潮是综合性的。

政治可分为国内政治和国际（世界）政治，二者的运行原理和方式不同，但又相互联系、相互作用。一些原本只适用于国内政治的思潮，现在都不同程度地影响着国际（世界）政治，比如自由主义、保守主义；一些原本是国际政治中的思潮，如全球主义，已经开始影响到越来越多国家的国内政治事务，比如世界多数国家都奉行对外开放政策。有些政治思潮主要关注国内事务，而较少涉及国际事务，如社会民主主义，如果说社会民主主义在内政上同自由主义有较大差异的话，那么在国际事务中则差异甚小。有些政治思潮则主要是针对国际事务的，如霸权主义，在国内政治中找不到它们的身影，不过，它们的思想根源却可以从国内政治中挖掘出来。

政治思潮是政治思想之潮流，一定是以某种政治价值观或意识形态为内核，通常可以被某种政治力量作为旗帜。有些被冠以“主义”的东西没有这种内核，实际上只是一种处世哲学或思维方式、行为方式，比如国际政治中的现实主义、理想主义、单边主义、多边主义、保护主义，国内政治中的个人主义、本位主义、集体主义、形式主义、官僚主义、享乐主义，在现实政治生活中普遍存在，但“政治性”不强，很难被政治力量作为旗帜，所以就算不上政治思潮。不过，如果它们同某种政治思潮结合在一起，就会成为这种政治思潮的构成要素。比如个人主义就构成了自由主义的核心要素之一，集体主义则是各种社会主义思潮的要素。在国际政治中，西方的理想主义就是将自由主义的价值观运用到外交政策中，所以在当前西方国家的外交话语中，自由主义通常就是理想主义的代名词。

世界政治思潮，顾名思义，就是意指这个政治思潮是带有世界性的，最起码是世界多数国家都关注的政治思潮。那些只受某个国家或地区关注的政治思潮算不上世界政治思潮。比如中国古代的诸子百家，特别是儒家思想，影响深远，但是也仅限于儒家文化圈，因此还算不上世界政治思潮。

说到世界性，有必要澄清一个误解，即凡是世界性的思潮都是源于西方的。由于历史的原因，源于西方的许多思潮都传播到非西方世界，因此成为世界性的思潮。而源于非西方世界的思潮因为传播的范围都比较有限，没有成为世界性的思潮。这是客观现实。国内有许多介绍西方政治思潮的著作，但鲜有关于非西方国家的，即使有些著述中涉及，也只是作为介绍国别政治或区域政治的附带品。前面提到的中共中央党校的《当代世界思潮》教材，实际上讲的内容全都是西方的。但是，这并不等于世界思潮就一定是源于西方的思潮。随着非西方国家的崛起，其在世界体系中的地位会越来越重要，在世界舞台上影响力越来越大，它们的思潮也就会得到越来越好的传播，最终成为世界性的思潮。比如，构建人类命运共同体思想已经多次被联合国有关机构写进决议，表明其已经具有世界性的影响了。

当代世界政治思潮很显然就是“当代”即第二次世界大战后的世界政治思潮，而不是古代的、近代的。简言之，所谓当代世界政治思潮就是“二战”后尤其是冷战结束后在世界范围内有较大影响的政治思想。

### （二）当代世界政治思潮的功能

思潮的基本功能就是反映社会现实并影响社会发展。思潮“从一个层面反映社会生活，对人们的精神以及社会发展，产生性质不同程度不等的影响。它不断变化，是社会生活的晴雨表”。[①] 照此推理，政治思潮的基本功能就是反映政治生活并影响政治发展；世界政治思潮的基本功能就

① 邢贲思主编：《当代世界思潮》，中共中央党校出版社2003年版，第1页。

是反映世界政治生活并影响世界政治发展；当代世界政治思潮的基本功能就是反映当代世界政治生活并影响当代世界政治发展。

就目前人们普遍关注的主要世界政治思潮来看，有一些是主要针对国内政治生活的，但具有世界性，也影响国际（世界）政治，甚至影响非常大；有一些是针对国际（世界）政治的，但同国内政治有密切联系；有一些反映了人类社会的进步方向，是值得倡导和推广的；有一些则与人类社会进步方向相悖，是需要国际社会共同努力抑制、消解的；有一些是一段时间内在特定区域和国家发挥了进步作用，虽然不一定适合其他区域和国家，但有值得借鉴之处。

自由主义、保守主义、社会民主主义、科学社会主义、西方马克思主义、民粹主义主要针对国内政治。自由主义可以说是西方发达国家的主流意识形态，有完备的理论体系，既影响内政，也影响外交。许多实行西方模式政治制度的发展中国家，其治国理念基本上也源于自由主义。自由主义在几百年的演进中，根据形势变化不断调整、革新。2008 年国际金融危机以来，自由主义面临困境，但目前还看不到能够取代其地位的思潮。保守主义本来是同自由主义对立的，但是经过演变，实际上已经同自由主义合流，成为自由主义的一种表现形态，即自由保守主义，为西方社会右翼政治力量遵奉。20 世纪 70 年代之后的新自由主义浪潮，正是保守主义政治力量如英国保守党、美国共和党推动的。小布什政府时期影响美国对外政策的新保守主义，实际上是自由主义的极端派，新保派要在世界推广的价值观都是经典的自由主义价值观。社会民主主义本来是反资本主义的思想体系，后经不断演变，如今已经成为许多西方国家体制内部同自由主义分庭抗礼的政治思潮，对西方国家政治生活有着重要影响。社会民主主义、自由主义、保守主义这三股政治力量在许多西方国家特别是欧洲国家成三足鼎立之势，分别代表着中左、中间、中右政治力量，主导着国家政坛。在欧洲议会里，最大的三个党团就分属这三股政治力量。20 世纪末 21 世纪初，一些社会民主主义政治力量推行“第三条道路”，实际上是放弃了原来一直坚守的带有社会主义性质的原则，在一定程度上向自由主义靠拢。也许正因为如此，本来与社会民主主义无关的美国民主党克林顿政府也加入了“第三条道路”行列。但是“第三条道路”只兴盛一时，随着一些主要社会民主主义政党下野，“第三条道路”也就成为历史。近年来，社会民主主义在欧洲也面临困境。

科学社会主义作为马克思主义的主流从理论到实践、从一国实践到多国实践，一度成为最具影响力的世界政治思潮之一。在经历了东欧剧变带来的低谷之后，以中国特色社会主义为主要代表的科学社会主义流派展现出了强大的生命力和良好发展势头。

西方马克思主义作为以“马克思主义”名义而存在的思潮，主要是“学院式”的思潮，这一点与其“同宗姐妹”社会民主主义和科学社会主义有很大区别。尽管如此，西方马克思主义对资本主义社会的批判在一定程度上反映了资本主义社会的现实，这种批判对人们全面、深刻地认识资本主义的现状和发展规律提供了独到的视角，因此也深刻地影响着民众的意识和各种政治力量的观念。

民粹主义有着比较久远的历史，时起时落，对西方及许多发展中国家都有影响，近年来在欧美又涌起浪潮。民粹主义在一定程度上反映了现实社会存在的问题，特别是民众对现行体制的不满。但是，民粹主义又拿不出改进国家治理、解决问题的办法。民粹主义往往被政治精英利用，成为一种破坏现存社会秩序的精神力量，引起社会动荡，对社会进步造成负面影响。在当今盛行的政治话语中，民粹主义通常被视为负面的东西。尤其是民粹主义影响到国家对外政策时，往往表现为极端民族主义。

民族主义也是具有悠久历史、对当代世界政治有深远影响的思潮。自从民族国家或主权国家取代宗教、王朝、帝国成为国际（世界）政治的基本行为主体后，民族主义就出现了并不断扩大影响。民族主义有两面性。在民族解放运动中，它作为动员被压迫民族起来争取民族解放的思想力量，发挥了巨大的进步作用。此外，当民族主义表现为热爱自己的民族和国家时，实际上就是爱国主义，这是非常正当的，也是当今世界绝大多数国家所倡导的价值观。但是，当民族主义走向极端，表现为排斥、敌视其他民族，将本民族利益置于其他民族利益甚至整个人类利益之上的时候，就是负面的东西，是国际社会主流所反对的。极端民族主义可以表现在一个多民族国家的内政中，比如某些国家的主体民族搞大民族主义，无视少数民族的正当权益；再如有些国家的少数民族不顾多民族国家的现实，搞民族分离主义。极端民族主义也可以表现在国家的对外关系中。比如有的国家搞泛民族主义，进而损害拥有该民族的其他国家的利益；再如有的国家在外交上将本国利益置于其他国家利益之上，甚至不顾世界和地区的整体利益。极端民族主义是当今世界政治中最重要的不稳定因素之一。

霸权主义在当今世界政治中是一个很热的词语。中国在冷战期间以及冷战结束后都将反对霸权主义作为一面旗帜。对于那些反对霸权主义的国家来说，霸权主义是一个负面的词语，但是对那些奉行霸权主义的国家来说，虽然不公开承认自己就是搞霸权主义，但是乐此不疲地行霸权主义之事，甚至还会提出一些为霸权主义行为辩护的理论，如“霸权稳定论”。当今世界，虽然霸权主义只是极少数国家在奉行，但是受其害的国家很多，它是当代世界政治中另一个重要的不稳定因素。霸权主义实质上是极端民族主义的一种表现形式。

全球主义是与全球化相适应的思潮。全球主义的重要思想渊源——世界主义和国际主义——早已有之，只是随着新一轮全球化高潮的推进，全球化已经被认定为当代世界政治发展的最重要特征之一时，全球主义这个概念才应运而生。虽然不同的国家、不同的政治力量对全球主义的理解不同，但全球主义体现了全球化的现实和人类社会的发展方向，必将对世界政治产生深远的影响。

生态主义是相对年轻却具有强大生命力的思潮。直到越来越多的国家走向工业化道路，传统的工业发展模式已经威胁到了人类赖以生存的生态环境的时候，生态主义才应运而生。从人类社会发展的角度看，一定会有更多的国家走向工业化，经济发展对生态环境造成的压力会越来越大，应对生态危机已经成了全人类共同的使命。生态主义对指导人类社会应对生态危机的重大意义会越来越凸显。

人权问题本来是冷战期间和冷战结束后西方国家所运用的一个外交武器，主要指向社会主义国家和发展中国家。但是，随着人类社会的进步，特别是在全球化、信息化的冲击下，人权已经成了当今世界各国普遍关注的议题，尊重和保障人权几乎成了世界各国人民的追求，也是大多数国家政府的施政理念。尽管不同的国家、不同的政治力量对人权的内涵、实现人权的方式方法有不同的认识，但在追求人权上已经形成共识。当今世界，几乎没有哪个国家的政府会公然反对维护人权，也没有哪个人类群体宣称不要人权。不过，目前还没有给人权冠上“主义”二字的思潮。在西方国家，人权问题被纳入自由主义思潮，人权是自由主义的核心价值之一。但是西方的人权理论并不为广大发展中国家特别是社会主义国家接受，它们有自己的人权理论。国际人权思潮的发展有利于人类社会更好地推进人权事业。

构建人类命运共同体是中国领导人近年来提出并倡导的一个重大理念，已经被明确为中国特色社会主义新时代国家对外工作的总目标。虽然关于“人类共同体”的思想早已有之，但是从共同命运的角度来提出构建人类共同体，这还是首创。构建人类命运共同体思想已经受到国际社会的广泛关注，虽然存在着认知差异，但是它正在成为世界范围的“思想之潮流”。可以想见，构建人类命运共同体思想将对推进全球治理，促进人类文明进步发挥不可忽视的指导作用。

### （三）当代世界政治思潮的主要特性和发展趋势

从演进的历史来看，当代世界政治思潮具有变动性、融合性、不均衡性等特性。

第一，变动性。作为思想的潮流，思潮的一个显著特性就是变动性，尤其是政治思潮，正所谓潮起潮落。当某种思想能够很好地反映当时的社会生活状况并深刻地影响社会发展时，接受这种思想的人就会越来越多，或者按这种思想行事的政治力量比较强大，于是成为思潮。有些已经成为思潮的思想，由于跟不上时代步伐，到了不能很好地反映当时的社会生活状况时，也就不能对社会发展产生多大影响，或者按这种思想行事的政治力量不再强大，于是就衰落。而有些思潮却拥有持久的生命力，虽然会有波动，甚至有时进入低谷，但经过革新又获得新生，重起潮峰。所以，世界政治思潮的一个发展规律就是：能够与时俱进地反映世界政治现实并影响世界政治发展的思潮就会兴盛；否则就衰落。所以，那些有较持久影响力的思潮总是不断推出新的理论，比如自由主义、社会民主主义。有时，信奉某种思潮的政治力量衰落了，但这个思潮却仍然兴盛。比如英国自由党，在 19 世纪末 20 世纪初时未能适应英国社会的变化，没能跟上时代的步伐，其地位逐渐被信奉社会民主主义的工党取代，至今也难以复兴，由它所承载的自由主义思潮实际上被保守党接手。

第二，融合性。当代比较有影响力的世界政治思潮——自由主义、保守主义、社会民主主义——都起源于欧洲。起初它们都是阶级斗争的产物，具有鲜明的阶级性。在资产阶级民主革命时期，自由主义是资产阶级反对封建专制的思想武器，而保守主义试图维护现存的制度，成为自由主义的对立面。待资本主义战胜了封建主义之后，保守主义便转变成代表大资产阶级利益的意识形态，在这个过程中汲取了自由主义的许多要素。20 世纪之前的英国，保守党和自由党轮流把持政权，共同维护英国资本主义制度。保守主义与自由主义融合在美国最为明显。美国民主党和共和党实际上举的都是自由主义的旗帜，只不过在政治光谱上位置不同而已。有学者将共和党的意识形态称为自由保守主义，而民主党的为自由民主主义，不无道理。社会主义在欧洲兴起后一直是作为资本主义的对立物而存在，无论自由主义还是保守主义都视之为对手。社会民主主义从科学社会主义分化出来后，试图通过改良来改变资本主义，采用和平的、合法的方式来争取权力，在这个过程中，社会民主主义不断汲取自由主义的思想要素，接受自由主义的一些经济政策，比如私有化。与此同时，自由主义也不断革新自己，吸收社会民主主义的一些社会政策，比如福利制度。现如今，自由、民主、法治、人权是自由主义、保守主义、社会民主主义这三种思潮共有的核心价值，只不过各有侧重罢了。

第三，不均衡性。这与世界政治的现实有关。自全球化开启以来，随着西方兴起，特别是西方的生活方式、经济制度、政治制度向世界各地扩散，西方的思潮也向世界各地扩散。正如《共产党宣言》中所说的，“资产阶级，由于开拓了世界市场，使一切国家的生产和消费都成为世界性的了”，“过去那种地方的和民族的自给自足和闭关自守状态，被各民族的各方面的互相往来和各方面的互相依赖所代替了。物质的生产是如此，精神的生产也是如此。各民族的精神产品成了公共的财产。民族的片面性和局限性日益成为不可能，于是由许多种民族的和地方的文学形成了一种世界的文学”。[①] 这里的“文学”应是广义的文学，泛指科学、文学、艺术、哲学、政治等方面的“精神产品”。正是因为这样，绝大多数当代世界政治思潮都来自西方。这种不均衡性的改变有赖于世界政治格局的变化，需要相当长的时间。可以断言，随着非西方国家的崛起，源自这些国家和地区的思潮会逐渐地扩散，有一些就会成为世界思潮。

由主要特性可以推理出世界政治思潮的基本发展趋势：带有人类群体对抗性的思潮会趋于衰落，而关照人类整体利益的思潮会趋于兴盛。

从世界政治思潮演进的历程来看，直到20世纪中叶之前，带有阶级对抗性、民族对抗性的思潮十分活跃。“二战”后，随着以联合国为核心的世界体系和秩序的建立，特别是随着全球化的演进和时代主题的变换，阶级矛盾和民族矛盾都趋于缓和，无论国家内部的各阶级、各阶层，还是世界上的各种类型的国家和民族，基本上都在追求和平与发展，而不是你死我活的阶级斗争和民族斗争。与之相应，已有的一些原来带有浓厚阶级烙印的思潮，都趋向于淡化阶级色彩并面向全社会，试图代表全社会的利益。这方面最为典型的事例是社会民主主义者在推出“第三条道路”时提出要“超越左右”。那些带有极端民族主义倾向、为本民族一己之私而肆意践踏其他民族利益的思潮如殖民主义、军国主义、法西斯主义基本都退出世界舞台。像霸权主义这样也带有极端民族主义色彩的思潮虽然还有一定市场，但已呈“人人喊打”的过街老鼠之势。

20世纪下半叶以来，关照整个社会福祉、同阶级对立关系不大的政治思潮——生态主义——问世。这种思潮在一定程度上反映了发达国家以及新兴国家的新变化，同时也深刻地影响着这些国家的经济、社会和政治生活。就目前来看，生态主义虽然尚未成为能够主导当今世界各国社会发

① 马克思、恩格斯：《共产党宣言》，人民出版社2018年版，第31页。

展的意识形态，但是已经成为影响很多国家政治进程的重要因素，而且其发展前景可期。需要指出的是，生态主义虽然关照整个社会的福祉，但对不同阶级、阶层的影响是不同的。对于普罗大众来说，保护、改善生态环境是其根本利益所在；而对于富豪来说，生态环境改善固然是好事，但是不如普罗大众那么利益攸关，他们可以通过金钱来规避环境恶化带来的危害，享受环境特权。

值得注意的是，随着全球化的演进，那些关照全球整体利益和人类共同命运的思潮将趋于兴盛，比如全球主义、国际人权思潮、构建人类命运共同体思想。此外，还特别值得强调的是，随着世界多极化和文化多样化的发展，世界政治思潮的产地将趋于多元，不再限于某类国家或某些地区。

世界政治思潮类别繁多，但是对世界政治能持续产生影响，并且具有完备理论体系的并不是很多。本章仅选取目前最有影响的自由主义和影响力正日益显现的人类命运共同体思想加以介评。

## 二、自由主义的演变及其对世界政治的影响

自由主义①是西方主流意识形态，也是当今世界最具影响力的政治思潮，它不仅影响了众多资本主义国家的内部政治秩序，而且影响着世界政治的变迁。这一思潮在过去几百年来经历了从古典自由主义到现代自由主义再到新自由主义的变化过程，也遭遇了其他政治思潮如科学社会主义、法西斯主义、民族主义的挑战，同时还伴生出了帝国主义、霸权主义等政治思潮。自由主义作为资本主义的主流意识形态，其作用同资本主义一样存在着两面性，尤其是对世界政治的影响。自由主义促进了全球化的发展，也促进了国际关系、国际法治和国际（世界）秩序等方面的进化，

① 作为政治思潮的自由主义同政治生活中的“自由主义”含义是不同的。毛泽东1937年发表的文章《反对自由主义》，是指向党内政治生活中许多不符合党的性质、宗旨的行为，而不是指向作为政治思潮的自由主义。当然，政治生活中“自由主义”的思想根源同自由主义政治思潮有关。

但是这个过程充满了暴力和不公正。自由主义的许多信条往往被一些国家作为推行损害别国乃至世界整体利益的工具。

从发展脉络来看，自由主义政治思潮可以分为传统自由主义、现代自由主义与新自由主义等阶段。19 世纪末以前，传统自由主义在西方社会中占据了主导地位，但到了 19 世纪末以后，自由主义受到多方面政治思潮的冲击，因而也在不断修正自己的基本立场，由此进入现代自由主义阶段。20 世纪中叶以后，自由主义又进入一种新的形态，即新自由主义阶段。无论哪个阶段，自由主义都坚守如下几个基本原则。

### （一）自由主义的基本原则

一般认为，自由主义形成于 17 世纪英国资产阶级革命时期。中世纪基督教神学的个人得救教义，以及后来文艺复兴运动的人文主义精神和朦胧的个人主义意识，都为近代自由主义的诞生提供了思想基础。[①] 约翰·格雷（John Gray）对自由主义出现的时间定位，代表着西方学术界的主流观点。他在《自由主义》的小册子中明确写道，自由主义是近代的学说，是近代的意识形态。他认为，“作为一种政治思想与知识传统，作为一种可以辨认的思想与实践的要素，自由主义的出现只是 17 世纪以后的事”。[②]

“自由主义”作为一个名词出现得更晚，直到 19 世纪才第一次被用作称呼一种政治运动。1810 年，西班牙议会中主张英国式宪政主义的政党被称作“自由主义的”（liberalism）。1812 年，这个称呼被西班牙的自由派政党所采纳。这似乎是自由主义最早被用来指谓一种政治派别。[③] 但是，我们却很难找出“自由主义”的确切含义并给其以明确定义。正如《民主新论》的作者所说：“如果我们用‘自由主义’这个标签与那些和它相近的概念比较，如民主、社会主义、共产主义，那么，自由主义有一

---

① 参见马德普主编：《当代西方政治思潮》，中国人民大学出版社 2013 年版，第 8 页。

② 参见 John Gray, *Liberalism*, England: the University of Minnesota Press, 1995, p. xi.

③ 参见李强：《自由主义》（第 3 版），东方出版社 2015 年版，第 16 页。

点是其他无可匹敌的；它是所有概念中最不确定、最难以被准确理解的术语。”① 虽然自由主义在其发展进程中出现了不同的理论形态，但贯穿其中的基本原则仍清晰可见，不同流派只是在这些原则的侧重点上有所不同，我们可以借助这些原则来理解“自由主义”这一概念的内涵。这些原则主要包括个人主义原则、自由及其有限原则、平等原则和平衡原则等。自由主义在其演变的各个阶段及各种表现形态都坚守这几条原则，只是不同阶段和不同形态的侧重点有所不同。

1. 个人主义原则

“个人主义”这一说法最早源于法语“individualisme”。作为一个术语，“个人主义”于19世纪20年代第一次系统地被圣西门主义者使用。史蒂文·卢克斯（Steven M. Lukes）对个人主义有详细的描述。在《个人主义》一书中，卢克斯从人的尊严、自主、隐私、自我发展、抽象的个人、政治个人主义、经济个人主义、宗教个人主义、伦理个人主义、认识论个人主义、方法论个人主义等方面详细地阐述了个人主义的基本观念，以个人为出发点解释了社会政治现象，阐释了个人优先的原则。其中，认识论个人主义在自由主义发展中发挥了重大作用。不少自由主义者就是以此为出发点来论证自由主义。约翰·密尔（John Stuart Mill）在《论自由》一书的“论思想自由和讨论自由”的章节中从认识论个人主义的角度阐述了意见自由和发表意见自由对于人类精神福祉的必要性。他认为，人的认识是有局限的、不确定的。不同意见应该获得一个自由发表的空间与机会，如果允许一种意见而压制另一种意见则可能会与真理失之交臂，“若有什么意见被迫缄默下去，据我们所能确知，那个意见却可能是真确的”，“纵使被迫缄默的意见是一个错误，它也可能，而且通常总是，含有部分真理”。与此相对应，即使是普遍意见（得势意见）“也难得是或者从不是全部真理”，故而“只有借敌对意见的冲突才能使所遗真理有机会得到补足”。他进一步强调，“即使公认的意见不仅是真理且全部是真理，若不容它去遭受而且实际遭受到猛烈而认真的争议，那么接受者多数

① 参见李强：《自由主义》（第3版），东方出版社2015年版，第14页。

之抱持这个意见就像抱持一个偏见那样，对于它的理性根据就很少领会或感认”。①

2. 自由及其有限原则

自由主义最核心的原则是自由。托马斯·霍布斯（Thomas Hobbes）在《利维坦》中写道：“自然权利，就是每一个人按照自己所愿意的方式运用自己的力量保全自己的天性——也就是保全自己的生命——的自由”，“自由就是用他自己的判断和理性认为最适合的手段去做任何事情的自由”。他给出了自由的定义，“自由这一词语，按照其确切的意义说来，就是外界障碍不存的状态”。② 约翰·洛克（John Locke）认为，人的自由是不受人间任何上级权力的约束，不处在任何人的意志或者立法权之下，只以自然法为准绳。处于社会中的人的自由，就是除经人们同意在国家内所建立的立法权以外，不受任何立法权的支配；除立法机关根据对它的委托所制定的法律以外，不受意志的管辖或任何法律的约束。③

不过，自由主义所重视的自由并非没有限度。例如，密尔十分重视意见自由，但同时他也强调需要有所节制，“一切意见是应当许其自由发表的，但条件是方式上须有节制，不要越出公平讨论的界限”。④ 他在《论自由》谈到，文中讨论的“公民自由或社会自由，也就是要探讨社会所能合法施用于个人的权力的性质和限度”⑤。也就是说，一方面，他强调了自由的重要性，个人行为只要不涉及他人利害，个人就有完全的行动自由；但另一方面，他认为“个人的自由必须制约在这样一个界限上，就是必须不使自己成为他人的妨碍”⑥。显然，自由主义珍视自由的价值，但也认识到自由限度的意义，而这正是实现真正而普遍自由所不可缺少的约束。

---

① 〔英〕约翰·密尔：《论自由》，许宝骙译，商务印书馆 2007 年版，第 61 页。
② 〔英〕托马斯·霍布斯：《利维坦》，黎思复、黎廷弼译，商务印书馆 1986 年版，第 97 页。
③ 参见〔英〕约翰·洛克：《政府论》（下），叶启芳，瞿菊农译，商务印书馆 1996 年版。
④ 同①，第 62 页。
⑤ 同①，第 1 页。
⑥ 同①，第 66 页。

3. 平等原则

平等有形式平等和实质平等之分，自由主义更多地强调形式平等。形式平等在人类追求平等的进程中有着重要作用。例如，1789 年法国《人权和公民权宣言》中提到“人们生来而且始终是平等的”，主要是指人们在法律上的平等，即法律赋予的权利和义务的平等。1776 年美国《独立宣言》提到“我们认为这些真理是不言而喻的：人人生而平等，造物者赋予他们若干不可剥夺的权利，其中包括生命权、自由权和追求幸福的权利”。这里强调“生而平等”，并不是在所有事情上都平等。

自由主义的几乎所有派别都接受形式平等的理念。美国学者萨皮罗（J. Salwyn Schapiro）概括了形式平等与自由主义的关系：自由主义宣布所有人一律平等，意味着在法律面前每个人拥有同等的权利，拥有享受同等公民自由的权利；法律不能授予某些人特权，也不能给某些人歧视；不论法律的目的是什么，都必须对所有人一视同仁。自由主义认为特权会阻碍个人发展，因而向特权发起无止境的攻击。然而，自由主义在实质平等上存在重大分歧，自由主义左翼强调平等的价值，试图通过再分配的方式实现社会公平正义，而右翼则强调自由的价值，担心对实质平等的强调会削弱个人的自由权利，强化国家对社会的控制。①

4. 平衡原则

自由主义的社会本质上是一个多元的社会。社会的稳定与进步依赖于社会各组成部分之间的平衡关系。权力、财富甚至意见的过分集中会构成对社会平衡与进步的威胁。② 强调自由就代表要接纳多元取向，但是多元社会可能带来极大的社会失衡风险，一旦社会失去平衡，就意味着公共权力不再受到有效的制约，这将会导致权力对个人自由的侵犯。显然，这对于以自由为核心的自由主义者来说是不能被接受的，因此他们重视平衡原则，并以此来保障自由的多元社会不会因为内部的混乱而破坏自由。

自由主义的理想国家形态是一个权力有限并受到制约的政府。一个国

---

① 参见李强：《自由主义》（第 3 版），东方出版社 2015 年版。

② 同①。

家的政府本身过于强大而不受约束会制约个人权利的实现，是对公民自由的威胁。大部分自由主义者认为，有时任何可以削弱、限制政府权力和职能的措施都是好的措施，要严格限制政府的活动范围，强调个人和市民社会的权利。另外，要对政府的权力进行分割和制衡，防止其专断。因此，自由主义者对国家规定了分权制衡的原则，并将其提升到非常重要的地位。如阿克顿[①]所说："分立的或者毋宁说是多元的权威是一个好政府得以存在的基础"，"自由存在于权力的分立之中"。[②]

正是在自由主义的框架之内，制衡原则可以在西方的政治体制设计中得以体现。在一个自由的社会，其内部各组成部分之间的平衡将有利于维持社会的正常运转，进而保障公民的自由发展不受外来因素的限制。

### （二）传统自由主义

传统自由主义（亦称古典自由主义），是在资产阶级反对封建专制主义的斗争中诞生的，其基本立场是：个人自由是社会的最高价值，是社会进步的根本动力。[③] 在其看来，一旦个人能够充分自由地实现其自身的价值，那么个人所在的群体和社会，也必然能最终实现其公共利益。根据这一逻辑，个人的利益和行为是分析和观察一切社会政治问题的基本视角，"所以自由主义的方法论是个人主义或'原子主义'"。[④] 因而，传统自由主义反对对个人施以任何形式的强制，主张最大限度地限制国家权力，并强调政府必须实行法治原则。这一时期的传统自由主义主要经历了以下三种形态。

#### 1. 理性主义的自由主义

17 世纪到 18 世纪末，传统自由主义主要表现为理性主义自由主义（也称自然权利自由主义），约翰·洛克（John Locke）是自由主义思想的

---

① 阿克顿男爵，第一代阿克顿男爵（John Emerich Edward Dalberg－Acton，1st Baron Acton）是英国剑桥大学历史系教授、历史学家、理论政治家，19 世纪英国知识界和政治生活中最有影响的人物之一，著名的自由主义思想大师。

② 宋伟：《自由主义》，北京大学出版社 2016 年版，第 50 页。

③ 参见骆沙舟：《现代西方政治思潮评析》，厦门大学出版社 1996 年版。

④ 俞可平：《当代西方政治思潮概述》，《教学与研究》2004 年第 6 期。

奠基人，是“自由思想的始祖”。此外，法国的孟德斯鸠（Charles Montesquieu）、卢梭（Jean - Jacques Rousseau），德国的康德（Immanuel Kant），美国的潘恩（Thomas Paine）、杰斐逊（Thomas Jefferson）等都是这一时期自由主义的重要代表。当时，资产阶级的主要任务是反对封建专制和教会权威，故而自由主义的对手主要是封建专制主义和宗教神学。他们以理性主义为思想武器，以人权反对神权，以自由平等反对专制特权，其主要观点可以归纳如下。

自由是人的一种自然权利。洛克从自然状态理论出发，认为在自然状态下，人人自由而平等，“人类天生都是自由、平等和独立的”。① 所谓的自然权利就是在自然法的引导下人类所具有的基本权利，包括生命、自由和财产，也即是“天赋人权”。这些权利并没有因为订立契约而丧失。在洛克看来，自由乃是人不可放弃、不可转让的一项基本权利。康德更是认为自由是唯一的天赋权利。他曾指出：“天赋的权利只有一个，即生来就有的自由权。”②

第二，自由是理性指导下的自由。洛克认为，自由是指这样一种状态：如果我们有能力，即可按照自己心理的选择和指导来思想或不思想，来行动或不行动，则我们是自由的，所以自由就是个人能按自己的主观愿望去思想和行动的自由。但它不是随心所欲，而是在理性指导下的自由，自由和法律并行不悖，“……自由……并非人人爱怎样就可怎样的那种自由……而是在他所受约束的法律许可范围内，随心所欲地处置或安排他的人身、行动、财富和他的全部财产的那种自由，在这个范围内他不受另一个人的任何意志的支配，而是可以自由地遵循他自己的意志”。不仅如此，洛克还进一步指出法律是自由的有效保障，“法律的目的并不是废除或限制自由，而是保护和扩大自由。这是因为在一切能够接受法律支配的人类的状态中，哪里没有法律，哪里就没有自由”。③

第三，政府权力应该是有限的。要维护自由权利，尤其是政治自由权

---

① 〔英〕约翰·洛克：《政府论》（下），叶启芳，瞿菊农译，商务印书馆 1996 年版，第 59 页。

② 《西方法律思想史资料选编》，北京大学出版社 1983 年版，第 404 页。

③ 同①，第 36 页。

利，最重要的就是要限制政府的权力。在自由主义者看来，人的政治自由与政府权力之间是一种负相关关系。但是，他们并不主张完全取消政府权力，那样只能导致无政府状态，故而他们提倡的是“宽和的政府”。孟德斯鸠表示：“政治自由只在宽和的政府里存在……它只在那样的国家权力不被滥用的时候才存在。但是一切有权力的人都容易滥用权力，这是万古不易的一条经验。有权力的人使用权力一直到遇到有界限的地方才休止。”① 为了限制政府权力，自由主义者提出了分权思想，即以一种权力制约另一种权力，使各种权力之间形成相互制衡关系。孟德斯鸠表示：“……要防止滥用权力，就必须以权力约束权力。”②

2. 功利自由主义

从18世纪末到19世纪末，传统自由主义表现为两种形态：即功利自由主义与自由放任主义。功利自由主义的主要代表人物是英国的边沁（Jeremy Bentham）、詹姆斯·密尔（James Mill）、约翰·密尔。功利自由主义的基本思想是：人是受着自己功利目的支配的，判断人的行为是非善恶的标准就是功利原则，即“最大多数人的最大幸福是正确与错误的衡量标准”③。

功利主义者同样强调个人自由的重要性，但是他们在个人自由的来源方面有着不同观点。功利主义者认为，个人自由主要来自一种社会的、法律的权利，而非与生俱来的天赋权利。换言之，自由不是抽象的，而是与一定的政治法律制度相联系。边沁认为，自由主要与财产权、职责等法律范畴有关，任何与法律无关的自然法意义上的自由只能是一种杜撰。“法律禁止我和其他个人去任意地使用土地，同时也给予我和其他个人以其他自由……你以前在没有法律时所有的权利和自由，现在在法律之下得到了巩固和帮助。”④ 此外，与理性主义自由主义将自由视为至高无上的价值

① 〔法〕查理·路易·孟德斯鸠：《论法的精神》（上），张雁深译，商务印书馆1982年版，第154页。

② 同①。

③ 〔英〕杰里米·边沁：《政府片论》，沈叔平等译，商务印书馆1997年版，第92页。

④ 袁刚：《论边沁的功利主义自由观》，《兰州学刊》2009年第4期。

理念不同，功利主义者认为自由原则应该服从于功利原则，即考虑个人自由权利时，首先应考虑这种自由给个人和社会带来的是利多还是弊多。例如，密尔强调，言论自由尽管如此重要，但如果因它导致各种谬论横行，给社会带来祸患，那就不可取了。“当发表意见的情况足以使意见的发表成为指向某种祸害的积极煽动时，也要失去其特权的。”①

功利主义主张国家是“必要的罪恶”，既肯定国家的作用，又强调限制国家权力的重要性。边沁认为，国家的产生不是根据自然法而订立原始契约，而是根据功利原则而订立的契约，即被统治者认识到服从统治者所带来的利益要大于不服从的利益。“契约是由国王和人民缔结的。它的条款规定要达到的结果是：在人民方面，许诺全体服从国王；在国王方面，许诺始终以一种特定的，即有助于人民幸福的方式治理人民。”② 因此，国家的唯一目的就是促进人们实现功利，增进社会幸福，就这个意义来说，国家的存在是必要的。但是，国家又是用法律、奖惩等手段实现上述目的，从而限制了人们的自由，必然会给人带来痛苦，故而政府的任何举措本身就是“恶”，所以边沁称国家与政府为“必要的罪恶”。据此，功利主义者主张严格限制政府权力，政府应采取少干预的态度，只要把自己应当管好的事情做好就行了，而不要去做自己不该做的事情。③

3. 自由放任主义

自由放任主义的理论代表主要是亚当·斯密、大卫·李嘉图（David Ricardo）等经济学家，主要围绕经济问题对个人自由与国家关系进行了论述。实际上，这一思想可以追溯到洛克关于财产权的论述。洛克认为：“理性，也就是自然法，教导着有意遵从理性的全人类：人们既然都是平等和独立的，任何人就不得侵害他人的生命、健康、自由或财产。”④ 财产权被洛克视为是人的权利之首，甚至将人的生命和自由亦视为人的不可

---

① 〔英〕约翰·密尔：《论自由》，许宝骙译，商务印书馆 2007 年版，第 62 页。

② 〔英〕杰里米·边沁：《政府片论》，沈叔平等译，商务印书馆 1997 年版，第 152 页。

③ 参见常士訚：《小政府是有权威的责任政府——边沁功利主义政府思想分析》，《天津师范大学学报》（社会科学版）2002 年第 2 期。

④ 〔英〕约翰·洛克：《政府论》（下），叶启芳、瞿菊农译，商务印书馆 1996 年版，第 6 页。

侵犯之财产。他认为，国家就是为了保护人们的自然权利而产生的，政治社会和政府的“首要目的”就是保护人们的财产。

自由放任主义十分关注财产权利保护、经济自由以及国家功能的发挥，主张市场在经济活动中的资源配置作用，限制政府的操控。在私有财产权、自由市场和政府对经济较少干预的基础上，个人具有生产、消费、市场交易等权利。自由经济思想是亚当·斯密整个经济学说的中心。他认为在商品经济中，每个人的目标是追求自身的利益。通过市场这只“看不见的手”的自发调节，个人为追求利益做出的选择，会使社会资源自然而然地获得最优配置。因而，他大力倡导经济自由、契约自由和竞争自由，主张社会经济运行应由市场来指导，而非国家干预；主张国家应采取自由放任政策，不干预经济生活和社会生活。他们的信念是管得越少的政府就是越好的政府。

然而，他们并不认为市场是万能的，在经济活动中国家也有其一席之地。不过，国家的作用仅在于建立并维护自由市场得以发挥作用的内外部环境。一是要保障契约的履行。个人之间、团体之间的一切商业往来所订立的各种契约，政府不必干预，但契约的履行却要国家来保证，通过强制力保证契约的权威性。二是自由竞争需要有一个和平国内环境，需要得到国家的支持。三是自由贸易需要国家拥有强大的军事力量，以保证获得一个自由竞争的海外市场。

总的来看，以自由主义为意识形态的资本主义国家的建立虽然解决了旧的生产关系的矛盾以及与之相应的阶级矛盾，即资产阶级与传统贵族阶级之间的矛盾，但产生了新的生产关系的矛盾。对古典自由主义带来的政治经济矛盾，马克思曾预言，资产阶级不得不以“夺取新的市场，更加彻底地利用旧的市场”[①] 来克服危机。而获得与控制海外市场的最有效方式是通过帝国主义手段争夺殖民地与势力范围。这样，帝国主义成为西方国家必然且顺理成章的选择。这种结果既改造了国家的政治经济秩序，也破坏了国际政治经济秩序。帝国主义一方面加强了发达工业国家之间政治

① 马克思、恩格斯：《共产党宣言》，人民出版社 2018 年版，第 33、34 页。

经济竞争，另一方面加剧了对殖民地的压迫与剥削。争夺市场的帝国主义扩张使帝国主义国家之间产生了难以调和的矛盾与冲突，最后导致世界大战。而世界大战催生了第一个社会主义国家，科学社会主义获得由理论到现实的飞跃，成为自由主义的主要挑战者之一。

### （三）现代自由主义

现代自由主义（Modern Liberalism）也被称为新型自由主义（New Liberalism）[①] 或社会自由主义（Social Liberalism）。19 世纪末以来，资本主义发展暴露了严重问题，阶级矛盾激化，社会运动高涨，资产阶级的统治面临着重大挑战。为了挽救社会危机，资产阶级必须采取实际措施改善工人的劳动条件和生活状况，提高劳动生产率，刺激资本主义生产发展。为此，资产阶级既要继续维护和发展个人自由，又要有效地应对工人阶级觉醒带来的挑战，而传统自由主义已无法适应这一时代需求。最早进行工业革命的英国最先促进了古典自由主义向现代自由主义的转变，托马斯·希尔·格林（Thomas Hill Green）是其中的主要代表。现代自由主义思想虽然仍以维护个人自由为核心，但其理论基础、政治主张，特别是对国家的态度与传统自由主义迥异。

第一，力求把个人自由与公共利益、个人自由与社会发展相统一。维护个人自由是自由主义的传统，但现代自由主义认为，过分强调个人主义的倾向是不足取的，一切个人都应当把自身置于社会这个统一体中。现代的个人自由，不只是个人安全与财产的自由，更是个人行为发展的自由。但个人自由的发展，不能与公共利益相悖。每个人都应当对国家、社会、其他社会成员承担必要的义务，为国家强盛、社会和谐、公共福利等作出自己的贡献。现代自由主义者摒弃了 19 世纪的功利主义原则，转而以道

① 在自由主义发展史上，曾出现过两种中文翻译为“新自由主义”的理论形态：一是 new liberalism，其主要特征是修正古典自由主义放任经济的倾向，强调国家在干预经济和实现社会正义方面的职能；二是 neo－liberalism，其理论特征是扬弃了 new liberalism 的国家理论，创造性地复兴古典主义关于经济自由的理论。参见李强：《自由主义》（第 3 版），东方出版社 2015 年版，第 103 页。

德理论作为自由思想的基础。格林认为，“人与其他动物的本质区别在于人有道德，人是一种道德的存在物”，“这是人具有自我意识、具有理性的结果”。个人只要不断运用自己的道德能力，总有一天会成为最高的道德者。这种道德至上是人们共有的善，“任何个人的自我满足与自我完善有赖于社会其他成员的发展与完善”，孤立的个人无法实现幸福。[①] 家庭、国家制度等都是道德要求的产物。

第二，反对传统自由主义的“消极国家”“警察国家”“最好的政府是管理最少的政府”原则，主张扩大国家干预经济和社会生活的作用。格林认为，“国家是一种道德力量，是人们实现道德的必要保障”。[②] 个人和国家通过“道德”紧密相连，国家要发挥作用，不仅应该为个人追求道德扫除各种障碍，还要为人们实现“共同的善”创造条件。这种国家干预是积极的，因为其目的是扫除不利于个人道德发展的障碍，不会削弱个人追求道德的自由，对维护个人自由是必要的。这种“积极国家”的构想最终在罗斯福“新政”中得到了展现。

第三，强调扩大公民的权利范围。现代自由主义者认为，国家权力的加强并不意味着政治和经济上的专制。为了使国家与个人相和谐，避免可能发生的任何专制，必须维护和扩大公民权利。由于自由的个人是现代社会的基础，个人自由应当在更广泛领域内得到体现。例如，美国总统富兰克林·德·罗斯福提出的“四大自由”（言论和表达自由、宗教信仰自由、免于匮乏的自由和免于恐惧的自由）便进一步丰富了现代自由主义的内容。

第四，提出了“积极自由”的概念。格林认为，积极自由是“一种积极的权力或能力，从而可以做某些事或享受某种值得享受的事，而这些事也是我们和其他人共同做或享受的事”。[③] 在他看来，古典自由主义强调的是一种仅仅不受法律限制的消极的自由。他认为，自由不仅是个人消极地不受国家或社会的压迫，更需要个人积极发挥能力去实现。他还指出，一个国家（政府）能关心公民福利并且积极作为，它就能有效地促

---

① 徐大同主编：《20 世纪西方政治思潮》，天津人民出版社 1991 年版，第 18 页。

② 同①，第 21 页。

③ 李强：《自由主义》（第 3 版），东方出版社 2015 年版，第 107、108 页。

进个人自由和社会自由，这样的国家（政府）就是理想的。罗斯福总统对此深为赞同："自由得以继续存在的唯一确实的屏障，就是一个坚强得足以保卫人民利益的政府，以及坚强而又充分了解情况足以对政府保持至高无上统治的人民。"①

现代自由主义的核心要义是改良，英国等欧洲国家的福利制度、美国罗斯福总统的"新政"，都是实践现代自由主义的典型。现代自由主义促使资本主义国家体制向福利国家转型，即国家在不同程度上都在干预经济生活，保障国民基本福利。不过，各国的内在经济组织形式不同，内部政治治理的形式迥异，对外互动的方式差别很大。

现代自由主义面对的是一个非常复杂的世界。先是席卷整个资本主义世界的1929—1933年经济大危机和大萧条；随后是法西斯主义兴起，向奉行现代自由主义的自由资本主义世界发起挑战，寻求重构世界体系，建立法西斯势力主导下的世界秩序；苏联社会主义经济建设取得的成就，特别是在资本主义世界经历着经济大危机和大萧条期间的表现，无形中给自由资本主义造成巨大压力；自由资本主义则要求维持其在世界的既得利益，即使以一定代价绥靖法西斯国家也在所不惜。在不同政治思潮对抗和冲突之下，20世纪30—40年代在国际层面上呈现出大动荡、大冲突的无序特征，引发了空前惨烈的第二次世界大战，结果法西斯主义失败，现代自由主义影响下的自由资本主义与苏联的社会主义一起成为胜利者。特别是后者，随着"二战"后一批国家走上社会主义道路，形成了以苏联为核心的社会主义阵营，对自由资本主义构成直接而严峻的挑战。

### （四）新自由主义

冷战结束前后，古典自由主义的再度勃兴，以新自由主义的面貌影响世界。新自由主义（Neo－Liberalism）又称新古典自由主义或者保守自由主义，兴起于20世纪中叶，并在70、80年代达到高峰，创造性地复兴了

---

① 〔美〕富兰克林·德·罗斯福：《罗斯福选集》，关在汉编译，商务印书馆1982年版，第181页。

古典自由主义关于经济自由的理论，弗里德利希·哈耶克（Friedrich Augustvon Hayek）、约翰·罗尔斯（John Bordley Rawls）等是新古典自由主义的杰出代表。

哈耶克1944年发表的《通往奴役的道路》揭开了自由主义复兴的序幕，之后发表的《自由秩序原理》和《法律、立法与自由》等著作进一步阐释了他的自由主义思想。哈耶克继承了古典自由主义关于“消极自由”的观点，认为自由是“一个人不受制于另一个或另一些人因专断意志而产生的强制的状态”，并强调个人必须拥有一个受保障的空间，这是个人的权利。同时，哈耶克也认识到这种完全不受制约的状态在现实生活中是不可能实现的，因此他强调自由的状态乃是“在此状态中，一些人对另一些人所施以的强制（coercion），在社会中被减至最小可能之限度”。① 他指出，一个实行自由主义制度、市场经济与法治的社会是良好的社会，一个有效地限制国家对个人权利干预的国家机构，将是和平的一个最好的保障。另外，哈耶克将英国式自由主义和法国式自由主义作了区分，认为英式自由主义是经验主义的，相信渐进的改革和社会自发秩序，注重法治；而法式自由主义是理性的，以建构理性为基础，社会和文化是人为设计的，强调人们可以重组社会结构。② 他对建构理性主义，即法式自由主义进行了批判，指出理性主义最终会导致反自由主义的结果。

罗尔斯的主要贡献是提出了以“正义原则”为基础的自由主义思想。他认为“正义是社会制度的首要价值，正像真理是思想体系的首要价值一样”③，“正义的主要问题是社会的基本结构，或更准确地说，是社会主要制度分配基本权利和义务，决定由社会合作产生的利益之划分的方式。所谓主要制度，我的理解是政治结构和主要的经济和社会安排”。④ 因此，罗尔斯的正义主要涉及对利益的分配，是一种关于分配的正义。⑤ 他将正

① 〔英〕弗里德利希·哈耶克：《自由秩序原理》（上），邓正来译，生活·读书·新知三联书店1997年版，第4页。

② 参见李强：《自由主义》（第3版），东方出版社2015年版。

③ 〔美〕约翰·罗尔斯：《正义论》，何怀宏等译，中国社会科学出版社1988年版，第1页。

④ 同③，第5页。

⑤ 参见俞可平：《社群主义》（第3版），东方出版社2015年版。

义分为适用于社会基本结构和适用于个人的两种类型，给出了正义观的两个原则，即平等自由原则以及机会的公正平等和差别原则。平等自由原则是第一个正义原则，主要是处理公民政治权利方面的问题，“每个人对与其他人所拥有的最广泛的基本自由体系相容的类似自由体系都应有一种平等的权利”。机会的公正平等与差别原则是第二个正义原则，主要是处理公民社会与经济利益，意指在强调平等自由优先的同时调节社会和经济的不平等。①

新自由主义经过数年发展，学派林立，思想、理论体系庞杂，就当前英美新自由主义主流学派而言，其主要观点可归结为以下几个方面：首先在经济理论方面，新自由主义继承了资产阶级古典自由主义的自由经营、自由贸易等思想，并走向极端，大力宣扬“自由化”、“私有化”和“市场化”；其次在政治理论方面，新自由主义强调“三个否定”，即否定公有制、否定社会主义和否定国家干预；最后在战略和政策方面，新自由主义着力强调推行以超级大国为主导的全球经济、政治、文化一体化，即全球资本主义化。20 世纪 90 年代形成并扩散的“华盛顿共识”就是其在战略和政策领域的具体表现，之后新自由主义更成为国际垄断资本向全球扩张及其制度安排的理论依据。②

在新自由主义盛行的背景下，在世界政治领域出现了同新自由主义一脉相承的理论，最有代表性的是“民主和平论”和“历史终结论”。这两个理论的核心思想都是推进民主。而且，这些基于自由主义思想的推进民主主张不仅仅停留在理论层面，而是转化为政策实践。冷战结束后几乎美国历届政府都将推广西方民主、自由等所谓的“普世价值”作为外交政策一项重要内容，只有特朗普政府是例外。无论是克林顿政府的“参与和扩展”战略，还是小布什政府的“大中东民主计划”均是如此，奥巴马政府更是将“在国内和全世界尊重普世价值观”作为美国四项持久国家利益之一。拜登政府在这方面纠正了特朗普政府一度的走偏，回归了

---

① 参见〔美〕约翰·罗尔斯：《正义论》，何怀宏等译，中国社会科学出版社 1988 年版。

② 参见中国社会科学院“新自由主义研究”课题组：《新自由主义研究》，《马克思主义研究》2003 年第 6 期。

“主流正统”。

“民主和平论”是冷战结束后风行西方世界的国家关系理论之一，其渊源可以追溯到18世纪伊曼努尔·康德（Immanuel Kant）关于自由主义国家联合起来建立“永久和平”世界的设想。他认为，由于共和制国家比其他政体更乐意接受一个和平的、有约束力的国际法，因此它们更为和平，并强化建立在自由国家联盟之上的国际法则。1983年，美国学者迈克尔·W. 多伊尔（Michael W. Doyle）在《康德、共和政体的遗产和外交事务》一文中正式提出并系统阐述了“一个自由民主国家同另一个自由民主国家从不打仗”的命题，被学术界认为是“民主和平论”的创始人。不过，在20世纪90年代以前，“民主和平论”的影响不大。进入90年代以后，这一理论开始引起关注，并影响到政府的政策。1994年，克林顿总统在国情咨文中表示，“维护美国安全、建立持久和平最好的战略就是支持各地的民主发展。民主国家不会互相攻击，他们形成更好的贸易伙伴与外交伙伴”。[①] 当然，这一理论也引发了不少争论。1996年，迈克尔·布朗（Michael Brown）等将讨论“民主和平论”的文章汇编成书，以《对民主和平的辩论》（*Debating the Democratic Peace*）为题出版。

“民主和平论”的主要观点包括：（1）民主国家之间不会发生战争。“民主国家”虽然存在着许多利益冲突，但它们之间很少（或从不）发生战争，因为它们认为武力不是解决矛盾冲突的合适方式。之所以如此，主要在于两方面因素：从制度上讲是因为民主政治制度的约束，即国内政治机构的平衡和公共舆论的监督；从规范和文化上讲是因为民主国家拥有共同的民主规范和民主文化，它们之间能相互尊重、相互合作、相互妥协。（2）转型中的民主化国家发生战争的可能性大。爱德华·D. 曼斯菲尔德（Edward D. Mansfield）与杰克·斯奈德（Jack Snyder）在《民主化与战争》一文中将国家分为五种类型，即民主型（democracy）、专制型（autocracy）、混合型（mixed regime）、由专制型向民主型过渡（autocracy

① William J. Clinton, “Address Before a Joint Session of the Congress on the State of the Union,” January 25, 1994, http://www.presidency.ucsb.edu/ws/index.php?pid=50409.

to democracy）和由混合型向民主型过渡（mixed regime to democracy）。他们通过对过去200年政权类别与战争关系的统计分析得出结论，两种向民主过渡型国家最倾向于同他国进行战争，而民主型、专制型和混合型国家则较少倾向于战争。[①] 2002年，他们在《民主转型、制度力量与战争》一文中进一步强调了上述观点，指出转型民主国家“往往是战争的发起者……向民主制转型比转向专制更可能产生敌意”。[②]（3）“民主国家”不回避与“非民主国家”之间的战争。民主规范对民主国家有制约作用，民主国家愿意用说理、妥协等和平方式来解决彼此的矛盾和冲突，并且认为其他民主国家也是如此。即使一个民主国家先作出忍让，它认为也是值得的。但这样的规范在民主国家和非民主国家之间并不发挥作用，民主国家不再“克制”，甚至会采取严厉的方式（如军事打击等）解决与非民主国家之间的矛盾与冲突，“在与非自由国家打交道时，自由国家同其他任何形式的政体和社会一样，都是进攻性的、好战的”。[③]

表面上看，“民主和平论”存在某些合理的因素，如经验证据表明“二战”后民主国家之间未发生过战争、民主国家内部存在权力制约与平衡机制等。但“民主和平论”存在重大矛盾与缺陷，如认为民主国家在与非民主国家交往时同样有进行战争的倾向，这与其所宣扬的民主国家在战争问题上能够“自律”的判断相悖。“民主和平论”认为，基于国内政治对一国对外关系的重要性，要从国家“民主化”着手，才能达到国际政治的和平状态。因而，对外扩展民主便成为实现永久和平的必要条件，这实际上为霸权主义、干涉主义提供了理论支持。

冷战结束后，西方的一些政治家和理论家沉浸于对冷战胜利的喜悦之中，他们宣称全球资本主义的新时代已经到来。其中，日裔美国学者弗朗西斯·福山（Francis Fukuyama）关于资本主义自由经济和自由民主制度

---

① Edward D. Mansfield and Jack Snyder, “Democratization and War,” *Foreign Affairs*, May/June 1995, pp. 79 – 81.

② Edward D. Mansfield and Jack Snyder, “Democratic Transitions, Institutional Strength, and War,” *International Organization*, Vol. 56, No. 2 (Spring, 2002), p. 298.

③ 〔美〕罗伯特·J. 阿特、〔美〕罗伯特·杰维斯编：《政治的细节》，陈积敏等译，世界图书出版公司2013年版，第91页。

的“历史终结论”最引人瞩目。福山主要关注和探讨的是“20 世纪 80 年代后自由民主制度在全世界范围涌现的合法性”问题。他认为：“20 世纪的最后 25 年中，最值得注意的发展是，世界上不论是军事的右翼威权主义或各种形式的左翼极权主义这些看来很强固的独裁体制，都在核心部分显露其最脆弱的一面。拉丁美洲和东欧、苏联、中东与亚洲，强固的政府都在这二十年间动摇了。当然，并不是全由安定的自由民主所取代，可是自由民主目前已及于全球的不同地区与文化，成为唯一一贯的政治憧憬对象。”① 在此基础上，福山提出：“自由民主可能形成‘人类意识形态进步的终点’与‘人类统治的最后形态’，也构成‘历史的终结’。”②

为了避免资本主义经济社会现实对其“历史终结论”的理论概括和历史抽象的消解，福山还特别强调了“历史终结论”的三重规定：一是历史的终结将是自由市场经济和自由民主制度的相伴而行。正是在经济学范畴中的自由原则——自由市场在全球普及的基础上，福山窥探了自由民主制度复兴的希望和全球政治自由化的进程。二是历史的终结并不是指具体的历史事件而言，而“是指构成历史的最基本的原则和制度不可能再进步了”。三是历史终结论奠基于一种一贯的历史进步观念，把历史作为“唯一的、连续的、不断变化的过程”，黑格尔和马克思都有类似的历史进步观点，他们都相信“人类社会的进化不是无限连续的，而是在人类完成一个社会形态，一旦这个社会形态会满足最深又最基本的憧憬时，就会终结”。换言之，他们都设定了一个“历史的终结”，黑格尔将终结定位于一种自由的国家形态，而马克思则把它确定为共产主义社会。③

显然，福山继承了“民主和平论”的思想。按照他的逻辑，将来人类都实现自由民主之后，世界和平就有了可靠保障，因为“自由民主会把希望自己国家被认为比其他国家优秀的合理欲望，改变为希望被认为与其他国家平等的合理欲望。在自由民主构成的世界中，因为所有国家都互

---

① 〔美〕弗兰西斯·福山：《历史的终结》，远方出版社 1988 年版，第 4 页。

② 同①，第 1 页。

③ 同①，第 2 页。

相承认对方的正统性，引发战争的原因才减少”。[①] 福山用“历史终结论”否定了共产主义作为人类社会最高形态的地位，具有明显的反共主义特征。同时，如“民主和平论”一样，“历史终结论”也为西方国家推行意识形态外交，大行干涉主义、霸权主义提供了有力的理论依据，而其结果必然也会造成世界的混乱与动荡。

在新自由主义思潮影响下，国家间的互动与交往模式也发生了相应的变化。最为突出的表现是在经济上，几乎所有国家都加入了统一的世界市场，按自由市场的原则进行经济活动，国家之间的交往在更有助于商品、资本、技术等要素自由流动的制度环境下进行，经济全球化迅速发展。

新自由主义影响下的世界政治也发生了新变化，呈现出新的面貌。美国一家独大的世界政治格局为其在世界范围内推广新自由主义提供了条件。新自由主义实际上成了美国霸权战略的指导思想和理论工具。美国一方面利用新自由主义来改造非西方世界，另一方面努力打造以新自由主义理念为内核的自由主义世界秩序。

不过，同以往的自由主义流派一样，新自由主义的两面性也十分明显。新自由主义在取得财富巨大增长的同时，也不断地遭遇经济、政治和国际交往的危机。不断发生的金融危机、世界性的贫富分化、反全球化浪潮、民粹主义再起，以及新自由主义思潮改造世界的运动所促成的政治动荡、极端主义、恐怖主义和难民大潮等，使新自由主义陷入一轮又一轮的危机。特别是美国试图借助新自由主义的精神力量来推行霸权战略，打造单极世界格局和霸权秩序，严重背离世界政治的发展方向，已经成为当代世界政治的最大不稳定因素之一。新自由主义面临新的困境。

## 三、应运而生的人类命运共同体思想

不同的政治思潮影响着资本主义国家和社会主义国家走上了不同的发

① 〔美〕弗兰西斯·福山：《历史的终结》，远方出版社 1988 年版，第 11 页。

展道路，也塑造了如今“两制”并存、矛盾且共同发展的局面。受自由主义的影响，资本主义国家率先开始了现代化探索的道路，并创造了巨大的物质财富和精神文明积淀。以中国为代表的社会主义国家，受马克思主义（科学社会主义）思潮的影响，走上了不同的国家发展道路，开辟了人类文明的新形态。人类命运共同体思想是习近平新时代中国特色社会主义思想的重要内容之一，是马克思主义中国化的重要成果，是为回答和解决“建设一个什么样的世界、如何建设这个世界”等关乎人类前途命运的重大课题而贡献的中国方案和中国智慧。人类命运共同体超越了“两制”之间的主义之争、制度之争，超越了各种民族和国家之间的文明对立和思潮冲突，旨在从全人类的整体利益和前途命运的高度来引导国际社会共同努力，构建一个更加美好的世界。世界政治思潮是多样性的，根植于文明的多元化和多样性发展；世界政治思潮的未来应当是统一的，统一于全人类共同价值、共同利益和共同命运。在自由主义面临困境，已经不能适应世界政治新变化的今天，人类命运共同体思想应运而生。中国提出的人类命运共同体思想既是当今世界的重要政治思潮之一，也极有可能是未来统一的世界政治思潮的主要代表。

### （一）人类命运共同体的形态标定

所谓“共同体”，从广义上讲，就是“人们在共同条件下结成的集体”①。在人类生活的不同层面、不同领域、不同范围，都会形成各种各样的共同体。家庭、政党、社团、国家、国际组织、宗教、企业、机关、学校，等等，只要是由个体所结成的集体，就可以算作共同体。个体与集

---

① 中国社会科学院语言研究所词典编辑室编：《现代汉语词典》，商务印书馆 2002 年版，第687 页。“共同体”对应的英文词是 Community。《韦氏新大学辞典》将“共同体”定义为“个体联合形成的统一体”，并且给出来六种具体形态：一是国家、联邦；二是居住在特定区域内具有共同利益的人，广义上指这个区域本身；三是一个共同场所中不同种类的个体（如物种）相互作用形成的群体；四是在一个更大的社会范围内居住在一起的具有相同特点或兴趣的一群人；五是由相同的政策联系在一起的群体；六是有相同历史或相同社会、经济、政治利益的一群人或一些国家，分散在一个更大的社会范围内具有相同兴趣尤其是专业兴趣的一群人。See：*Webster's New Collegiate Dictionary*（eighth），G. &C. Merriam Company，Springfield，Massachusetts，U. S. A.，1980，p226.

体构成了共同体的两个最基本要素，个体性与整体性的统一也就是共同体的最基本特征。从个体与集体的关系考察，共同体又可以分为三类：第一类是由个体组成的这个集体已经有了组织形态和权力关系，已经成为更大范围共同体的个体，这种共同体已经有了自己特有的名称。比如国家，它是由本国人民组成的共同体，有非常完备的组织架构和权力关系，而且是构成国际社会的最主要个体形态。第二类是由个体组成的这个集体虽然有组织形态，但是这个集体组织的权力很小，对个体的约束力非常有限，比如作为欧洲联盟前身的欧洲经济共同体、由大约130个实行西方宪政民主体制国家组成的“民主共同体”，它们基本都使用“共同体”这个名称。第三类是由个体组成的这个集体没有形成组织形态和权力关系，马克思所设想的“真正的共同体”就属于这一类，人类命运共同体也如此。这类可以称为狭义的共同体。

历史与现实中的共同体五花八门，有根据不同范围或场域而形成的共同体，比如亚洲命运共同体、中华民族共同体等，也有根据不同领域或问题域而形成的共同体，如安全共同体、经济共同体、政治共同体、生态共同体等。北约就是一个安全共同体，欧洲共同体是经济共同体，“民主共同体”则是一个政治共同体。人类命运共同体是着眼于全人类，是人类社会最高层次、最广范围的共同体；人类命运共同体不是着眼于某一领域，也不是着眼于一般的人类问题，而是人类的前途命运以及与之密切相关的带根本性的共同利益。

观照整个人类的共同体思想有许多，几大宗教以及中国的儒家思想等都可以说有观照整个人类前途命运的思想。近代以来，比较有影响的人类共同体思想有两种：一种是马克思的，另一种是西方的。马克思在批判、否定资产阶级国家这个“虚幻的共同体”的基础上，提出未来人类社会将实现“自由人联合体”，即“真正的共同体”。[①] 那时，国家将消亡。西方的人类共同体思想，代表人物和著作是威廉·麦克尼尔的《西方的

① 王公龙：《人类命运共同体思想对马克思共同体思想的创新与重构》，《上海行政学院学报》2017年第9期；另，马俊峰著《马克思社会共同体理论研究》（中国社会科学出版社2011年版）非常系统、详尽地探讨了马克思的共同体思想。

兴起：人类共同体史》。作者从全球的视角考察了整个人类文明史，最后得出在主权国家基础上走向世界主义的结论。人类的未来“就是世界范围内的世界主义的最终建立”。不过，麦克尼尔的人类共同体属于自由主义思想体系，带有“西方中心论”的寓意。他断言，“未来的世界主义一定会带有西方烙印。至少在最初阶段，任何世界性国家都将会成为西方的一个帝国。即使非西方人掌握全球范围政治军事当局的最高控制权，也只会出现这样的局面。他们只能通过宣扬这样或那样的民主政治信仰来利用工业化、科学和减少公共权力这些西方最早的特征”。[①] 比较起来，这两种共同体都属于第三类共同体，即没有组织形态和权力关系的共同体；它们的区别在于，马克思的“真正的共同体”是应然的，理想成分更多一些，麦克尼尔的人类共同体一定程度上已经存在，至少正是目前西方极力推进的。人类命运共同体思想集已有人类共同体思想之大成，立足于主权国家构成的无政府国际社会这个基础，但是摈弃了西方中心论。习近平指出：“人类命运共同体，顾名思义，就是每个民族、每个国家的前途命运都紧密联系在一起，应该风雨同舟，荣辱与共，努力把我们生于斯、长于斯的这个星球建成一个和睦的大家庭，把世界各国人民对美好生活的向往变成现实。”[②] 从思想体系和对整个人类前途命运的关注来看，人类命运共同体思想与马克思的人类共同体思想一脉相承，是结合时代特征和社会主义运动现实对马克思人类共同体思想的发展、创新。

### （二）人类命运共同体的基本特征

虽然人类命运共同体与马克思设想的“真正的共同体”在形态上相同，在价值取向上一致，人类命运共同体的构建必将促进“真正的共同体”的实现，但是，同“真正的共同体”相对照，人类命运共同体有着鲜明的特征。

---

① 〔美〕威廉·麦克尼尔：《西方的兴起：人类共同体史》，孙岳等译，中信出版社 2018 年版，第 830 页。

② 习近平：《携手建设更加美好的世界——在中国共产党与世界政党高层对话会上的主旨讲话》，《人民日报》2017 年 12 月 2 日。

1. 既是实然的又是应然的事物

人类命运共同体既是实然的（地球村式），也是应然的（大家庭式）。说是实然的，就是因为在当今时代，人类已经命运与共。习近平指出："当今世界，人类生活在不同文化、种族、肤色、宗教和不同社会制度所组成的世界里"；但是，"这个世界，各国相互联系、相互依存的程度空前加深，人类生活在同一个地球村里，生活在历史和现实交汇的同一个时空里，越来越成为你中有我、我中有你的命运共同体"。[①] 这个已经存在着的人类命运共同体就如同一个村庄，村民们相互之间都有这样那样的联系，低头不见抬头见，面对重大危机、威胁、挑战，任何一个村民都不可能独善其身，也没有谁可以独自应对这些问题，他们已经命运与共。尤其是在国际关系层面，"当今国家间关系已不是'共存'和低层次的'合作'所能概括，各主权国家被共同的利益和价值联结成一体，构成了一个全球层面的国际共同体，这可以说是国际社会的一个新发展阶段"。[②]

说是应然的，就是已经存在的这个人类命运共同体，基础很不牢固，"体"还非常虚弱，人类很有可能因为不同人群之间，特别是国与国之间的恶斗而遭受噩运，并使这个共同体瓦解。这就如同一个村庄中的村民，总会有某种家族之间的利益冲突甚至仇恨，对仇家的坏事可能幸灾乐祸，而对仇家的好事则心怀妒意。因此，这个实然的人类命运共同体还需要整个人类共同努力去建设、加固、强化，使之成为大家庭式的共同体。在大家庭内，各成员之间的关系更为紧密，兄弟姐妹之间虽然也会有各种分歧、矛盾，但往往会服从大家庭这个整体。现存人类命运共同体之所以基础不牢，主要原因就在于共同体成员对人类共同命运和整体性的认知度不够，一些国家、民族、政治势力等将本位利益置于人类整体利益之上。实际上，随着全球化的演进和全球治理的推进，人类的整体利益和整体性已经越来越明显。

---

① 《习近平谈治国理政》，外文出版社 2014 年版，第 261、272 页。

② 张辉：《人类命运共同体：国际法社会基础理论的当代发展》，《中国社会科学》2018 年第 5 期。

2. 主权国家是基本行为主体

虽然人类命运共同体的行为主体有很多，只要是人类社会存在着的行为体都是人类命运共同体的主体和组成单位，但在主权国家时代，国家的地位与作用仍是不可替代的。没有国家的参与，没有国家之间的合作，人类命运共同体就不可能构建成功。习近平在阐述“地球村式”的人类命运共同体时强调，“各国相互联系、相互依存的程度空前加深”；他还经常将构建新型国际关系与构建人类命运共同体相提并论。这表明，国与国之间的关系是构建人类命运共同体过程中不可回避的关键因素。虽然构建人类命运共同体需要从政治、安全、发展、文明、生态这五个方面同时努力，但政治方面是最为根本的，它要解决的是国与国之间的关系，即国际关系。没有良好的国际关系，人类社会在安全、发展、文明、生态等方面的合作都不可能顺利推进。因此，构建人类命运共同体必须以构建新型国际关系相伴随。从某种程度上说，构建相互尊重、公平正义、合作共赢的新型国际关系是构建人类命运共同体的基础工程和最为根本的途径。

3. 在国内社会层面私有制仍广泛并长期存在

马克思恩格斯设想的“真正的共同体”将消灭私有制，但是他们认为这种消灭是需要条件的。马克思指出：“无论哪一个社会形态，在它所容纳的全部生产力发挥出来以前，是决不会灭亡的；而新的更高的生产关系，在它的物质存在条件在旧社会的胎胞里成熟以前，是决不会出现的。”① 这个重要思想，“对于人们正确认识人类社会的历史变革，尤其是认识社会主义代替资本主义的历史进程，留下了深刻的启示”。② 从社会主义国家诞生后的百年历程来看，公有制最终取代私有制需要相当长的时间，而且还伴随着两者之间关系的极为复杂的变化。中国共产党将“社会主义初级阶段”认定为“在原本经济文化落后的中国建设社会主义现代化不可逾越的历史阶段，需要上百年时间”，并且写入党章，表明它对私有制的状况有着清醒的认识。

---

① 《马克思恩格斯文集》第 2 卷，人民出版社 2009 年版，第 592 页。

② 秦刚：《马克思对社会主义的科学论证》，《中共中央党校学报》2018 年 5 期。

### （三）共同命运是人类命运共同体的核心要义

在现实世界基础上构建人类命运共同体，必须找到能够让各国克服利益矛盾而真诚合作的共性因子。这个共性因子就是人类共同命运。在共同命运面前，所有国家之间的利益矛盾都会退居次要地位。人类的共同命运是随着人类整体性的逐渐形成而不断显现出来的。

1. 人类整体性是人类共同命运的基石

凡是共同体都是整体性与个体性、统一性和多样性的统一。不过，“从哲学的角度看，一切共同体都有着统一性的追求”。[①] 对于那些组织形态、权力关系明确的共同体来说，共同体的整体性已经得到充分展示，这种共同体如果说还需要建设的话，其方向与主要任务就是调整共同体内个体与集体之间的权力关系。而对没有组织形态和权力关系的共同体来说，构建共同体的方向与主要任务是强化对其整体性的认知。在没有权力关系约束的条件下，如果缺乏对共同体整体性的认识，共同体就很容易因为共同体内部成员之间的冲突、斗争而分崩离析。在人类历史上，出现过许多国家、政党、国际组织等有明确权力关系的共同体解体的剧目，更不用说没有权力关系的共同体了。

人类整体性是伴随着全球化及全球治理而不断被认知的。在全球化进程开启即地理大发现之前，人类分居在各洲及各区域，虽然欧亚大陆及非洲部分地区的民族、国家之间有交流、融合，也有冲突、战争，但是它们与美洲、澳洲却是处于相互隔绝状态，作为一个整体的“地球”还未被普遍认知。全球化开启后，人们才认识到，所有的人类，无论身居何地，有何肤色，生活方式以及语言、文化、信仰怎样，都是地球人，都是地球村的成员。既然都为人类，就有共性。以色列学者赫拉利认为，今天几乎所有人类都接受以主权国家为基础的地缘政治体系；都使用以市场经济为基础的经济制度；都采用相近的法律制度，特别是都承认国际法；接受同

① 张康之、张乾友：《共同体的进化》，中国社会科学出版社 2012 年版，第 10 页。

样的科学体系。[①] 实际上，人类的共性还不只这些。在思想观念层面，人类的价值取向是有共性的。比如，人们出于生存和发展的需求，都要不断改进生产工具，进而改进生产方式。这就是进步。如果将进步视为一种价值，那么它就是一种人类共同价值。假设某个种族、民族，不追求进步，安于现状，或追求落后，那么它肯定不会兴旺发达，甚至难以存在下去，早就被开除球籍了。在人类几千年文明史中，肯定有一些种族、民族因不思进取、不求进步而被淘汰掉。那些有生命力的文明之所以能存续千百年而不衰，皆因为承载这种文明的民族都积极进取，不断进步。

随着人类社会的发展，人类共性越来越多。就拿当下来说，世界绝大多数国家和人民都追求发展、和平、绿色，都反对恐怖主义，反对有可能将人类引入核灾难的核扩散，等等。与人类共性密切相关，人类的整体性也逐渐显现。比如核灾难，如果说常规战争的结果通常都是有输有赢的零和博弈的话，那么核战争就是两败俱亡的负和博弈，甚至没有参与战争的人类其他部分也都被迫一起毁灭。再如气候变化，如果任由气候变暖而不加以抑制，人类就很可能遭遇《圣经》中所描述的洪水滔天的灭顶之灾。在这些面向整个人类的灾难面前，主权国家的利益已经显得微不足道，甚至主权已经变得没有意义。人类整体性的凸显为人类命运共同体的构建奠定了坚实的基础。

2. 命运相互依赖升华人类整体性

人类整体性随着全球化的演进而不断加强，这中间的一个重要传导机制就是相互依赖。全球化导致世界各国越来越相互依赖，当国家间的相互依赖达到与损俱损、与荣俱荣的地步时，人类的整体性就凸显出来了。

不过，由全球化所带来的相互依赖是由浅到深、由狭到广的过程。马克思恩格斯在《共产党宣言》中深刻剖析了世界市场形成后的相互依赖状况："一切国家的生产和消费都成为世界性的了"，"过去那种地方的和民族的自给自足和闭关自守状态，被各民族的各方面的互相往来和各方面

① 参见〔以〕尤瓦尔·赫拉利：《人类简史：从动物到上帝》，林俊宏译，中信出版社2014年版。

的互相依赖所代替了。物质的生产是如此，精神的生产也是如此。”[①] 不过，在他们那个年代，相互依赖主要存在于经济领域以及一定程度的文化领域。这种相互依赖还是比较单一的、浅层次的，存在着罗伯特·基欧汉和约瑟夫·奈所说的敏感性和脆弱性。两次世界大战的发生证明国家之间的经济相互依赖并不能抵消它们在安全、军事、战略上的利益冲突。

到了20世纪下半叶，随着全球化的演进，国家间的相互依赖已经远远超出经济和文化层面。基欧汉和奈试图用复合相互依赖这个概念来解释这种状况。他们认为：国家之间不仅存在着经济及文化相互依赖，还有生态、军事安全、政治社会、战略等层面的相互依赖。复合相互依赖有三个基本特征：一是“各社会之间的多渠道联系”；二是“国家间关系的议程包括许多没有明确或固定等级之分的问题”，这就意味着“军事安全并非始终是国家间关系的首要问题”；三是“当复合相互依赖普遍存在时，一国政府不在本地区内或在某些问题上对他国政府运用武力”。[②] 不过，这两位自由制度主义国际关系理论的奠基人对相互依赖的认识还是存在缺陷，没有反映出当今世界的相互依赖程度。他们特别指出：“即使相互关系近乎复合相互依赖的状态”，“剧烈的政治和社会变革，可能导致武力重新成为直接的重要政策”。[③] 实际上，当今时代，各国之间，特别是核大国之间的相互依赖度已经达到不允许将“武力重新成为直接的重要政策”的地步，因为人类的整体性所蕴涵的相互依赖度已经远远超越了复合相互依赖概念所涵盖的那些领域。

人类命运共同体概念中已经蕴涵着当今时代人类相互依赖的程度和特征，这就是“命运”二字。可以将这种相互依赖称作“命运相互依赖”。如果说复合相互依赖理论所反映的相互依赖还没有将各国的命运紧密联系在一起的话，那么人类命运共同体所蕴涵的命运相互依赖则已经将相互依赖升华到这样一种高度，即人类已经是一个你中有我、我中有你、荣辱与

---

① 马克思、恩格斯：《共产党宣言》，人民出版社2018年版，第31页。

② 〔美〕罗伯特·基欧汉、〔美〕约瑟夫·奈：《权力与相互依赖》，门洪华译，北京大学出版社2012年版，第23、24页。

③ 同②，第27页。

共的大家庭。“世界各国人民都生活在同一片蓝天下、拥有同一个家园，应该是一家人。”[①] 在这个大家庭中，各成员是命运相关、荣辱与共的，任何一个成员遇难，其他人都会痛苦，同样，任何一个成员获福，其他人都跟着快乐；各成员间会有分歧、有矛盾，但不应存在零和游戏，更没有理由因为利益之争而毁灭整个家庭。正如习近平在谈中美关系时所说的："我们有一千条理由把中美关系搞好，没有一条理由把中美关系搞坏"，“合作是中美两国唯一正确的选择。”[②] 中美关系之所以没有理由搞坏，就是因为不仅两国已经命运与共，成为命运共同体，而且两国作为当今世界最重要的国家，两国的命运直接关系到人类的命运。命运相互依赖使已有的人类整体性得到升华。如果说基于一般相互依赖和复合相互依赖的国家间关系特别是大国关系还存在着对抗空间，它们之间的相互依赖关系还是可逆的话，那么基于命运相互依赖的国家间关系特别是大国关系则使总体上的对抗的空间归零，它们之间的相互依赖关系总体上是不可逆的，尽管在某些领域会有退步。

### （四）人类命运共同体在“世界历史”进程中的方位

“世界历史”理论是马克思恩格斯世界政治思想的核心内容，是马克思恩格斯运用唯物史观分析世界政治经济而形成的一系列思想观点。“世界历史”理论的核心内容有两方面：一是“世界历史”的内涵、形成过程与动力，二是无产阶级革命与“世界历史”的关系。

马克思恩格斯认为，19 世纪出现的大工业“首次开创了世界历史，因为它使每个文明国家以及这些国家中的每一个人的需要的满足都依赖于整个世界，因为它消灭了各国以往自然形成的闭关自守的状态”[③]，“使一切国家的生产和消费都成为世界性的了”[④]。在马克思恩格斯看来：第一，

---

① 中共中央党史和文献研究院编：《十九大以来重要文献选编》（上），中央文献出版社 2019 年版，第 109 页。

② 《习近平谈治国理政》第 2 卷，外文出版社 2017 年版，第 488 页。

③ 《马克思恩格斯选集》第 1 卷，人民出版社 1995 年版，第 114 页。

④ 马克思、恩格斯：《共产党宣言》，人民出版社 2018 年版，第 31 页。

“世界历史”不是一般意义上的“世界通史”，也不同于古代某个区域的世界历史，[①] 而是指由大工业开创的历史。也就是说，大工业使得世界各个区域、民族变成了一个整体，人类历史由各个民族、文明相互孤立发展的历史转变成了“世界历史”。第二，“世界历史”是由大工业开创的，而大工业又是由资产阶级推动的，所以“世界历史”是与“资产阶级时代”紧密相关的。在“世界历史”中，资产阶级“按照自己的面貌为自己创造出一个世界”。[②] 第三，人类历史进入“世界历史”阶段是一大进步，所以“资产阶级在历史上曾经起过非常革命的作用。”[③]

马克思恩格斯提出“世界历史”理论，并不是为了给“资产阶级时代”唱赞歌，尽管他们肯定其历史地位。提出“世界历史”理论，目的是为无产阶级革命寻找理论依据。在他们看来，由资产阶级推动的大工业所开创的“世界历史”，最终要发展到共产主义，“资产阶级时代”要被“无产阶级时代”取代。也就是说，共产主义具有“世界历史性”。马克思恩格斯指出：“无产阶级只有在世界历史意义上才能存在，就像共产主义——它的事业——只有作为‘世界历史性的’存在才有可能实现一样。而各个人的世界历史性的存在，也就是与世界历史直接相联系的各个人的存在。”“每一个单个人的解放的程度是与历史完全转变为世界历史的程度一致的。”[④] 马克思恩格斯论述所蕴含的意思就是：共产主义是“世界历史”发展的更高级阶段，是克服了资本主义社会各种弊病的更先进的社会，而不是脱离了“世界历史”进程的社会，更不是与“世界历史”进程逆向发展的社会。马克思恩格斯在《共产党宣言》中所批判的各种“反动的社会主义”，诸如“封建的社会主义”“小资产阶级的社会主义”“德国的或‘真正的’的社会主义”，试图使人类社会退回到前资本主义时代，是逆“世界历史”发展方向的，因此是“反动的”。

---

① 古希腊历史学家修昔底德就使用了“世界历史”和“全人类历史”这样的词语（《伯罗奔尼撒战争史》，广西师范大学出版社 2004 年版），不过他心目中的“世界”和“全人类”肯定局限于他的认识水平，与地理大发现之后的世界、全人类有明显区别。

② 马克思、恩格斯：《共产党宣言》，人民出版社 2018 年版，第 32 页。

③ 同②，第 30 页。

④ 《马克思恩格斯选集》第 1 卷，人民出版社 1995 年版，第 87、89 页。

在马克思恩格斯的思想中，作为共产主义初级阶段的社会主义社会应当产生于发达资本主义社会基础之上，然而历史演进的现实却是：社会主义社会首先出现在经济相对落后的“东方”国家，先是俄国，后是中国等十多个国家，于是导致社会主义与资本主义这两种制度长期并存，并且一度尖锐对抗。“世界历史”不是截然分成资产阶级时代和无产阶级时代，而是从1917年后两种制度并存、博弈并且直到目前资本主义仍然占优势地位。[①] 如果说在“世界历史”这个“大时代”中，社会主义取代资本主义是贯穿始终的一个大主题的话，那么在社会主义与资本主义并存、博弈的不同阶段，又存在着若干“小时代”以及与之适应的主题。从1917年俄国十月革命到20世纪60—70年代，是“战争与革命”时代，也就是列宁所说的帝国主义战争与无产阶级革命时代；[②] 之后，进入“和平与发展”时代，求和平、谋发展，成了包括社会主义国家和资本主义国家在内的世界绝大多数国家人民的愿望。虽然资本主义与社会主义之间的矛盾并未消除，但是两种制度国家在和平与发展这两大主题上展开了广泛而深入的合作，并且形成巨大共同利益。与此同时，两种制度国家都面临着诸如核扩散、恐怖主义、气候变化、网络安全等超越政治制度和阶级对立的挑战与威胁，它们需要携手推进全球治理。这种态势需要两种制度国家用新的理念来处理相互之间的关系，共同推进国际关系现代化和人类文明进步。

总之，“世界历史”进程虽然并未脱离马克思恩格斯所设想的社会主义取代资本主义的大方向，但是展现出异常复杂的景象，社会主义与资本主义两种制度并存将持续相当长时间。两种制度国家都将现代化作为价值

---

① “世界历史”可以分成三个阶段：资本主义一统天下阶段，即资产阶级时代；资本主义与社会主义两种制度并存阶段；社会主义、共产主义一统天下阶段，即无产阶级时代。

② 按照列宁的论述，“战争与革命”时代开始得更早，至少是1914年第一次世界大战爆发。列宁指出：“帝国主义战争客观上必然要异常加速和空前加剧无产阶级反对资产阶级的阶级斗争，必然要转变为各敌对阶级间的国内战争”，“资本主义转变为帝国主义，在客观上就必然产生帝国主义战争。战争使全人类濒临深渊，使全部文化濒于毁灭，并且不知还会使多少百万人走向粗野和死亡。除无产阶级革命外，没有别的出路”。“帝国主义战争是社会主义革命的前夜。”见《列宁选集》第3卷，人民出版社1995年版，第4、66、266页。

取向，因为“实现现代化是现今世界历史发展的核心问题”。两种制度的博弈决定，“实现现代化有两条道路，一条是资本主义现代化道路，一条是社会主义现代化道路。资本主义现代化必然为社会主义现代化所替代”。① 但是，由于资本主义是现代化的先行者，再加现存的社会主义制度都是在经济相对落后国家建立起来的，所以在现代化进程中，直到目前，资本主义国家一直走在前面。以苏联为代表的实行计划经济的社会主义国家虽然在现代化道路和模式上进行了积极的探索，也一度取得令人赞赏的成就，但最终还是在同资本主义的竞争、博弈中处于劣势并遭受严重挫折。然而，计划经济体制的失能并不等于社会主义退出了“世界历史”进程，也不意味着社会主义在推进现代化上就不能超越资本主义。中国改革开放以来已经探索出一条适合中国国情的社会主义现代化道路和模式，并且取得了举世瞩目的发展成就。特别值得关注的是，中国的现代化道路力图实现本国的发展同世界发展的统一，在实现民族复兴的同时，努力为世界和平与发展、人类文明进步作出更大贡献，推动构建人类命运共同体。

人类命运共同体对世界政治发展的影响是积极的、深远的。这是因为，人类命运共同体旨在追求本国利益时兼顾他国合理关切，在谋求本国发展中促进各国共同发展。人类只有一个地球，各国共处一个世界，这是“人类命运共同体”提出的重要现实基础。人类命运共同体思想蕴含着相互依存的国际权力观、共同利益观、可持续发展观和全球治理观，摒弃了冷战思维和强权政治，坚持平等协商，走对话而不对抗、结伴而不结盟的国与国交往新路，是当今世界政治的发展方向，也是世界政治得以稳定、和平、可持续发展的基础。而提出人类命运共同体的中国，也正一如既往地做世界和平的建设者、全球发展的贡献者、国际秩序的维护者。但也要认识到，世界并不太平，兵戎相见时有发生，霸权主义、强权政治、冷战思维阴魂不散，发展鸿沟仍在扩大，恐怖袭击此起彼伏等。社会在矛盾运动中前进，有矛盾就会有斗争。构建人类命运共同体一样面临各种艰难险

① 王伟光：《马克思主义中国化的当代理论成果》，《中国社会科学》2015 年第 10 期。

阻，不可能一蹴而就，也不可能一帆风顺，需要付出长期艰苦的努力。从“世界历史”的角度来看，人类命运共同体就是在“无产阶级时代”尚未到来，社会主义与资本主义将长期并存，特别是主权国家不仅继续存在而且仍然为世界政治基本行为主体的历史条件下，人类社会发展的阶段性目标。人类命运共同体的构建有利于目前仍然处于相对弱势的社会主义国家保有一个和平稳定的国际环境，坚持和平发展，提升综合实力，进而为“无产阶级时代”的到来创造条件。

# 后 记

本书为集体之作。刘建飞设定题目、基本思路、拟定提纲并统稿，张南燕多遍审阅书稿并提出修改意见。各章分工及作者如下。

前言：刘建飞，中共中央党校（国家行政学院）国际战略研究院教授。第一章：马俊平，中共洛阳市委党校讲师，中共中央党校（国家行政学院）国际战略研究院毕业博士。第二、第三章：赵柯，中共中央党校（国家行政学院）国际战略研究院副教授。第四、第五章：孙现朴，中共中央党校（国家行政学院）国际战略研究院副教授。第六章：田士涛，中共中央党校（国家行政学院）国际战略研究院博士研究生。第七章：韩爱勇，中共中央党校（国家行政学院）国际战略研究院副教授。第八、第十一章：唐健，中共中央党校（国家行政学院）国际战略研究院副教授。第九章：袁沙，中国社会科学院中国边疆研究所助理研究员，中共中央党校（国家行政学院）国际战略研究院毕业博士。第十章：谢琼，中共中央党校（国家行政学院）国际战略研究院讲师。第十二章：陈积敏，中共中央党校（国家行政学院）国际战略研究院教授；张南燕，中共中央党校（国家行政学院）国际战略研究院博士后。

本书涉及的问题都是学界普遍关注的重大问题，且动态性很强，难免存在各种纰漏，诚请专家和读者批评指正！

作者

2022 年 8 月